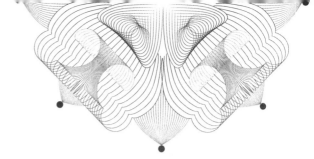

孙英刚——著

隋唐

帝国的形成

图书在版编目（CIP）数据

隋唐．帝国的形成/孙英刚著．—上海：上海古
籍出版社，2023.10
ISBN 978-7-5732-0766-1

Ⅰ.①隋…　Ⅱ.①孙…　Ⅲ.①中国历史-隋唐时代-
通俗读物　Ⅳ.①K240.9

中国国家版本馆CIP数据核字（2023）第129699号

隋唐：帝国的形成

孙英刚　著

上海古籍出版社出版发行

（上海市闵行区号景路159弄1-5号A座5F　邮政编码201101）

（1）网址：www.guji.com.cn

（2）E-mail：guji1@guji.com.cn

（3）易文网网址：www.ewen.co

上海中华印刷有限公司印刷

开本787×1092　1/16　印张22.25　插页4　字数288,000

2023年10月第1版　2023年10月第1次印刷

ISBN 978-7-5732-0766-1

K·3407　定价：128.00元

如有质量问题，请与承印公司联系

目 录

导 言

如果我们穿越回唐朝，站在长安的天街上，会如何看待这个时代和这个文明呢？直观的感受恐怕会与我们作为后人用倒放电影式的概括不同。在中国数千年文明史中，唐朝占有不可忽视的地位，甚至被描述为中国的黄金时代。桥水基金的创始人达里奥（Ray Dalio）精于用历史周期做投资决策，在他看来，唐朝是中国文明的一个高峰，而之后的宋文明，虽然精致，却是一个长长的 B 浪反弹，酝酿着更大规模的下跌。

那么我们如何来概括唐朝呢？我想用下面五个词来描述：

第一个词是"世界主义"。"世界主义"（Cosmopolitanism）是半个世纪以来中外学者最常用来描述唐朝的概念。比如《剑桥中国史》的主编杜希德（Denis Twitchett）早在 1973 年出版的《唐代概观》（*Perspectives on the T'ang*）中就用"世界主义"来概括唐代的中国文明，而日本著名的唐代史学者气贺泽保规教授也以"绚烂的世界帝国"来描述唐朝。这种世界主义的特质是浑厚、包容，其以海纳百川的气度再造了中国文明，进而带来了宗教、文化、制度、知识的璀璨和辉煌。唐代尤其是盛唐之前，华夷之辨并不占据主流。唐太宗认为四海之内不论华夷，都是自己的子民。彼时盛行的佛教强调众生平等，部分化解了传统"士农工商"的四民结构以及华夷之间的壁垒。更为典型的例子就是粟特人（Sogdian）。这些被称为昭武九姓（康、安、曹、石、米、何、火寻、戊地、史）的族群，"利所在无不至"，是丝绸之路上的贸易担当。他们不但连通了中国和域外的商业网络，还充当了大唐的使节、将士、音乐人、画家等，给大唐文化注入了新鲜血液。比如随着龟兹等地的中亚音乐的传入，宫、商、角、徵、羽中土五音音律的固有缺陷被不断挑战，"琵琶及当路，琴瑟殆绝音"——以琴瑟、钟磬为乐器的时代过去了，音乐进入了新的时期。又如武则天时期，一个叫安金藏的粟特人，本是太常乐人，为了保护当时的皇储李旦，剖腹以证皇储不曾谋反，被称为"烈士"。安史之乱后中国文明逐渐走向民族主义，而粟特人却逐渐融入汉人之中，这或许是中国人善于做生意的部分基因来源。

第二个词是"佛教帝国"。如果我们把隋唐和其他朝代相比较，就会发现那是一个佛教繁荣的时代，唐朝可谓是一个"佛教帝国"。上至政治宣传、意识形态，下到日常生活、节日习俗，都能看到佛教的影响。大唐的长安和洛阳的天际线被佛塔所装点，人们的心灵被笼罩在佛光下。佛教在亚洲的兴起与传播，是人类历史上的一件大事。它不但带来了宗教信仰的传入与传出、政治意识形态的冲突与融合，也带来了几乎全面的知识和观念的革新：地理知识、宇宙观、生命轮回、语言系统、新的艺术形式、风俗习惯、城市景观等。这种文化融合和再造，不只是"取塞外野蛮精悍之血，注入中原文化颓废之躯"，更是高度发达的知识和信仰体系之间的磨合。仅仅从政治史的层面讲，佛教对未来美好世界的描述，以及对理想的世俗君主的界定，在数百年中，对当时中土政治的理论和实践都产生了重要的影响，包括政治术语、帝国仪式、君主头衔、礼仪革新、建筑空间等方面。武则天正是在佛教繁荣的背景下，才能以佛教转轮王的身份登上皇位。又比如从城市空间的角度看，佛教兴起之前的中国城市，基本上分为"官""民"两种空间，像用于国家祭祀的礼仪空间老百姓是进不去的。佛教的出现，在官—民的结构之外，提供了双方都可以去的近乎公共空间的场域；城市空间在世俗空间之外，也出现了宗教（神圣）空间。从《两京新记》中，我们可以生动地读出这种变化带来的城市活力。如果我们对比汉朝的长安和唐朝的长安，就会发现，这是两个完全不同的城市——唐朝的长安是一座佛教都市。

唐代的中国，在宗教信仰上处于文化优势地位，佛教已经成为中国文明的一部分，而且是中国思想世界最为复杂繁密的一部分，唐朝也已经成为当时整个佛教世界的中心。正如近代以来欧洲传教士到东方传教，唐代时中国佛教强势对外传教，比如日本把佛教引入本国，各大宗派都视长安的某个寺院为自己的祖庭。佛教对日本文明的再造起到非常大的作用，直到现在仍然是日本人重要的心灵家园。佛教的传入也为中国带来了新的艺术形式和艺术主题，敦煌莫高窟、龙门石窟等，都是人类文明的瑰宝。除了佛教，还有三夷教（景教也就是基督教的聂斯托利派、摩尼教、祆教或者琐罗亚斯德教）也传入中国，让大唐文明呈现出浑厚璀璨的景象。

第三个词是"贵族政治"。你如果穿越回唐朝，可能会发现出身很重要。所以我们在隋朝和唐代前期，看到了大量权势熏天的皇子政治集团：隋朝的晋王杨广夺取了太子杨勇的储位；唐朝的秦王李世民发动玄武门政变，杀死了自己的兄长和弟弟，夺取了皇位；唐太宗的几个儿子也跃跃欲试，觊觎着最高权力。各大家族各自下注，甚至两边下注，希望能延续自己的政治地位。甚至外姓的武则天夺取了李唐皇权，成为中国历史上唯一的女皇帝。唐前期，几乎没有一个太子能够顺利继承皇位，最终真正继承大统的往往是残酷宫廷斗争的胜利者。初唐波谲云诡的政治斗争，催生了一大批个性鲜明的政治人物，中晚唐的政治史同样很精彩。马克斯·韦伯（Max Weber）在《政治作为一种志业》中认为，皇权与贵族权的斗争使得皇权要引进新的政治力量。比如，中晚唐时宦官的崛起，他们的权力来自皇帝，是皇权的延伸；又如僧侣，中世纪欧洲的教士识文断字，具有行政处理能力，同时恪守独身的原则，切断了跟大家族的联系，而在中国，佛教僧侣在特定情况下也成为皇权的重要支持者。

第四个词是"律令制社会"。唐朝是一个律令社会，非常讲究律法和制度。从制度创新上说，它进一步发展的三省六部制、科举制度等，对周边文明都有影响。我们以前对科举制度有非常多的批评，甚至认为它影响了中国的现代化，实际上这种批评是很不公平的。如果放在整个人类文明史上看，科举制度可以说是非常重要的发明，也是中国对人类历史非常大的贡献。说到底，科举制度是一种文官考试制度，近代英国开始进行文官考试制度的时候，考试的内容还不如我们的科举制度——英国考《圣经》。所以问题不在于制度本身，而在于其具体的社会功用以及政治功用。考试的内容是大家诟病的地方，但制度本身是非常重要的发明。唐代的科举制度在最初并没有改变贵族社会的本质，相比寒门子弟，士族子弟拥有更多的资源和优势准备考试，让科举变成有利于自己的新的游戏。但是随着时间的推移，科举在唐朝之后培养了一大批具有人文主义精神的士大夫阶层，他们的崛起，取代了以前依靠家族出身决定政治前途的贵族阶层。

自汉魏之际到盛唐的四百余年中，法制领域出现了一个连绵不绝且逐浪高涨地强调法典作用和地位的历史运动。法典作用和地位的持续上升，至唐永徽二年（651）及开元二十五年（737）臻于顶点。安史之乱以后制定法运动迅速跌落：法典修订长期停滞，《律》《令》成为具文，形形色色的敕例反而成为司法过程中最为重要的依据。历晚唐五代及于宋初而再度向近乎秦汉旧式《律》《令》体制发展的轨道复归。简单地说，初唐的律法具有一定权威，甚至能平衡皇权，唐太宗非常强调法律的严肃性，抑制"朕即法律"的冲动，这是大唐盛世法律基础；但是之后皇帝的"王言"又压倒了律法，成为最权威的法律来源。

第五个词是"神文时代"。从汉代到隋唐，虽然学术与思想几经变革，但是就政治论述而言，总归不脱神文主义的总体架构。纬学为经学的重要组成部分，当时许多其他知识体系，比如天文、气象、音律、历法、祥瑞灾异、阴阳五行，乃至许多信仰体系如佛教、道教，无不与其紧密相关。这些知识和信仰系统共同构成了中古时代的知识世界和信仰世界。在中古时代弥漫的天人感应、阴阳五行的知识体系中，人类世界是天命秩序的反映，晚至唐代，这种宇宙观依然在学术和思想上占据显著的位置。我们会看到唐代政治操作中频繁出现天象、祥瑞、灾异等讨论，一点都没有自欺欺人的意思。包装皇权、打击政敌，往往会引入天文星占和祥瑞灾异。唐代的这些知识传入日本，结合日本本土信仰，发展成平安时代的阴阳道传统。

唐代禁谶不禁纬，纬书仍被视为六经的重要补充，而且谶纬之书并非神文思想唯一的载体，中古时代大多数的知识体系都带有神学的色彩。例如《五经正义》中就屡引纬书，因而遭到清儒皮锡瑞等激烈批评。更不要说庾季才、吕才、李淳风等掌握"术数"知识的群体在政治和日常生活中扮演着重要的角色。从政治意识形态来说，真正对天人感应、五德终始的天命说提出挑战的，主要发生在中唐以后。宋代新的儒学潮流兴起，将佛、道、谶纬等带有神秘色彩的怪力乱神都排挤出正统学术体系。欧阳修作《论删去九经正义中谶纬札子》、南宋魏了翁作《九经要义》删去谶纬之说，谶纬才最终衰绝。反映到其他知识领域，欧阳修作《新五代史》，取消自汉朝以来诸史相沿的《五行志》，代之以《司天考》，专记天象而不载事应；《新唐书》虽有《五行志》也仅仅著其灾异而削其事应。从政治思想方面说，经历了儒学复兴运动以后，在北宋中期以后士大夫的论说中，五德终始说、谶纬、封禅、传国玺等传统政治文化、政治符号都走向了末路，神秘论在儒学当中逐渐被摈弃。从神文到人文，从天命说到王者仁政说，这是唐宋之际思想变革的一大面相。

以上是我总结的大唐的五大特点。不过，大家最津津乐道的可能还是大唐的国力强盛。唐高宗时期，经过八十多年的战争，唐朝破灭了地区强国高句丽，奠定了东亚长期的政治格局。在这场战争当中，朝鲜半岛在新罗的旗帜下统一，日本干预大陆事务的企图遭到了挫败，之后的将近一千年，日本都没有入侵大陆的计划。唐朝在对内亚的游牧民族战争中也取得了突破性进展，先后攻灭东、西突厥，把中国的影响力拓展到中亚腹地，这是前所未有的重要成就。

中国历史的重要转折点也发生在唐朝。755年发生的安史之乱使得唐朝从中亚退出。从思想上说，安史之乱引起了唐朝思想界的转向。唐中期以后，要求回到中国古典文明的呼声日高，佛教也被视为外来文明因素，韩愈、柳宗元等倡导的带有文艺复兴性质的文学、思想运动，以及唐武宗以行政暴力迫害佛教，将佛教从主流的意识形态和学术体系中清除出去。唐朝在走向民族主义的同时，自动放弃成为佛教世界领导者的角色。思想世界的变迁，改变了唐朝士人的价值观，连带文学格调、社会观念也发生重要变化。

总体而言，隋唐时代可以说是中国历史上的第二个帝国时期。第一个长期统一的帝国是秦汉，经过三百年的分裂、战乱以及种族和信仰的冲击融合，引塞外野蛮精悍之血注入中原文明，中华文明又实现了第二次政治上的统一。中国文明之所以能够经久不衰，生生不息，最重要的原因在于中国文明的开放性和创造性。就开放性而言，中国文明展开双臂拥抱外来文化元素，将其变成自身传统的一部分，比如佛教；就创造性而言，隋唐时代呈现得非常明显，三省六部权力制衡的政治体制、文官考试制度等，均为周边民族和国家效仿；中国博大开放的文明更吸引了日本、朝鲜等周边国家的高僧、士人、贵族子弟。

本书共分三册，上册讨论到武则天统治时期，这段时期的典型特征是贵族政治的繁荣、唐朝对外开拓的辉煌胜利、典章制度的逐渐完备；中册从后武则天时期跨越开元盛世到安史之乱，这段时期唐朝盛极而衰，隐藏其中的盛衰痕迹值得探索；下册从安史之乱到唐朝灭亡，这一时期的主要特征是唐朝试图中兴和藩镇割据、党派之争、宦官专权交织在一起。

本书的内容，笔者在多个场合讲过，听取了很多朋友的建议。要特别感谢我的博士生朱小巧，她完整看完了书稿，不但做了一些校改工作，还提出了很多很好的意见，并增补了大量注释。也感谢喜马拉雅音频平台的各位朋友，你们的支持是本书成型的关键。

司马迁说："究天人之际，通古今之变，成一家之言。"更好地理解现在和未来的演进脉络，也对个人在历史中的命运起伏有更深刻的理解，达到知古鉴今、增广智慧的目的。大家读了我的书，如果有所感悟，那是你自己的思想升华，我会非常高兴你能分享我的想法。

第一章

隋朝的兴起与速亡

隋朝是一个被严重低估的朝代——它结束了从东汉以来三百年的分裂，将魏晋南北朝期间发展起来的文明遗产沉淀下来，开启了中国历史上的隋唐盛世[①]。唐朝的制度、宗教、文化乃至经济制度都承袭自隋朝，唐朝的重大政策也延续着隋朝的做法，但它又是一个存续时间不足半个世纪的短命王朝。秦朝——另一个短命王朝——虽然灭六国、车同轨、书同文，但是很快就倾覆在历史长河中，为汉朝取而代之。经过漫长的分裂、分治时代，完成统一的政权若操之过急，非但不能有效化解之前掩盖的矛盾，还必然会形成反噬，导致政权在短时间内覆灭；而之后第二次抄底的王朝，吸收正反两面教训，往往能将政权延续下去。就如隋炀帝和唐太宗，两人的帝王之路多有重合——比如都开启对高句丽的战争——身后获得的评价却是两极。很多事情，必须放在历史时空中才能看得清楚。

---

① 高明士《隋代中国的统一：兼述历史发展的必然性与偶然性》，《唐史论丛》第七辑，西安：陕西师范大学出版社，1998 年，第 81—126 页。

一、隋文帝的统一大业

316 年，匈奴兵攻入长安，俘虏了晋愍帝，西晋至此灭亡。中国的许多精英逃到南方重整旗鼓，而北方则陷入各民族的长期混战，匈奴、鲜卑、羯、氐、羌以及留存在北方的汉族先后建立了许多大大小小的政权，其间虽然有前秦苻坚尝试完成南北统一，但是在淝水之战后北方再次陷入混乱。386 年以后，鲜卑族建立的北魏较长时间地统一了北方，并试图从自己的部落组织形式走向一个农业官僚帝国，这种汉化政策在魏孝文帝时期（471—499）得到了有力的推行。魏孝文帝将首都从平城（今山西大同）迁到了传统的中国文化中心洛阳，更主要的原因是，在中国传统的政治思想——盖天说中，洛阳被认为是宇宙的中心，被儒家学说赋予了神圣的属性。如果能够定鼎中原，就会被认为具有了正统性，就有了统一天下的资格。王莽上台时也曾计划迁都洛阳，武则天也强调洛阳的神圣性，把首都从长安迁到洛阳。

魏孝文帝废除鲜卑族的原始迷信，代之以儒家的信仰和习俗，鼓励与汉人通婚，采用汉晋王朝的文官选拔制度，甚至引入汉人的姓氏，种种这类改革引发了激烈的反应。留在北方的鲜卑武士集团因为在改革后地位下降而发动了六镇之乱——其参与主体是长城一带的戍卒和鲜卑武士家族。这场爆发于 523 年的叛乱将北魏政权彻底摧毁。北魏于 534 年分裂为东魏和西魏，分别以邺城（今河北临漳西、河南安阳北郊一带）和长安为中心。很快，东魏和西魏又分别被高氏北齐和宇文氏北周取代。577 年，北周攻灭北齐，统一了北方。

西魏权臣宇文泰纠合形成掌控国家权力的关陇军事贵族，成为后来长期影响政局的力量，在政治体制中长期占据优势地位。[①] 后来的隋朝和唐朝的皇室都出自这个集团。关陇军事贵族一方面以垄断门阀联姻等手段来维护自己的权力，一方面强调自己的混合文化属性——很多混血军事贵族能讲多种语言，比如隋炀帝、唐太宗都会讲突厥语。其妇女也比传统中国社会的妇女享有更多的独立和更高的社会地位。武则天就常常把自己的出身认定为关陇贵族，并以此为傲。她能够登上皇位，也与当时的这种社会氛围有关。

更大的裂痕是南北方的分裂。这一分裂长达三百年。北方汉人南渡后，跟南方本土居民混合。最初被称为侨民的北方精英们念念不忘北伐收复故土，随着时间推移又发展出不同于北方的文化和生活传统。南方政权和统治阶层始终认为自己是华夏正统，在文化上高于北方。南方对北方的习俗、文学、学术都不屑一顾，甚至认为北方人的文学作品是驴鸣犬吠。尤其是六世纪上半叶，在北方陷入混战的时候，南方政权相对稳定，政治、军事、信仰、学术等各个领域都取得了很大的成绩[②]。梁武帝时代（502—549）曾经无比接近于统一南北。东魏高欢在 537 年曾评论："江东复有一吴儿老翁萧衍（梁武帝）者，专事衣冠礼乐，中原士大夫望之以为正朔所在。"[③] 但历史就是如此吊

---

① 陈寅恪《唐代政治史述论稿》上篇《统治阶级之氏族及其升降》，北京：三联书店，2001 年，第 183—235 页；牟发松：《旧齐士人与周隋政权》，《文史》2003 年第 1 期，第 87—101 页；毛汉光：《中古核心区核心集团之转移——陈寅恪先生"关陇"理论之拓展》，收入氏著《中国中古政治史论》，上海：上海书店出版社，2002 年，第 1—28 页。

② 唐长孺《魏晋南北朝隋唐史三论》第二篇《论南北朝的差异》，武汉：武汉大学出版社，1992 年，第 83—240 页；守屋美都雄《南人与北人》，《东亚论丛》第 6 辑，1948 年，第 36—60 页。

③ 《北齐书》卷 24《杜弼传》，北京：中华书局，1972 年，第 347 页。

诡，在对外战略中占据优势的梁朝，却在一场突如其来的叛乱中彻底崩溃，将统一南北的使命交到了北方王朝手中。这场叛乱就是侯景之乱。北方的叛将羯人侯景投降梁朝，但是很快在 548 年发动叛乱，这场叛乱于四年后结束，将处于顶峰时代的梁朝摧毁殆尽。梁元帝在江陵（今湖北荆州）重建政权，又遭到西魏军队的摧毁。557 年，陈霸先建立陈朝，但是其可控制的领土已经大大缩水，而且中央集权也已经瓦解，很多地方豪强并不听从中央政府的号令。这一切都让北方统一南方仅仅成为一个时间问题。

在这种背景下，杨坚（541—604）登场了。北周时期的汉族和鲜卑族关系融洽，杨坚的父亲杨忠又是帮助宇文泰开创北周基业的功臣，后位至柱国、大司空，封随国公，更被赐鲜卑姓"普六茹氏"，所以杨坚又叫"普六茹坚"。宇文泰模仿鲜卑旧制，将军队分为八部，各设"柱国大将军"，称为"八柱国"。八柱国的家族影响了中国历史长达百年，王朝更迭也不能动摇他们的地位。"八柱国"分别为：宇文泰、元欣、李虎（唐高祖李渊的祖父）、李弼（瓦岗军首领李密的曾祖父）、赵贵、于谨、独孤信（北周明帝宇文毓和隋文帝杨坚的岳父，李渊的外祖父——唐高祖李渊和隋炀帝杨广是亲表兄弟，两人的外公都是独孤信。有人说独孤信是天下第一老丈人，七个女儿中有三个皇后，稍后的那些王朝统治者都是他女儿的后代）、侯莫陈崇。由此形成了关陇军事贵族集团，此后北周、隋、唐的皇室和大贵族大多出身于这一军事集团。

578 年夏，在攻灭北齐后不久，北周武帝宇文邕去世，即位的是杨坚的女婿宣帝宇文赟。大概在宣帝时期，杨坚就已经有取而代之的想法。他曾经对密友郭荣说："吾仰观玄象，俯察人事，周历已尽，我其代之。"[①] 大象元年（579），宇文赟禅位于六岁的太子宇文阐。大

---

① 《隋书》卷 50《郭荣传》，北京：中华书局，2020 年，第 1488 页。

图 1　隋嵌珍珠宝石金项链。西安城西梁家庄李静训墓出土，现藏中国国家博物馆。墓主人是一个 9 岁的小女孩，名静训，字小孩，所以坊间也叫她李小孩。李静训出身高贵，外祖父是北周宣帝宇文赟，外祖母是北周宣帝皇后杨丽华，而杨丽华就是隋文帝杨坚和独孤皇后的女儿。李静训一直养在宫中，隋炀帝大业四年（608）去世。其墓葬极其豪华，棺椁上刻有"开者即死"四个字，是对盗墓者的诅咒。该条项链具有浓郁波斯风格，可谓瑰宝。（动脉影　摄）

象二年（580），宇文赟病死。内史上大夫郑译等策划矫诏引杨坚入总朝政，都督内外诸军事，随后杨坚把北周在外的藩王都征召到京城来，防止他们反抗，由此迅速掌握了北周的军政大权。这也使得北周一些名臣宿将纷纷造反。在平定了起兵反抗的相州总管尉迟迥、郧州总管司马消难、益州总管王谦等之后，杨坚以谋反的罪名先后杀掉了北周宗室诸王，清除了鲜卑族中的反对力量[1]。581 年，杨坚称帝，改国号隋，定都长安。

　　史书记载的隋文帝不是一个个性鲜明、富有人格魅力的人，但他特别勤奋，痴迷于工作，好像没有其他的爱好，"大崇惠政，法令清

---

① 甘怀真《隋朝立国文化政策的形成》，收入氏著《皇权、礼仪与经典诠释：中国古代政治史研究》，台北：台湾大学出版中心，2004 年，第 207—223 页。

简，躬履节俭，天下悦之"①。他做了皇帝以后，更是"勤于为治，每临朝，或至日昃，五品已上，引坐论事，卫士传餐而食"②，吃饭的时候甚至是由警卫传餐而食，可谓废寝忘食。在这样的励精图治下，隋朝短期内取得了巨大的成功。开皇二年（582），隋文帝命宇文恺设计修建的新都城——大兴城竣工，次年迁入新都，这就是后来隋唐时期的帝国中心长安城。

在政治制度建设和创新上，隋文帝（以及后来的炀帝）建立了三省六部制的雏形，这一中央政府构造影响深远。开皇元年（581），隋置尚书、门下、内史三省作为最高政权机关。三省长官共同定令立法，参决军国大政，担任宰相的职务——隋唐的宰相不是一个人，而是一个班子。在地方上，隋代把原先的州—郡—县三级结构调整为更合理的州—县二级结构（隋炀帝大业三年改州为郡），不但节省国家开支，而且对中央政府直接下达政令和控制地方具有重要意义。这种结构在安史之乱后遭到破坏，三级结构伴随着藩镇割据出现，之后三级结构成为中国地方行政机构的主要模式，这是中国历史上的一个重大变化。

与官僚机构改革相配合，隋文帝取消了地方长官自行征辟属官的权力。开皇三年（583）以后，九品以上的地方官都由中央任命，每年由吏部考核。这等于废除了九品中正制，为中国历史上的一大制度创新——文官考试制度奠定了基础。这一举措结束了大族豪强地主通过担任州县佐官垄断地方实际权力的局面。科举考试作为较为先进的官员选拔制度，在当时世界各个文明体中都是走在前列的，一直到明清时代，科举考试还是领先于欧洲的官员选拔制度。后来西方国家开始实行的文官考试制度，很多方面与中国实行千年的科举制度非常相

① 《隋书》卷 1《高祖本纪》，第 3 页。

② 《资治通鉴》卷 193《唐纪九》，北京：中华书局，1956 年，第 6080 页。

似。科举制度之所以后来被诟病，不是因为考试制度本身，而是考试内容的僵化、样板化束缚人的思想。到了现代，在经过近一个世纪的中断后，中国又重新使用文官考试制度来选拔公务员。

在经济上，隋文帝继续推行北魏、北周以来的均田制。农民一夫一妇授田若干亩，在某种意义上说，这是一种土地公有制和家庭承包制，全体农户都获得国家分给的土地，并给国家上交赋税。土地由国家直接来掌控，就避免了豪强在中间的盘剥。农民给国家上交赋税，国家的财政能获得很大的改观。对魏、周以来施行的府兵制度，隋文帝也做了重要的改革。开皇十年（590），隋文帝下令："凡是军人，可悉属州县，垦田籍帐，一与民同。军府统领，宜依旧式。"[1] 于是府兵寓之于农，大批的劳动力投入生产，生产力大幅提高，隋朝经济迅速振兴起来，国家财政充裕[2]。

从晋室南渡之后，中国南北分裂长达三百年。三百年间，南方政权始终认为金陵为王气所在，"黄旗紫盖，本出东南"。东吴时代从孙权的即位诏书到孙皓的北伐，都是认为自己才是天命所在，所以在魏、蜀灭亡之后，孙皓才会不顾国力衰弱大举北伐。南北朝时期，南朝如梁武帝萧衍等统治阶层自认是汉文化的继承人，视北方为戎狄，而侯景之乱使南方遭受重创，人们逐渐意识到，金陵王气将尽，紫盖黄旗最终将归于洛阳（北方）[3]。

隋文帝上台后，专注于巩固内部，并没有马上发动对南方的战争。隋文帝任用贺若弼为吴州总管，镇广陵，韩擒虎为庐州总管，镇

---

① 《隋书》卷 2《高祖本纪》，第 39 页。

② 严耕望《从南北朝地方政治之积弊论隋之致富》，收入氏著《严耕望史学论文集》，上海：上海古籍出版社，2009 年。

③ 孙英刚《神文时代：谶纬、术数与中古政治研究》第二章《"黄旗紫盖"与"帝出乎震"：中古时代术数语境下的政权对立》，上海：上海古籍出版社，2014 年，第 63—99 页。

庐州（治今安徽合肥），以伺察陈国的动静。又用杨素为信州（治鱼复县，今重庆奉节）总管，在永安（今重庆奉节东）大造战舰，以备水战之用。在准备了七八年后，于开皇八年（588）三月，隋文帝下诏伐陈，宣布陈后主的二十条罪状，引述天象灾异等现象，指出陈朝灭亡符合天意。这份诏书在南方分发了三十万份，以瓦解南方的抵抗，可谓是早期心理战和宣传战的典型战例。

北方统一南方最重要的一步就是决战襄阳，也就是今天湖北襄阳、荆州一带。只要能够在长江中游决胜，占领襄阳，再顺江东进，南方自然土崩瓦解。对于历代南方政权来说，在长江中游驻屯重兵也是常规操作之一。另一常规操作就是决战江淮，但此时陈朝已经丧失了江淮，完全暴露在北方的火力之下。十月，隋文帝命晋王杨广、秦王杨俊及清河公杨素为行军元帅。杨广出六合，杨俊出襄阳，杨素出信州，刘仁恩出江陵，王世积出蕲春，韩擒虎出庐江，贺若弼出吴州，燕荣出东海（今江苏连云港），合总管九十，兵五十一万八千，都受杨广节制。隋文帝亲自到定城（今陕西华阴东）誓师，以期必胜。

图 2　隋胡人吃饼骑驼俑。太原沙沟村西斛律彻墓出土，现藏山西博物院。斛律彻为隋右车骑将军、崇国公，葬于隋开皇十七年（597）。斛律彻家世显赫，曾祖为北齐左丞相斛律金，祖父为名将斛律光。（动脉影　摄）

杨素指挥的隋朝水师，在陆军的配合下，在长江三峡袭击陈朝船队。陈军在长江上游安置铁链，希望能够拦阻隋军，但是被隋军击败。之后杨素指挥船队，沿江东进，直抵汉口。此时秦王杨俊指挥的隋军从襄阳挺进到汉水流域，两军会师，整个长江中上游都被隋军占领。在长江下游，晋王杨广和高颎统率的隋军主力东移寿阳（今安徽寿县）。开皇九年（589）正月，贺若弼自广陵渡江，攻下京口（今江苏镇江）。韩擒虎自横江（在今安徽和县）渡采石（在今安徽马鞍山），进拔姑孰（在今安徽当涂）。贺、韩两军东西夹攻建康。陈将萧摩诃被俘，任忠出降。虽然陈后主认为"王气在此，齐兵三度来，周兵再度至，无不摧没，虏今来者必自败"[1]，但这次形势比人强，此时建康已经无险可守。隋军攻入建康后，俘获了躲在井中的陈后主，杨广使陈后主以手书招降上江诸将及岭南女首领冼氏，于是南方全部平定，隋共接管了三十个州、一百个郡和四百个县。

在此之前，建康城作为宗教、文化的中心，积累了深厚的文明传统。经过长期分裂，南方分离倾向根深蒂固，金陵王气的说法依然有很大的市场。为了防微杜渐，隋朝将数百年累建起来的繁华的建康城彻底毁坏。建康城的城墙、宫殿、寺庙乃至普通住宅全部被拆毁，土地恢复为农田。南方的贵族和知识精英被带到北方，许多人经历了惨痛的流离失所。南方精英虽然失去了地域的凭借，但是也有不少人被吸纳到隋唐的统治阶层中，比如唐代初期的宰相陈叔达和萧瑀，分别是陈朝和萧梁皇室的代表。到了唐代，金陵依然没有恢复元气，唐朝诗人李白等创作了大量金陵怀古的诗歌，哀叹金陵之衰败。金陵再次跃升为全国的政治中心，还要等到八百年后朱元璋的时代。

---

[1] 《南史》卷 10《陈后主传》，北京：中华书局，1974 年，第 308 页。

但在隋文帝时代，南北方仍存在紧张关系 [1]。隋朝统一之后曾试图用儒家道德教化南方，颁发"五教"（指父义、母慈、兄友、弟恭、子孝）让南方人学习。这种文化上的莫名打压激起了江南士人的怒火，此起彼伏的武装反抗持续了相当长的时间，隋朝派驻当地的官员被斩杀，南方的反抗者在动手前质问他们："更能使侬诵《五教》邪！"[2] 南北方在经学上的不同取向，使得佛教成为南北共识。隋文帝使用佛教的分舍利建塔方式巩固统一，也是当时的文化思想潮流所趋。同时，南方文化也深刻影响了北方，学者们认为此后隋唐文明存在南朝化的趋势 [3]。

为了控制南方，江都（今江苏扬州）被赋予了重要的地位。晋王杨广被派到江都担任扬州总管，负责整个东南的军政事务。杨广在南方十余年，在他身边形成了一个南方士人参与的幕僚集团。杨广本人也亲近南方传统，他的夫人萧氏，正是来自萧梁家族。

---

[1] 韩昇《南方复起与隋文帝江南政策的转变》，《厦门大学学报》1998 年第 2 期，第 28—34 页。

[2] 《资治通鉴》卷 177《隋纪一》，第 5530 页。

[3] 参看唐长孺《魏晋南北朝隋唐史三论》，《唐长孺文集》，北京：中华书局，2011 年。

二、开皇政局及隋炀帝上台

杨坚出生于一个佛教信仰浓厚的家族。根据魏徵等撰《隋书》的记载，杨坚于大统七年（541）六月癸丑夜出生在冯翊（治今陕西大荔）般若寺，出生时长相特别丑，"为人龙颜，额上有五柱入顶，目光外射"[①]。这种"相貌非常"让他没能留在母亲身边，而是由一个尼姑抚养长大至十二岁。隋文帝称养育他的这位尼姑为"阿阇梨"（导师）。因为从小沾染佛教，隋文帝的佛教修养很高，其知识结构和个人思想具有很浓厚的佛教色彩，可以说他是一个典型的佛教皇帝。一方面，佛教是他个人的信仰，另一方面，他也用佛教进行政治宣传，巩固自己的统治[②]。

隋文帝时代，佛教已经渗透到中国社会生活、思想世界和政治活动的各个角落。不论是在首都还是地方，城市还是乡村，到处都可以看到寺院、佛堂、石窟、塑像。从皇帝、贵族到普通百姓，都普遍受到佛教信仰的影响。中国人庆祝生日这一风俗便是受佛教的影响，而隋文帝也是中国第一个庆祝生日的皇帝。仁寿三年（603），隋文帝下诏说："哀哀父母，生我劬劳。欲报之德，昊天罔极。……六月十三

---

① 《隋书》卷1《高祖本纪上》，第2页。

② 汤用彤《隋唐佛教史稿》，南京：江苏教育出版社，2007年。

日，是朕生日，宜令海内为武元皇帝、元明皇后断屠。"[1]隋文帝庆生的原意是为了感谢父母生育自己的恩德，而到了唐代有天长节，是为了庆祝唐玄宗的生日，现在日本人仍在天长节庆祝天皇的生日。在佛教传入中国之前，中国传统政治合法性的论述，主要在天人感应、五德终始学说的框架下进行。统治人民的君主是"天子"，天授符命于天子，天子顺天命统治人民。君主是否拥有统治人民的符命，有赖于图谶和祥瑞的解释；君主受命于天，统治有方，致天下太平，则可以封禅泰山（或中岳嵩山），向上天报告。在这一体系之中，"天命"可以转移，若君主所作所为违背天道，则有灾异示警。若君主不思反省，则天命会被上天剥夺，转入异姓。佛教的传入带来了新的意识形态。佛教与功德有关系，如果累世修行积累足够的功德，就可以获得一定的果报。君主为什么能当皇帝呢？就是因为累世修行积累的功德。佛教改变了中国人对宇宙的看法，在新的世界（时间、空间）中，为世俗界的君主们提供了将自己统治神圣化的新理论，也为君主权力在世俗和神圣两界的扩张提供了条件。

杨坚取代北周之后，一反前朝灭佛政策，转而扶持佛教。这当然跟他自己的信仰有关，客观上也为他博取大众的支持、巩固统治提供了条件。对于隋文帝护持佛法的举措，民间佛教碑刻往往对其极尽歌颂之能事，并将其称为护持正法的转轮王[2]。比如《宝泰寺碑》记："值周并齐运，像法沉沦，旧塔崩颓，劣有□迹。大隋握图受命，出震君临，屏嚣尘而作轮王，救浊世而居天位。"[3]隋文帝代周而立，拨乱反正，将佛教从灭佛的危险中拯救出来，在佛教徒眼中，是护持正

---

[1] 《隋书》卷2《高祖本纪下》，第53页。

[2] Arthur F. Wright, *Buddhism in Chinese History*, Stanford: Stanford University Press, 1959, pp.51–67.

[3] 韩理洲辑校：《全隋文补遗》卷2《宝泰寺碑》，西安：三秦出版社，2004年，第66页。

图 3　隋文帝青州胜福寺舍利塔下铭。山东益都出土，现藏山东青州市博物馆。仁寿
　　　元年（601）十月十五日，隋文帝首次进行全国性的分舍利建塔活动。青州胜福
　　　寺与其他获得舍利的各州寺院同时埋藏舍利并修建佛塔。这一舍利塔下铭的主
　　　体部分祈愿："维大隋仁寿元季岁次辛酉十月辛亥朔十五日乙丑，皇帝普为一切
　　　法界幽显生灵，谨于青州逢山县胜福寺奉安舍利，敬造灵塔。愿太祖武元皇帝、
　　　元明皇后、皇帝、皇后、皇太子、诸王子孙等，并内外群官，爰及民庶，六道
　　　三途，人，非人等，生生世世值佛闻法，永离苦空，同升妙果。"后面署名分两
　　　个部分，上面是朝廷派出的人员，包括敕使大德智能、侍者昙晋、侍者善才三
　　　位僧人以及敕使羽骑尉李德谌；下面是青州地方官员，包括长史邢祖俊、司马
　　　李信则、录事参军丘文安、司功参军李□（告）。书法出自孟弼。据史料记载，
　　　胜福寺埋藏舍利时，出现了舍利放光的祥瑞。

法的君主，杨坚又统一天下，显然是转轮圣王的格局。隋文帝也以佛
教的理想君主自居，其敕云："佛以正法付嘱国王，朕是人尊，受佛
付嘱。"④ 我接受佛嘱托的正法，我以正法来统治人民，这种表达实际
上跟传统的中华帝王是不一样的，没有天命的观念，反而把统治的合

---

④ （唐）法琳撰：《辩正论》卷 3，载高楠顺次郎、渡边海旭等监修：《大正新修大藏
　　经》第 52 册，台北：新文丰出版公司，1983 年，第 509 页。

法性比附在了佛教上。所以在统一全国大功告成之后，隋文帝并没有去泰山封禅，而是代之以全国大规模的分舍利建塔，"建轨制度，一准育王"[1]。封禅是天子所为，而分舍利建塔是转轮圣王的标志，这两种不同的现实政治行为对应的是两种不同的意识形态[2]。南北虽然分裂超过三百年，但是都接受佛教作为主要的信仰体系。佛教实际上在巩固隋帝国的过程中扮演了重要角色。

经过北周的灭佛运动，关中佛教受到沉重打击。隋文帝要推动佛教并利用佛教作为巩固统治的手段，首先要做的就是将新建的都城大兴城——也就是后来的长安城——打造成为帝国的佛教中心。隋文帝拜关中高僧昙延为师，虔诚信佛。除了本地的昙延僧团之外，隋文帝还将被征服的北齐地区的六位高僧及其弟子召到大兴城，历史上称之为关东"六大德"入京。这些僧团奠定了长安佛教的基本力量，构成了长安城寺院结构的基本格局，比如六位高僧中的洪遵，其再传弟子道宣成为戒律的集大成者。而神圣空间和世俗空间的彼此影响，也构成了这座都市宗教生活和世俗日常珠璧交辉的独特风景。

隋文帝的皇后独孤伽罗也是虔诚的佛教徒——她的名字"伽罗"即来自佛教，意思是一种沉香。他们结婚的时候，杨坚还属于高攀。独孤皇后是独孤信的第七女，唐高祖李渊是她的外甥。独孤皇后和隋文帝的关系在中国历史上可以说很独特。他们志同道合，杨坚阴谋夺权之前，独孤皇后给他打气："大事已然，骑兽之势，必不得下，勉之！"[3]可见其坚毅果决。

然而独孤皇后的嫉妒心也特别强，非常记仇，一有成见便很难化

---

① （唐）道宣撰，郭绍林点校：《续高僧传》卷 18，北京：中华书局，2014 年，第666 页。

② 游自勇《隋文帝仁寿颁天下舍利考》，《世界宗教研究》2003 年第 1 期，第 24—30 页。

③ 《隋书》卷 36《独孤皇后传》，第 1260 页。

第一章　隋朝的兴起与速亡 ｜ 015

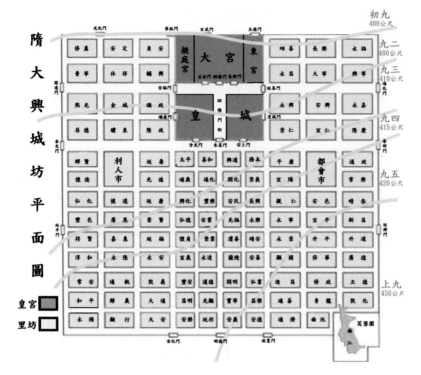

图 4　隋大兴城（唐长安城）平面示意图。长安是一个佛教都市，城市的天际线被佛塔所装点。城市生活受到佛教深刻影响。隋文帝将新都命名为"大兴"——来自他自己的爵号，城叫大兴城，宫叫大兴宫，修建的第一所寺院叫大兴善寺。

解。开皇十三年（593），隋文帝喜欢上一个宫女，独孤皇后转身就将宫女杀了。文帝发现后大为震怒，"单骑从苑中出，不由径路，入山谷间二十余里。高颎、杨素等追及上，扣马苦谏。上太息曰：'吾贵为天子，不得自由！'"[①]独孤皇后从一开始就参与政治，宫中称她和杨坚为"二圣"。独孤皇后的这种性格也影响了隋朝的政局，例如只要有大臣的妾怀孕，她就在隋文帝面前攻击他们，要求贬其官或者削其爵。隋朝最有才干的大臣高颎也因此遭到打击，和文帝关系恶化。而她对隋朝政局走向更大的影响，是干预了继承人的更换。

---

① 《隋书》卷 36《独孤皇后传》，第 1261 页。

隋文帝最初对权力传承是很自信的。这种自信也不是没来由——他的五个儿子，包括太子杨勇、晋王杨广、秦王杨俊、蜀王杨秀、汉王杨谅皆由独孤皇后所出。隋文帝还跟大臣们夸耀："前世皇王，溺于嬖幸，废立之所由生。朕傍无姬侍，五子同母，可谓真兄弟也。岂若前代多诸内宠，孽子忿争，为亡国之道邪！"[①] 但是实际上在权力面前不要说亲兄弟，哪怕是父子都有反目成仇、兵戎相向的可能[②]。隋朝统一中国之后，鉴于巩固统一的考虑，将诸子用半分封的形式派遣到重要的地区担任总管，比如蜀王杨秀在蜀地统治长达十余年，至今在四川还能看到杨秀捐造的一些佛教造像；汉王杨谅于山西、河北长期经营，拥兵几十万；秦王杨俊曾镇守襄阳；晋王杨广则在江都担任扬州总管十余年，负责管理新近被纳入隋朝版图的南方领土。强大的地方势力集团又跟这些具有皇室血统的亲王联结在一起，彼此倾轧。

独孤皇后不喜欢杨勇，一个重要的原因是杨勇有好几个姬妾，且不喜欢正妻。而晋王杨广就不一样，按照《隋书》的记载，"姬妾但备员数，唯共萧妃居处"[③]——隋炀帝只喜欢萧妃，也就是后来的萧皇后。这一点跟野史的记载完全不同——在野史里隋炀帝是一个荒淫的皇帝。跟隋炀帝相比，唐太宗李世民的妃子要多得多，但他一直以一代明君的面目出现。所以是不是明君跟有几个女人真的关系不大，以私德评价人物难免狭隘。

以往的研究，都把杨勇被废黜的原因归结于晋王杨广勾结大臣杨素陷害杨勇，其实根本原因是隋文帝想要废掉杨勇。若没有隋文帝的授意，杨素等大臣也不敢贸然攻击储君。从隋朝到唐朝前期，皇帝和

---

① 《隋书》卷 45《房陵王勇传》，第 1388 页。

② 韩昇：《隋文帝传》，北京：人民出版社，1998 年。

③ 《隋书》卷 45《房陵王勇传》，第 1389 页。

皇太子之间都很难相处。太子杨勇在中央参政，权力很大，不仅东宫有一大帮官员拥簇，而且拥有自己的武装力量，"军国政事及尚书奏死罪已下，皆令勇参决之"[1]。隋文帝对权力的痴迷让他不能容忍任何人挑战其权力，哪怕是自己的儿子。当作为皇位继承人的杨勇的权力威胁到皇权时，隋文帝毫不犹豫地对其进行打压。有一年冬至，文武百官都跑到东宫去朝见太子杨勇，杨坚非常恼怒，从此杨勇"恩宠始衰，渐生疑阻"[2]，两人关系出现了裂痕。失去权力的危机感让杨坚不断打压杨勇。他抽调东宫的精兵，此举遭到大臣高颎反对——高颎的儿子娶的是太子杨勇的女儿。隋文帝恼怒说道："我有时行动，宿卫须得雄毅。太子毓德东宫，左右何须强武？"[3] 隋文帝和杨勇之间的关系最后变得极为恶劣，用隋文帝自己的话说，"仁寿宫去此不远，而令我每还京师，严备仗卫，如入敌国。我为患利，不脱衣卧。昨夜欲得近厕，故在后房，恐有警急，还移就前殿"[4]。他担心杨勇夺权到了匪夷所思的地步，连上厕所都要考虑安全问题。在废黜杨勇时，隋文帝还指示太史令袁充提出天象证据。太史令袁充进曰："臣观天文，皇太子当废。"上曰："玄象久见矣。"群臣无敢言者[5]。

隋文帝在隋唐二朝所获评价呈现两极。比如唐朝初年，魏徵对隋文帝评价还比较高，但是房玄龄就认为，"主上本无功德，以诈取天下"[6]——隋文帝没啥本事也没功德，靠欺负孤儿寡母和阴谋诡计夺取了天下。而唐太宗李世民则批评隋文帝虽然心细，但是没有大局观。

---

① 《隋书》卷45《房陵王勇传》，第1388页。

② 《隋书》卷45《房陵王勇传》，第1389页。

③ 《隋书》卷45《房陵王勇传》，第1389页。

④ 《隋书》卷45《房陵王勇传》，第1391页。

⑤ 《隋书》卷45《房陵王勇传》，第1394页。

⑥ 《资治通鉴》卷179《隋纪三》，第5585页。

他总是怕别人不服，所以所有事情都自己干，对大臣都不信任。

> 此人性至察而心不明。夫心暗则照有不通，至察则多疑于物。自以欺孤寡得之，谓群下不可信任，事皆自决，虽劳神苦形，未能尽合于理。朝臣既知上意，亦复不敢直言，宰相已下，承受而已。[①]

李世民认为自己相比隋文帝做得要好的多。李世民非常善于表扬自己，不是光善于自我批评。用后见之明来看，很多人会认为，隋文帝最大的败笔，是更换储君，让杨广上台，最终导致隋朝二世而亡。

杨广在南方十余年，在他身边形成了一个南方士人参与的幕僚集团。杨广本人十分亲近南方传统，他的夫人萧氏正是来自萧梁家族。杨广广泛结交南方高僧，比如天台宗的智者大师，更成功得到了南方士人的支持。杨广效法东晋王导，言习吴语，学会了一口流利的吴方言，会稽虞绰、吴郡潘徽、丹阳诸葛颖、江左王胄等江南才士都投入他的帐下。他大量收集、编纂图书典籍，对文化的发展作出了不少贡献。这一时期，《文选》学逐渐发展起来，从南方的一种地方学问，最后成为全国性的知识。南方文人柳顾言、虞世基、裴蕴等也因此成为他坚定的支持者，并在杨广即位后担任了重要的职务[②]。在谋夺储君之位的过程中，他在南方集聚的力量起到了重要作用，他甚至定下策略："若所谋事果，自可为皇太子，如其不谐，亦须据淮海，复梁、陈之旧。"[③] 也就是说，如果能当上太子就最好，如果不成功，就占据

---

① 《旧唐书》卷 3《太宗本纪下》，北京：中华书局，1975 年，第 39 页。

② 牟发松：《论隋炀帝的南方文化情结——兼与唐太宗作比》，《文史哲》2018 年第 4 期，第 77—92 页、第 167 页。

③ 《隋书》卷 61《郭衍传》，第 1684 页。

江淮，恢复南朝梁、陈的南方割据局面。后来在隋朝瓦解初期，杨广并没有选择回到长安或者洛阳，而是选择去他长期担任总管的江都。最后他的被杀，也是由于滞留江都的关陇武士希望回到关中引发的暴动。

晋王杨广在江都的统治，大大提高了自己的声望，开皇二十年（600），西突厥达头可汗入侵，杨广又为行军元帅，督率杨素、史万岁等分道抗击，再次取得大胜，由此"声名籍甚，冠于诸王"[1]。也正是在这一年，文帝废黜杨勇，改立晋王杨广为太子。同年十一月，杨广携带家眷回到京师。跟他一起的，还有大批南方的核心幕僚。隋炀帝在京师的东南方建造慧日寺，邀请高僧入住，其中很多是来自他传统势力范围的江淮地区。仁寿四年（604），文帝去世，隋炀帝正式登上了历史舞台。官方史书暗示文帝遭到了杨广和杨素等人的谋害，但其实缺乏足够的证据，这是一次和平的交权。炀帝即位的这一年是历法上非常重要的上元甲子年，被天文星占学家赋予了非凡的历史意义，隋炀帝也因此大肆宣传，自视甚高。不服气的汉王杨谅在原先的北齐地区举兵造反，但是最终被击败，隋朝进入了炀帝时期。

---

① 《隋书》卷 45《房陵王勇传》，第 1389 页。

三、隋炀帝的急政与隋朝的崩溃

隋炀帝杨广生于 569 年，他信仰佛教，精于文学，同时跟关陇军事贵族其他子弟一样，接受了骑战和狩猎的训练。

隋炀帝最初延续了他父亲的用人策略，仍然倚重西北军事贵族，比如宇文恺。宇文恺以善于建造大型工程著称，隋唐时代伟大的长安城就是他规划设计的，他后来又参与修建沟通南北的运河。在隋炀帝对高句丽的战争中，宇文恺还设计了跨越辽河的桥梁用于对高句丽的进攻。可以说宇文恺是中国历史上少见的工程方面的大师，至今西安仍留有他设计的痕迹。但隋炀帝和他的父亲又有很大的不同。比如隋文帝很不待见儒学，晚年把全国的学校都关了——他觉得学生很懒散也没用，隋炀帝却对儒学大加扶持。慢慢地，杨广开始清除朝廷中的旧势力。他排挤杨素，后者在 606 年去世。《隋书》中魏徵强调了杨素跟杨广之间的矛盾，杨广在杨素病重的时候甚至让太医动手脚——这当然是魏徵的猜测。607 年，文帝时的重臣高颎获死罪，文帝时的重要将领贺若弼被处死，北方文臣的代表薛道衡也被绞死。

一朝天子一朝臣，隋炀帝要培植自己的势力。隋炀帝时代最有权势的人，号称"五贵"："（苏威）复为纳言。与左翊卫大将军宇文述、黄门侍郎裴矩、御史大夫裴蕴、内史虞世基，参掌朝政，时人称为'五贵'。"^① 这五个人中，宇文述主要负责军事，裴矩负责外交，裴蕴掌管司法，虞世基是秘书行政，而苏威则代表前朝遗老，负责一些民政。裴矩写过《西域图记》，很有才能，长期负责跟中亚的联系，推动贸易，但在儒家知识分子眼里这是很糟糕的想法。比如司马光在《资治通鉴》里就骂裴矩，"卒令中国疲弊以至于亡，皆矩之唱导也"^②，认为隋朝的灭亡都是因为裴矩的主意。"五贵"里南方人占了较大比例。比如虞世基，余姚人，出身南陈，陈朝灭亡后，"贫无产业，每佣书养亲，怏怏不平"^③。隋炀帝即位后，他就开始青云直上，成为隋炀帝的核心幕僚——"于时天下多事，四方表奏日有百数。帝方凝重，事不庭决，入阁之后，始召世基口授节度。世基至省，方为敕书，日且百纸，无所遗谬"^④。他从始至终都是隋炀帝最信任的人。江都兵变中，虞世基和隋炀帝一起被杀。虞世基有个弟弟，就是有名的书法家虞世南。这两个兄弟风格不太一样，关系也不好。虞世基在隋朝官运亨通，生活豪奢，虞世南则"清贫不立"^⑤，而虞世基从来没帮过这个弟弟，史称"未曾有所赡"^⑥。在《隋书》里，魏徵好像对这样的兄弟关系愤愤不平，专门做了记载。魏徵和虞世南是同僚，他对这些家庭琐事还是有些了解的。

隋炀帝的政治核心决策圈还有一个南方人裴蕴。裴蕴曾在陈朝为官，但他是个潜伏的特务，是隋朝的内应。隋炀帝即位后，他进入权力中枢，担任御史大夫，执掌司法等实权。裴蕴性格残酷，杨玄

---

① 《隋书》卷 41《苏威传》，第 1344 页。

② 《资治通鉴》卷 180《隋纪四》，第 5635 页。

③ 《隋书》卷 67《虞世基传》，第 1764 页。

④ 《隋书》卷 67《虞世基传》，第 1746 页。

⑤ 《隋书》卷 67《虞世基传》，第 1766 页。

⑥ 《隋书》卷 67《虞世基传》，第 1766 页。

图5 唐阎立本绘隋炀帝像。出自阎立本《历代帝王图》。绢本，现藏美国波士顿美术馆。

感叛乱是他善后，牵连数万人，树敌甚多，这些人后来把矛头直指隋炀帝。

隋文帝统治时期，包括隋炀帝统治早期，是隋朝国运的上升阶段，生产力得到极大的解放，积累了巨大的财富，这也是隋炀帝野心膨胀的物质基础。隋朝的富裕达到了一个相当的高度：西京太仓，东都含嘉仓、洛口仓，华州永丰仓，陕州太原仓，各仓所储存的米粟，多的达千万石，少的也有数百万石；长安、洛阳和太原府库所储存的布帛也各有几千万匹。据史载，全国各地的储积可供隋统治者支用五六十年。长安和洛阳是最大的商业城市。长安有二市，为国内外商旅荟萃之所。洛阳有三市，其中丰都市有一百二十行、三千余肆，市的四壁有邸店四百余，"重楼延阁，互相临映，招致商旅，珍奇山积"①。隋朝的人口达到五千万，即便在唐太宗统治时期也没有达到这一数量。司马光认为"隋氏之盛，极于此矣"②。

在专制政权下，若君主欲望太过强烈，不顾现实条件推动他认为正确的事情，也会使百姓陷入悲惨的境地。而且君主的欲望越强烈，造成的祸害越大。在中国历史上，很多王朝的崩溃都发生在国家以行政力量大肆干预经济和日常生活、进行大规模公共工程的时候。隋炀帝也未能例外。在最初的统治中，隋炀帝在内政、外交、疆域拓展和文化建设方面都卓有成效，但是后来在强烈野心的驱使下，他大规模推动一系列公共工程，并且不顾一切地连续对高句丽发动战争，使得天下疲惫不堪。

但是，这些大规模公共工程本身并不是完全出于隋炀帝对个人私利的考虑，比如营建东都。在他上台后的第二年，隋炀帝就命宇文恺等营建东都洛阳，并且将富户迁入重建的洛阳城。洛阳在中国的思想、礼仪体系中地位重要，也是帝国控制关东广袤领土的桥头堡，更是水陆运输的自然中心，关河悬远，兵不赴急，如果丢掉洛阳，整个帝国都会陷入被动。唐朝建立之后，唐太宗、高宗和武则天都先后大规模建设洛阳，他们的出发点跟隋炀帝并无二致。洛阳城建立之后成为亚洲一座伟大的城市，日本京都的布局就直接受其影响。此后的两百年中，洛阳都是隋唐帝国在关东地区最重要的政治、经济、文化和宗教信仰的中心，创造了辉煌的文明③。

大规模开凿运河、构建运河体系的原因往往被描述为便于隋炀帝

---

① （唐）杜宝撰，辛德勇辑校：《大业杂记辑校》，北京：中华书局，2020 年，第206 页。

② 《资治通鉴》卷 181《隋纪五》，第 5645 页。

③ 参看（美）熊存瑞（Victor Cunrui Xiong）撰，葛洲子译：《隋炀帝与隋唐洛阳城的兴建》，《唐史论丛》第二十五辑，西安：三秦出版社，2017 年，第 1—22 页。

去江都游玩，实际上绝非如此。修建运河并非出自隋炀帝的想法，从他的父亲隋文帝起就已经开始。帝国统一之后，通过运河系统将南北东西沟通起来，达到巩固统一的目的，是一个非常自然的选择。早在大兴城建成后，隋文帝就让宇文恺设计广通渠，沟通京师到潼关的水系。一百多年后，唐玄宗也基于同样的目的再次凿通关东到关内的运输渠道。隋炀帝把他父亲的工程扩展到了全国，试图构建全国性的水运体系，洛阳的营建是其中的枢纽工程。这一水运体系以洛阳为中心，往北抵达今天的北京，往南抵达今天的杭州，长达四五千里，是世界上最伟大的工程之一。大运河是南北交通的大动脉，适应南北经济交流的需要，加强了南北的联系，也支持了隋炀帝对东北地区的战争，此后南北对峙的局面基本不能长久。这一运河系统对于经济文化的发展也起到了重要作用，举例来说，运河大大促进了杭州的发展，使它从一个边境前哨地一跃而为繁荣的商业城市。大运河泽被后世，直到今天。

隋炀帝特别喜欢巡幸，他经常往返于大兴城、洛阳和江都之间，还曾跑到长城与突厥可汗谈判，甚至在大业五年（609）从河西走廊亲征吐谷浑。他有自己的理念和逻辑，他说："自古天子有巡狩之礼；而江东诸帝多傅脂粉，坐深宫，不与百姓相见，此何理也？"[1]在当时很多大臣是支持他深入基层的，并认为这是使统治长久的好办法。但这种做法给国家财政带来了巨大的压力：他每次都携带大量随从出巡，沿途扰民无算；他还常去边境会见各国酋长，发动大规模战争，企图恢复汉帝国的荣光。在这种情况下，隋炀帝对日常的行政运作就会严重忽视，行政运作效率也大为下降，从而为怀有野心的地方官员提供了千载难得的机会。

大业十二年（616）夏，隋炀帝见北方已经陷入乱局，竟乘船抵

---

① 《资治通鉴》卷181《隋纪五》，第5644页。

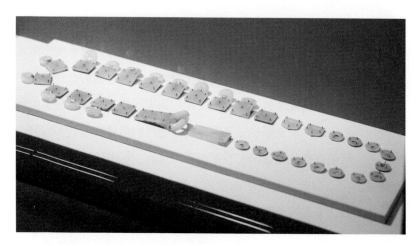

图 6 隋炀帝蹀躞金玉带。扬州隋炀帝墓出土，现藏扬州市文物考古研究所。迄今保存最完整的十三环蹀躞带，为隋炀帝身前使用之物。隋炀帝被杀后葬于江都。贞观二十二年（648），隋炀帝的萧皇后去世，唐太宗命将其尸骨送至江都与隋炀帝合葬。（动脉影　摄）

达江都，将整个帝国抛弃在背后。两年后，大业十四年（唐武德元年，618），隋王朝的禁军将领宇文化及等利用关中士兵思归的情绪，杀掉隋炀帝，胁迫其在江都招募的江淮军队和关中禁军一同北上，隋朝灭亡。不过隋朝的一系列政策、做法，为后续的唐帝国奠定了基础。在之后的三百年中，中国文明独领风骚于东亚世界，这一结构一直到十世纪才结束。而隋炀帝本人就像是这份繁荣的祭品，是个彻头彻尾的悲剧性人物。

历史上真实的隋炀帝跟我们在书本上读到的隋炀帝应当被视为两个人。他往往被描述成末代昏君，奢侈、昏庸、沉迷女色、荒淫无道；但是他的一系列做法，包括对高句丽的战争、修建运河系统、修建东都等，实际上被证明是非常重要的举措，而且也被后来的唐朝继承。隋炀帝在文学、佛教等领域的造诣也颇高。个人生活上也没有太多妻妾，跟萧皇后相处融洽。隋炀帝的失败并不能归结于他政策方向的错误或是他个人品性的问题，主要的原因在于他施政的节奏太过猛烈，太过热切地期望早日重现历史上汉帝国的光辉，最终使帝国陷入了疲惫不堪的地步。他推行的亲近南方的做法，也引发了原先占据主导的北方军事贵族的反对。在他上台后，杨素、高颎、宇文恺、贺若弼都遭到了清除，南方人在核心集团中成为最有权势的人。尤其是西北军事贵族杨玄感叛乱后，裴蕴等残酷地牵连进大批有关贵族和官员，包括薛道衡也因此送命：这些都会带来统治集团内部的分裂。

　　君主太过精力旺盛，责任感太强，自我期许太高，都会给天下带来灾难。很多王朝实际上是毁灭在奋发有为的君主手里——他们觉得一万年太久，要只争朝夕，实际却四处树敌，臣民都被他们的理想所拖累，痛苦不堪。隋炀帝在雁门被突厥围困时，曾下诏停止辽东之事，跟臣民们许诺以后再也不打高句丽了；但是等围困一解除，马上又下诏讨伐，于是"言其诈众，朝野离心"[①]。这让我们想起贵霜帝国的有名君主迦腻色迦。迦腻色迦也是精力旺盛，立志征服四海，连年征伐，最后大臣们实在受不了，就趁他得病把他闷死了。隋炀帝一心想建立千古一帝的伟业，但是最终带来的是隋朝的灭亡，中国进入黄金时代的大任就落在了下个王朝的肩上。

_____

① 《隋书》卷 67《虞世基传》，第 1765 页。

四、"李氏将兴"还是"刘氏当王"

隋炀帝跟他的父亲一样，在晚年都面临着继承人的问题。当时最有资格继承皇位的是齐王杨暕，但这对父子也矛盾重重。有一次在榆林打猎时，齐王暕打了很多麋鹿，而杨广没打到，就怪罪属官。属官说，他们都被齐王暕的手下抑制，没法靠前。杨广大怒，从此不让齐王参与政治事务，还派人监视他。江都兵变的时候，叛军攻到大殿，杨广还跟萧皇后说："得非阿孩邪？"[1] 意思是说，是不是齐王政变了。另外一边杨暕也被叛军抓住，以为是隋炀帝要杀自己，临死前还说："诏使且缓，儿不负国家。"[2]

没有明确继承人和隋炀帝过于富有野心的内外政策，导致刚刚统一的国家迅速陷入内战之中。一般认为，内战的导火索是对高句丽旷日持久的战争。山东的王薄、左君行等首先起义于长白山，揭开了隋朝瓦解的序幕。最终的崩溃则是因为统治集团内部分裂，隋末农民战争中争夺天下的群雄，像李密、李渊、杨玄感等都是关陇集团的重要成员。唐朝建立之初，众多的文武大臣实际上也是杨隋的旧臣，如率先造反的杨玄感是隋朝宰相杨素的儿子，也是隋朝皇室的亲戚；李渊和杨广的母亲还是亲姐妹。从某种程度上说，李唐是对杨隋的延续和

---

[1] 《隋书》卷 59《齐王暕传》，第 1622 页。

[2] 《隋书》卷 59《齐王暕传》，第 1622 页。

巩固，只不过皇室发生了变化。

隋朝的崩溃来得非常迅速，而隋炀帝却选择了偏居东南的江都作为自己最后的据点，将西京大兴城和东都洛阳抛弃在群雄逐鹿的汪洋大海中，这不得不说是一个很大的失误。在隋炀帝退居江都后，群雄蜂起，其中的主要势力最后形成了李密、窦建德、王世充和李渊四大集团，隋朝彻底失去了对局势的控制。

任何专制政权，都必须一手持剑、一手布道，劝服被统治者相信它们代表的是神圣的力量、历史的趋势、正义的方向。古今中外，概莫能外。在中古时代，天命说在塑造统治合法性当中占据主导地位，对其构成挑战的，主要就是实力说——即"逐鹿"说。不过"逐鹿"说基本上是被统治阶级所排斥和打压的，被视为是乱臣贼子频出的根源。比如东汉时割据一方的隗嚣认为西汉的建立，是"昔秦失其鹿，刘季逐而掎之"[①]。刘秀当然非常反对这种说法，他认为刘家做皇帝是上天选定的天子，不是凭阴谋或实力夺取来的。所以班彪写下了《王命论》，极力为刘氏的天命辩护而否认"逐鹿"说，认为刘邦建汉是早有征祥，是天命所在，不是力所能致。沈约撰《宋书》之所以立《符瑞志》，目的也是为了"欲使逐鹿弭谋，窥觎不作"[②]。隋朝李德林因为梁士彦及元谐等人频有逆意，抗衡隋朝，仿照班彪作《天命论》，极力攻击逐鹿之说。这跟《旧唐书》描述隋末群雄的态度是一样的，《旧唐书》史臣曰："有隋季年，皇图板荡，荒主辉燎原之焰，群盗发逐鹿之机，殄暴无厌，横流靡救。高祖审独夫之运去，知新主之勃兴，密运雄图，未伸龙跃。"[③]"逐鹿中原"这个说法在传统中国政治思想中是歪理邪说。

---

① 《汉书》卷 100《叙传上》，北京：中华书局，1962 年，第 4207 页。

② 《宋书》卷 11《律历上（志序）》，北京：中华书局，2019 年，第 227 页。

③ 《旧唐书》卷 1《高祖本纪》，第 18 页。

逐鹿中原的群雄以智谋、强力夺取政权，但是在论述自己统治合法性时，却自然而然地求助于天命学说，将自己说成是接受上天的天命来统治人民。隋末群雄中，不但李渊、李密如此，窦建德、萧铣也不例外。这是当时他们能利用的理论武器，但用现代理性去看，就会觉得古人非常荒诞。不过也许我们的后人将来也会认为我们非常荒诞，这是历史的常态。

在隋末群雄的竞逐中，有一个显著的现象，就是假天命而号令天下者，只有李、刘二氏。李渊以"李氏将兴"为号召，认为自己就是谶谣中的"桃李子"；而发端窦建德集团的刘黑闼等，则打着"刘氏当王"的大旗，与李家的谶言相对抗。其实，"李氏将兴"和"刘氏当王"并非简单的谣谶，而是有着深厚的政治思想和宗教信仰的根基。唐朝之前，汉朝是唯一一个绵延数百年的统一王朝，谶纬之学从兴起就与今文经学结合在一起，宣扬刘氏才具有天命，比如《春秋演孔图》说："卯金刀，名为'刘'，赤帝后，次代周。"[①]光武帝刘秀制造"刘氏复起，李氏为辅"[②]、"刘秀发兵捕不道，卯金修德为天子"[③]的谶语。王莽末年开始流传的"刘氏复起"的谶记，在东汉王朝覆灭之后再度出现，预言"汉祚复兴"、刘氏"系（继）统先基"。西晋至南北朝时代先后爆发的张昌、刘尼、刘伯根、王弥起义，以及刘芒荡、刘黎、刘灵助的起兵，甚至三国时期刘备建立蜀汉、匈奴贵族刘渊的反晋战争，都是在"汉祚复兴"这个谶记号召之下发动的。在这样的政治环境中，"卯金刀"就成了统治者敏感和警惕的符号。

从东汉末年起，由道教《太平经》衍生的"太平世"历史观深深

① 《后汉书》卷 1《光武帝纪上》李贤等注引《春秋演孔图》，北京：中华书局，1965 年，第 23 页。"卯金刀，名为刘。中国东南出荆州，赤帝后，次代周。"《后汉书》卷 40《班固传》李贤等注引《春秋演孔图》，第 1378 页。

② 《后汉书》卷 1《光武帝纪上》，第 2 页。

③ 《后汉书》卷 1《光武帝纪上》，第 22 页。

影响了魏晋南北朝的政治与社会，那时代社会上弥漫着"末世将至、大劫轮回之期已到"的观念。这与其说是政治家利用谶纬去迷惑民众，不如说是政治家顺从了当时普遍的"末世之劫、救世主下凡"的信仰。于是"刘氏"谶语就与道教的类弥赛亚信仰结合起来，宣扬"刘氏当复兴"。但是同时，"李弘"作为老君的化身出世拯救世人之说，越来越被大众所认知。"李弘"或者老君出世，是道教终末论和类弥赛亚信仰不断发展的产物，在中古政治和社会运动中扮演着非常重要的角色。

　　早在隋唐之前，以"李弘""刘举"为号召的政治事件已经贯穿了整个魏晋南北朝，而这些政治蓝图往往跟宗教信仰紧密相关，道教的李弘、佛教的弥勒都被用来作政治性的解释[①]。比如《太上洞渊神咒经》卷一《誓魔品》："至甲午之年，刘氏还住中国，长安开霸，秦川大乐。六夷宾服，悉居山薮，不在中川。道法盛矣。'木子''弓口'，当复起焉。"[②]预言李弘会在刘氏"继统先基"之后"复起"。"木子""弓口"就是"李弘"，而李弘实际上就是道教塑造的理想君主，他将会来到世间，建立理想国度。从北魏到唐朝，起兵造反者多打着"李弘"或"刘举"的旗号。北魏寇谦之曾借老君之口，批评借助李弘、刘举起事的行为："世间诈伪，攻错经道，惑乱愚民。但言老君当治，李弘应出，天下纵横返逆者众。称名李弘，岁岁有之，其中精感鬼神，白日人见，惑乱万民，称鬼神语，愚民信之，诳诈万端，称官设号，蚁聚人众，坏乱土地。称刘举者甚多，称李弘者亦复不少。"[③]史书中记载过很多"刘举"起兵，仅北魏时期就有好几次。

① 周绍良：《隋唐以前之弥勒信仰》，收入汤一介主编：《中国宗教：过去与现在——北京国际宗教会议论文集》，北京：北京大学出版社，1992年，第105—125页。

② 叶贵良：《敦煌本〈太上洞渊神咒经〉辑校》，北京：中国社会科学出版社，2013年。

③ 《老君音诵诫经》，《正统道藏》第30册，台北：艺文印书馆，1972年，第24224页。

这些救世主的宗教信仰和政治理想，对北朝到隋唐的政治产生了巨大的影响。隋朝建立之初，隋文帝面临的第一场严重的谋叛事件即与此有关。他诛杀了颇有野心的大臣刘昉，巩固了自己的权力。刘昉"常云姓是'卯金刀'，名是'一万日'，刘氏应王，为万日天子"[①]。在诛杀刘昉的诏书中，隋文帝严厉驳斥所谓"刘氏应王"的谶言，强调天命在自己。

从隋朝瓦解之后的情形看，诸雄逐鹿中原，绝大多数以"李""刘"为号召。天下不是姓"刘"，就是姓"李"，似乎已经成了各种政治势力的共识[②]。当时有童谣云："白杨树下一池水，决之则是刘（流），不决则为李（沥）。"[③]意思就是隋杨灭亡之后，要么是刘姓、要么是李姓当皇帝。所以在唐朝建立之初，大臣李孝常和刘德裕就谋划推翻唐朝，建立新的刘姓王朝，刘德裕对这首童谣的解释是，"李在未决之前，刘居已决之后。明知李氏以后，天下当归我家。当为决之，顺天之命耳"[④]——池水在决堤流（刘）出之前，必有水沥（李）入地下，但是最后还是要决堤流（刘）出。在这一新的解释中，李唐王朝变成了过渡政权，将来会被刘氏取代。

唐朝建立之后，刘姓大臣仍屡屡被猜忌贬斥，比如唐初的重要将领刘师立被人揭发"姓在符谶欲反"[⑤]；另一位将领刘兰因为"刘将军当为天下主"[⑥]的预言被杀；贞观十九年（645），又有刘道安蛊惑

---

① 《隋书》卷 38《刘昉传》，第 1286 页。

② 毛汉光：《李渊崛起之分析——兼论隋末"李氏当王"与三李》，《"中研院"历史语言研究所集刊》59 本 4 分，1988 年，第 1037—1061 页。

③ （宋）王钦若等编：《册府元龟》卷 922《总录部·妖妄》，北京：中华书局影宋本，1988 年，第 3659 页。

④ 《册府元龟》卷 922《总录部·妖妄》，北京：中华书局影宋本，1988 年，第 3659 页。

⑤ 《新唐书》卷 88《刘师立传》，北京：中华书局，1975 年，第 3742 页。

⑥ 《新唐书》卷 94《刘兰传》，第 3836 页。

人心，煽动造反，等等。一直到唐高宗时代，高宗还给自己的儿子取名"李弘"。敦煌两件《洞渊神咒经》抄本 P.3233 及 P.2444，末均题："麟德元年七月廿一日奉敕为皇太子于灵应观写。"《洞渊神咒经》预测李弘出世，真君降临，其文多有刘氏复兴、李弘继立的政治性预言，可能就是李弘的父母（高宗和武则天）强调自己的儿子李弘是应谶当王，合乎天意。武则天上台之后，"代武者刘"[①] 的谶言引发其激烈反应。有的人说此"刘"当是流放的"流"，指流放在外地的流人，武则天就把很多流放的人都杀死了。当时刘思礼谋叛被杀也与此类谶言有关。睿宗时代，长安有刘诚之谋反事件的发生。玄宗的开元年间，大量的造反也都跟刘氏有关，比如开元十三年（725）的洛阳刘定高、开元二十三年（735）的洛阳刘普会、开元二十四年（736）的长安刘志诚，等等。玄宗对"卯金刀"非常敏感，以至于他将杨钊的名字改为"杨国忠"，"国忠本名钊，以图谶有'卯金刀'，当位御史中丞时，帝为改今名"[②]。

从北朝到唐朝，"李氏将兴"和"刘氏当王"背后深厚的宗教信仰一直在对政治产生重要的影响。李渊建立唐朝就是在这样的思想和信仰的背景下完成的，而李密宣扬的一套说辞跟李渊基本一样，他们都将自己视为拯救世人、建立新朝的救世主。从某种意义上说，唐朝的建立也是宣扬建立理想国度的救世主思想的产物。新王朝建立政权，总要告诉老百姓一些道理，例如我是救世主，我能结束战乱，我能带领你们进入理想的国度，开启新的时代[③]。

李密（582—618），京兆长安人。父亲李宽为隋朝上柱国、蒲山

---

① 《资治通鉴》卷 205《唐纪二十一》，长寿二年（693）二月乙亥条《考异》引潘远《纪闻》，第 6491 页。

② 《新唐书》卷 206《杨国忠传》，第 5852 页。

③ 孙英刚：《南北朝隋唐时代的金刀之谶与弥勒信仰》，《史林》2011 年第 3 期。

公，骁勇善战，干略过人，号为名将。开皇中，李密袭父爵为蒲山公。大业初，以荫为左亲卫府大都督、东宫千牛备身。李密多筹算，才兼文武，志气雄远，常以济物为己任，与杨素的儿子杨玄感为刎颈之交。杨玄感也是非常有个性和野心的人。大业九年（613），隋炀帝再伐高句丽，征兵调粮，海内骚然，人心思乱。在黎阳督运军粮的杨玄感起兵反隋，以李密为谋主。李密献三计：上策是挥师入蓟，截住隋炀帝的归路，可以不战而擒；中计是西入长安，据险自固，必克万全之势；下计是就近进攻东都，陈兵坚城之下，胜负未知。杨玄感却以李密的下计为上策，结果久攻东都不下，隋炀帝回师攻打杨玄感，杨玄感败死。李密在逃亡中被捕，在解送途中用计逃脱。

大业十二年（616），各地起义军都已有了很大的发展。韦城法曹翟让据有瓦岗寨，李密遂走投翟让——当然以他的智谋和知识背景，比翟让更有号召力。他为翟让画策，击败了隋朝大将张须陀。之后李密别立蒲山公营，又袭取兴洛仓，打开仓库，"恣人所取，老弱襁负，道路不绝，众至数十万"[1]。兴洛仓为东都粮食取给之所，李密势力由此大振。李密手下更是汇聚了大批人才，这些人甚至到了唐朝，仍在政治、军事领域中扮演重要的角色，比如徐世勣（即李勣）、魏徵、秦叔宝、程知节、郭孝恪，等等。

随着军事上的不断胜利，李密被海内豪杰共推为盟主。各方豪杰包括孟让、郝孝德、王德仁、房献伯、王君廓、李士才、魏六儿、李德谦、张迁、李文相等纷纷归附，后来窦建德、朱粲等也遣使依附。甚至李渊也不得不"卑辞答李密之书"——如窦建德一样，恭推李密为盟主。

大业十三年（617）二月庚子，李密在巩县南设坛即位，称魏公，仿照北周时期无年号纪年之例，只称元年，并开始建立政权机构。其

---

[1] 《旧唐书》卷53《李密传》，第2211页。

图 7　唐含嘉仓刻字铭砖。现藏洛阳博物馆。正面阴刻铭文 10 行 110 多字，记载仓窖的位置，储粮的来源、品种、数量、时间及仓窖的管理人员。

文书行下，称行军元帅府，魏公府置三司、六卫，元帅府置长史以下官属。李密移檄四方，声讨隋炀帝十大罪状，试图取而代之。当时李渊势力不够大，只是树立了傀儡政权，尊隋炀帝为太上皇，而李密这时候已经膨胀了，要取代隋朝。李密也正因为张扬，成为隋军攻击的主要对象。隋江都通守王世充率领江淮劲卒，增援东都，合军十余万，跟李密在东都坚城之下互击。在这种情况下，李密既不能攻克东都洛阳，又不能断然挥军入关中占领长安，时间一长就错失了战略机会，最终在群雄逐鹿的竞争中败下阵去，把江山送给了同出关陇军事贵族的李渊家族。

　　大业十三年（617）十一月，李密诛杀翟让，虽然稳住了内部局势，但是大将徐世勣等人都开始心怀疑惧——所以后来李密战败后不敢投奔徐世勣，只好西行入关投降李渊。大业十四年（618），隋右屯卫将军宇文化及在江都发动兵变，杀死隋炀帝，引兵十余万西进，因李密占据巩、洛，便取东郡，攻黎阳，李密只好率军与宇文化及作战。本来宇文化及是隋朝的敌人，其率军西进，最担心的是洛阳的隋军，结果最后接战的是李密。从战略上说，李密、东都王世充和江都来的宇文化及是三方对立的形势，任意两方对决，第三方都会坐收渔翁之利。居于东都的隋朝越王侗授予李密太尉、尚书令、东南道大行台行军元帅、魏国公等虚衔，使李密讨伐宇文化及。李密虽然战胜宇文化及，但是自身军力也遭受重创。大战刚结束，东都的王世充已经夺取实权，率军攻击李密的疲惫之师，结果李密大败。李密之前诛杀翟让引发的后遗症显现了出来：此时，守卫洛口仓的邴元真暗引王世充军入城；单雄信又坐视不救，投降王世充；而李密又不敢投奔镇守黎阳的徐世勣。结果自然是一败涂地，李密从最有希望争夺天下的地位迅速滑落，只好西行投奔李唐。然而他不肯屈居人下，试图再起，结果被杀，年仅三十七岁。《旧唐书》评论时说李密"心断机谋，身临敌阵，据巩、洛之口，号百万之师，窦建德辈皆效乐推，唐公给以欣戴，不亦伟哉！及偃师失律，犹存麾下数万众，苟去猜忌，疾趋黎阳，任世勣为将臣，信魏徵为谋主，成败之势，或未可知"[1]。唐朝人对李密的评价还是不错的，并没有否认他的才能，认为如果他能够放弃猜忌，跑到黎阳以徐世勣为将、以魏徵为谋主，那么成败之势或未可知——不过魏徵对他的评价必然有个人色彩，因为魏徵本身是李密的臣下，最终将李密的失败归结为没有天命。

窦建德（573—621）占据河北，大业十三年（617）建都乐寿，称长乐王。618年，改元五凤，并且改国号为夏。在李密击败宇文化及之后，宇文化及北上，在今天河北大名附近称帝。窦建德打着为隋

---

[1] 《旧唐书》卷53《李密传》，第2225页。

朝报仇的旗号进攻宇文化及，最后将其擒杀。窦建德其时人才济济，手下的文臣武将比如张玄素、裴矩、崔君肃、虞世南、欧阳询等在后来的唐朝仍然是重要的学者和大臣。消灭宇文化及之后，隋炀帝的萧皇后也落在窦建德手中，后被和亲突厥的隋义成公主接到了突厥。

在窦建德于河北扩张势力的同时，河南的王世充击败李密，最后篡夺了隋朝的皇权，建立郑国。在关内，李渊已经称帝，建立唐朝，并且击败了薛举、李轨等势力，开始锐意经营关东。武德三年（620），秦王李世民扫荡河南诸郡县，将洛阳团团围住。窦建德先采取坐山观虎斗的策略，不理睬王世充的求援，后来在谋士的建议下，亲率十余万大军救援王世充。李世民率军与其在虎牢关大战，由于李世民的突然袭击，窦建德被唐军所俘，王世充见援军无望也弃城投降。不过，窦建德的失败太过突然，且其在河北多有德政——在河北大名县有"窦王庙"，父老群祭，历久不衰，直到唐中后期仍然存在——河北地区也并未完全臣服李唐。之后窦建德部将刘黑闼再次造反，前后经过李世民和李建成两次讨伐才最终平定。作为与李唐争夺天下最大的竞争对手，李密、窦建德和王世充的败亡，最终为李唐统

图 8　唐鎏金铜钺。现藏美国大都会博物馆。

一天下、确立其三百年的统治奠定了基础。

　　隋末群雄争霸，最终李渊胜出。这场斗争也影响到了唐朝前期的政治权力结构。秦王李世民、齐王李元吉、太子李建成都积累了丰富的经验，汇聚了大量的人才，可以说形成了脆弱又平衡的合作关系。这种关系从 618 年一直延续到 626 年玄武门政变，等李世民完成政权的再次整合与中央政府的统一巩固，才开启了崭新的时代。

多说一点

从《隋书》看所谓官方史书

《隋书》是唐代魏徵、长孙无忌等领衔编撰的官修纪传体断代史书,成书于贞观十年(636),是了解隋朝最基本的史料。全书共八十五卷,包括帝纪五卷、志三十卷、列传五十卷,记述了隋自开皇元年(581)至义宁二年(618)共三十八年的历史。由于隋运短祚,魏徵等史官均亲身历隋而后入唐,该书具有当时人写当时事的特点。又因唐制多因隋制,读书中的志、隋末群雄或初唐人物祖辈传记时,可以与《旧唐书》《新唐书》相关内容参照对读。

《隋书·经籍志》奠定了四部图书分类的基础,十志内容丰富,在正史书志中享有较高的声誉。《隋书》作者都是学有所长的专家,比如负责修撰天文、律历的是唐代著名天文学家李淳风。《隋书》体现的是唐人的观点,而且深入贯彻了以史为鉴的思想,难以避免把隋朝作为反面典型进行描写,同时也难免在编撰时受到时代的影响。比如《隋书·房彦谦传》记载的是太宗朝宰相房玄龄之父,实际上房彦谦不过一介州司马、县令,一生也没有重大事迹,并不符合入传的条件,能够入传也是父以子贵的结果。

读史书不但要看文本内容,还要看文本生成的背景,包括谁写的,设定的读者是谁,在什么背景下写的。在很多情况下,历史记载和历史记忆很可能不是对过去真相的重现,而更多的是对讲述过程和形式的反映。这种反映不是简单地组织和讲述过去发生的事，而是一个讲述者有意或者无意重组画面、灌输特定认识和意识的过程。看似客观的历史记载，一旦形诸文字，必然要借助文学的手法，谋篇布局、遣词造句、起承转合都不可避免地渗入了书写者自身的知识、意识和立场。从这个意义上说，所有的历史记载都是某种程度上的重新讲述（representation）。这种重新讲述是一个再造（reproduction）的过程，一般通过裁剪、扭曲、隐藏、突出等方法，构建出自己想要的历史画面。有时候不需要"说谎"，只需讲述想让观众知道的片段——即便这些片段都是真实的——隐藏不想让他们知道的情节，整个画面的效果就会截然相反。不同的书写者因其立场、观念的不同，呈现出的画面也会有很大差异。持官方立场的历史记载，难免会受到当时政治倾向、局势、权力结构和正当性的影响；而宗教精英在重现同一历史画面时，其取材、剪裁、突出的重点更加体现出宗教立场的考虑，因此他们呈现出的画面也会与官方记载有显著的差异。

第二章　玄武门之变与唐朝政局的稳定

武德元年（618）李渊称帝，定年号武德，开启了唐朝近三百年的历史。武德年间，唐朝还没有完成国家的统一，军队也没有实现国家化。李渊的几个儿子李建成、李世民、李元吉各有自己的军事和政治集团，互相倾轧。武德九年（626），秦王李世民发动了玄武门政变，杀掉了李建成和李元吉，逼迫李渊退位，开启了贞观时代。因为李世民的耀眼光芒，李唐的开国君主李渊被描述为平庸的君主，甚至太原起兵都变成是李世民的主意。这并不符合历史事实，李渊的角色被扭曲和遮蔽了。

一、李渊的逆袭：
解读"屈己求可汗之援、卑辞答李密之书"

作为大唐的开国君主，李渊在史书中似乎显得平庸。但是从史料的字里行间，我们又隐隐觉得这个人并不简单。

唐高祖李渊（566—635），出身北周系军事贵族。祖父李虎西魏时赐姓大野氏，拜柱国大将军，与宇文泰、独孤信等同为著名的"八柱国"——李密的祖上也是其中之一，北周时追封为唐国公。父李昞，北周安州总管、柱国大将军，袭唐国公爵。

关陇军事贵族内部通过大量的婚姻纽带关系凝结起来。李渊的母亲独孤氏与隋文帝的独孤皇后是亲姐妹，都是独孤信的女儿，从亲戚关系上说，李渊和隋炀帝是表兄弟。李渊的夫人窦氏，也就是后来的窦皇后，其母亲是北周武帝宇文邕的姐姐襄阳长公主。隋文帝篡夺了北周的皇权，是宇文氏的敌人，也是窦皇后的仇人。据说窦皇后"生而发垂过颈，三岁与身齐"①，北周武帝宇文邕特别喜欢她，将她养于宫中。杨坚夺取北周政权时，还是少女的窦皇后非常悲愤，"闻而流涕，自投于床"，还说："恨我不为男，以救舅氏之难。"②她

---

① 《旧唐书》卷 51《太穆皇后窦氏传》，第 2163 页。

② 《旧唐书》卷 51《太穆皇后窦氏传》，第 2163 页。

图 9　独孤信多面体煤精组印。现藏陕西历史博物馆。印章由 26 个面，其中 14 个面
　　　上刻有楷书阴文，包括"大都督印""大司马印""柱国之印""令""密""臣信
　　　上疏""臣信上章""独孤信白书""信启事"等，多面体印章让身兼数职的独孤信
　　　使用起来十分方便。独孤信的大女儿嫁给了北周明帝，四女儿嫁给了唐高祖李渊
　　　的父亲，七女儿嫁给了隋文帝杨坚。北周、隋、唐皇室都带有独孤信的血脉。（动
　　　脉影　摄）

的父母吓坏了，急忙制止她说："汝勿妄言，灭吾族矣！"[1] 肤浅地
说，后来窦皇后嫁给了李渊，李渊又取代了隋朝，也算给北周宇文氏
报了仇。

　　像窦皇后这样出身高贵的女性，在当时挑选女婿应该是很挑剔
的。他父母商量："此女才貌如此，不可妄以许人，当为求贤夫。"[2]
于是在门屏上画了两只孔雀，"诸公子有求婚者，辄与两箭射之，潜
约中目者许之"——谁能两箭之内射中孔雀的眼睛就把女儿嫁给谁。
"前后数十辈莫能中，高祖（李渊）后至，两发各中一目"[3]，于是窦

① 《旧唐书》卷 51《太穆皇后窦氏传》，第 2163 页。

② 《旧唐书》卷 51《太穆皇后窦氏传》，第 2163 页。

③ 《旧唐书》卷 51《太穆皇后窦氏传》，第 2163 页。

皇后就嫁给了李渊。骑射是关陇贵族子弟标配的技能，但是李渊能够在众人中脱颖而出，其箭法可以说是非常高超的。这一点在后来的事件中也得到验证。隋炀帝大业十一年（615），李渊担任山西河东抚慰大使，"击龙门贼母端儿，射七十发皆中，贼败去，而敛其尸以筑京观，尽得其箭于其尸"[①]。连续射出七十余箭，例无虚发，唐高祖李渊绝对可谓神箭手，军事技术过硬。

除了箭法一流，《旧唐书》还说高祖李渊"倜傥豁达，任性真率，宽仁容众，无贵贱咸得其欢心"[②]，他应是个性格宽厚、大度、情商极高、很有人缘的一个人。隋朝建立以后，李渊先担任千牛备身（掌执御刀，保护皇帝的侍卫），后来又得到姨妈独孤皇后的关爱，仕途走得很顺利，累转谯、岐、陇三州刺史。李渊似是个胸怀大志的人，当时有人给他看相，说他"骨法非常，必为人主"[③]，他也颇为自负。"历试中外，素树恩德，及是结纳豪杰，众多款附"[④]，在他身边渐渐聚拢了一批豪杰之士。他的秘书温大雅称他"素怀济世之略，有经纶天下之心。接待人伦，不限贵贱，一面相遇，十数年不忘。山川冲要，一览便忆"[⑤]，可谓是一个老谋深算的政治家。

李渊的祖上世系颇不清楚。李唐皇室一直标榜两件事：第一是强调自己为老子李耳的后代，老子是道教的教主，所以李唐皇室特别强调自己跟道教教团之间的神圣血脉同盟关系；第二是强调自己出自著名的陇西李氏。李渊祖上有的人名字很怪，比如叫"李初古拔""李

① 《旧唐书》卷1《高祖本纪》，第2页。

② 《旧唐书》卷1《高祖本纪》，第1页。

③ 《旧唐书》卷1《高祖本纪》，第2页。

④ 《旧唐书》卷1《高祖本纪》，第2页。

⑤ （唐）温大雅《大唐创业起居注》卷1，上海：上海古籍出版社，1983年，第4页。

买得",一听就不是汉人的名字。他们要么是袭用了汉族的李姓,要么是被赐姓李。若从血统上论,唐高祖和唐太宗的皇后都是鲜卑人,唐朝皇帝的汉人血统成分并不占据优势。不过陈寅恪说过,判定种族,文化之认同比血缘之认同要重要得多。

当时"李氏将兴"的谶言在民间广为流传。不论是李密还是李渊都知道这样的预言,包括隋炀帝自己也对这类预言非常敏感。杨玄感兵变之后,隋炀帝越来越猜忌文武大臣,以郕国公李浑名应"李氏当为天子"的谶语而杀了他一家,因此使得人人自危。李渊也被猜忌。有一次隋炀帝召见李渊,李渊因病没到,隋炀帝说:"可得死否?"①这两位表兄弟的关系已经比较紧张。这时李渊的手下已经有了攀龙附凤之心了,开始拥戴李渊。当时有那么多的农民起义领袖,但大家都觉得将来当皇帝的一定是李密、李渊这种贵族子弟。李渊为山西河东抚慰大使时,副使夏侯端就对他说:"天下方乱,能安之者,其在明公。"②并且指出炀帝"切忌诸李,强者先诛,金才(即李浑)既死,明公岂非其次?若早为计,则应天福,不然者,则诛矣"③。大业十三年(617),当隋朝陷入动荡之际,李渊在太原留守任上,确立了反隋自立的野心。

李渊的开国史存在不光彩的地方,最主要的是两点:第一,李渊为了起兵,曾向突厥称臣;第二,李渊曾经写信给当时势力强盛的李密表示拥戴。这两点后来因史臣为尊者讳被遮蔽了,而对史实最重要的修改,还要属李世民为夸大自己在建国当中的重要性,把父亲李渊的角色抹去——似乎整个太原起兵都是李世民的主意。唐代的官方史书甚至记载,为了劝说李渊起兵,李世民让裴寂私下派晋阳宫的宫人

---

① 《旧唐书》卷 1《高祖本纪》,第 2 页。

② 《旧唐书》卷 187《夏侯端传》,第 4846 页。

③ 《旧唐书》卷 187《夏侯端传》,第 4846 页。

跟李渊睡觉，又以"恐事发及诛"为由加以威胁，李渊才不得已参与起兵。历史解释权历来都是跟政治斗争、政治宣传、政治意识形态紧密相关，不过智者千虑必有一失，李渊的记室参军温大雅写过一本《大唐创业起居注》，详细记载了从太原起兵到攻占长安的过程。不知什么原因，这本书居然漏过了清洗，保存到了今天。对照《大唐创业起居注》和《旧唐书》，就会发现两者的记载差距很大。

李渊称臣突厥，其实史料中记载得很明确。东突厥此时极为强大，横行中亚并且控制着从辽宁到蒙古的广大地区①。李渊要从太原起兵进攻长安，必须解除这一后顾之忧，而最好的办法就是得到突厥的支持。一般来说，各分裂政权争相讨好外部势力，就会使得整个战略局势朝着有利于外部势力的方向发展。北齐和北周彼此争斗时都想得到突厥的支持，争相献殷勤，以至于突厥可汗说："我在南两儿常孝顺，何患贫也？"②隋朝崩溃后，竞争的群雄也纷纷希望得到突厥的支持。比如刘武周在山西西北部称帝，突厥册封他"定杨可汗"③；梁师都起兵，突厥始毕可汗册封他"大度毗伽可汗"（突厥语中"大度"为"事"，"毗伽"为"解"）④；李子和起兵，让弟弟去突厥做人质，突厥册封他为"平杨天子"⑤，李子和不敢接受，后改为"屋利设"⑥（设，是突厥官号）。其他诸雄，甚至像窦建德，都跟突厥保持密切合作关系。李渊也不例外，他向突厥称臣是为了争取长城以外的支持。

---

① 吴玉贵：《突厥汗国与隋唐关系史研究》，北京：中国社会科学出版社，1998年。

② 《隋书》卷84《突厥传》，第2099页。

③ 《旧唐书》卷55《刘武周传》，第2252页。

④ 《旧唐书》卷56《梁师都传》，第2280页。

⑤ 《旧唐书》卷56《李子和传》，第2282页。

⑥ 《旧唐书》卷56《李子和传》，第2282页。

《通典》记载：

> 隋乱，中国人归之（突厥）者甚众，又更强盛，势凌中
> 夏。迎萧皇后，置于定襄。薛举、窦建德、王世充、刘武
> 周、梁师都、李轨、高开道之徒，虽僭尊号，北面称臣，受
> 其可汗之号。东自契丹，西尽吐谷浑、高昌诸国，皆臣之。
> 控弦百万，戎狄之盛，近代未之有也。大唐起义太原，刘文
> 静聘其国，引以为援。[①]

李渊在太原起兵的时候，曾派遣刘文静去和突厥签订联盟关系。《旧
唐书》里记录了一段唐太宗攻灭东突厥后发生的议论：

> 太宗初闻靖破颉利，大悦，谓侍臣曰："朕闻主忧臣辱，
> 主辱臣死。往者国家草创，太上皇以百姓之故，称臣于突
> 厥，朕未尝不痛心疾首，志灭匈奴，坐不安席，食不甘味，
> 今者暂动偏师，无往不捷，单于款塞，耻其雪乎。"[②]

唐太宗在回顾建国大业的时候说，太上皇当时为了百姓想称臣于突
厥，我想起这件事情就坐卧不宁，寝食难安。现在终于把突厥打败
了，一雪前耻。这段话其实已经把开国历史中李渊称臣突厥的事情交
代得非常清楚了。

李渊派刘文静出使突厥，自为手启，卑辞厚礼，对始毕可汗说：
"欲举义兵，远迎主上，复与突厥和亲，如开皇之时。若能与我俱南，

---

① （唐）杜佑撰，王文锦等点校：《通典》卷 197《边防十三·突厥上》，北京：中华
书局，1988 年，第 5407 页。

② 《旧唐书》卷 67《李靖传》，第 2480 页。

愿勿侵暴百姓；若但和亲，坐受宝货，亦惟可汗所择。"①李渊力排左右的意见，用了下对上行文时才使用的"启"字，辞气甚恭；这表示他和其余某些叛者一样，在名义上成为突厥人的藩属。突厥可汗复书说，如李渊自为天子，愿以兵马相助。但李渊想以隋朝忠臣的面目出现，还没有决定马上称帝，有些犹豫。而李世民和刘文静的势力在私底下议论："公若更不从突厥，我亦不能从公。"②最终，李渊至少表面上接受了突厥的建议。值得注意的是，主持跟突厥联络的，正是李世民以及和李世民亲近的刘文静。陈寅恪先生认为，李世民与突厥关系密切，在唐高祖时代，他被认为是挟突厥以自重。至少，从史料可知，李世民和突厥的突利可汗是结拜的兄弟，他们之间按照突厥的习俗，结下了"香火之盟"③。

隋朝在五德终始理论里自认是火德，火德尚赤而突厥尚白。李渊起兵用的是绛白旗，是一半红色一半白色，这表示李渊不纯臣于突厥，也不纯臣于隋。本来是"建武王所执白旗，以示突厥"④，但是李渊坚持要加入红色，"宜兼以绛杂半续之"⑤，所以李渊大军的旗帜红白相间，外形可能有点像今天波兰的国旗。这有点像伪军，但是在当时的政治情形下，能忍者方为豪杰。李渊能"屈己求可汗之援，卑辞答李密之书"，是个有容量的人。

1950 年代初，陈寅恪先生专门写了《论唐高祖称臣于突厥事》一文，并在文末动情议论道："呜呼！古今唯一之'天可汗'，岂意其

① 《资治通鉴》卷 184《隋纪八》，第 5737 页。

② （唐）温大雅《大唐创业起居注》卷 1，第 10 页。

③ 陈寅恪：《论唐高祖称臣于突厥事》，收入氏著《寒柳堂集》，北京：三联书店，2001 年，第 118—120 页。

④ （唐）温大雅《大唐创业起居注》卷 1，第 10 页。

⑤ （唐）温大雅《大唐创业起居注》卷 1，第 10 页。

图 10　唐高祖献陵石犀牛。现藏西安碑林博物馆。此石犀牛长 3.3 米，宽 1.1 米，高
　　　2.3 米，重达 10 吨。据《旧唐书》记载，林邑（今越南南部）"贞观初，遣
　　　使贡驯犀"。贞观九年（635），唐太宗令人仿照犀牛形象雕刻成石犀作为镇
　　　墓兽立在父亲唐高祖李渊献陵的神道上，石犀底座刻有"祖怀之德"。（动脉
　　　影　摄）

初亦尝效刘武周辈之所为耶？初虽效之，终能反之，是固不世出人杰
所为也。又何足病哉！又何足病哉！"[1] 强调虽然李唐建国借助突厥力
量，但是十余年之后就把突厥打倒，不失为大英雄。

　　在和突厥订盟之后，李渊于大业十三年（617）七月在太原起兵，
向关中进发。李渊的军事行动得到了突厥的支持，始毕可汗派人送马
千匹，驻在楼烦的突厥将领阿史那大奈也率兵相助。

　　温大雅在《大唐创业起居注》详细记载了太原起兵的过程，在他
的讲述中，策划起兵的就是李渊本人。李渊七岁就承袭唐国公爵位，
又被派到太原也就是唐国故土，他认为这是祥瑞，预示着自己要当皇
帝。他对李世民说："唐固吾国，太原即其地焉。今我来斯，是为天

---

① 陈寅恪：《论唐高祖称臣于突厥事》，第 121 页。

与。与而不取，祸将斯及。"①《大唐创业起居注》还提到民谣《桃李子歌》及关于"李氏将兴"的谶言，李渊对此的反应是："吾当一举千里，以符冥谶！"②李世民在《大唐创业起居注》的记载中并没有特别亮眼的表现，甚至比起他的哥哥李建成也并不突出。

唐军最初遇到隋军的强烈抵抗，并且在通向潼关要塞的汾河流域途中被夏季的大雨所阻。此时李渊接到已经雄霸关东的李密的书信，李密希望李渊能带军队到关东加入他的阵营。李渊极具战略眼光，认为抢占关中才是上策。为了使李密不干涉他进军关中，李渊写了一封辞气卑微的书信，拥戴李密自己取天下：

> 天生蒸民，必有司牧。当今为牧，非子而谁！老夫年余知命，愿不及此，欣戴大弟，攀鳞附翼。惟冀早应图箓，以宁兆庶。宗盟之长，属籍见容；复封于唐，斯荣足矣！③

他说当今天下除了老弟你还有谁有资格当皇帝，我李渊年老体迈，不愿意逞强。我只愿意拥戴你，我只要将来能够得到荣华富贵就很满意了。李密得到信很开心，因此应允李渊向关中进发而不加阻拦，专心和王世充作战。这个决定使李密后来后悔莫及。

李渊进军的同时，其在关中的亲属也纷纷起兵响应，李渊之女平阳公主和其丈夫柴绍亦起兵策应。十一月，李建成的部下雷永吉部率先攻破城墙，占领了长安。占领首都后，李渊遥尊在江都的隋炀帝为太上皇，改立年幼的代王杨侑为帝，改元义宁。第二年三月，隋炀帝在江都被杀，李渊于五月废黜杨侑，建立唐朝，改元武德。长子李建

---

① （唐）温大雅《大唐创业起居注》卷1，第2—3页。

② （唐）温大雅《大唐创业起居注》卷1，第11页。

③ 《旧唐书》卷53《李密传》，第2221页。

成被立为太子，次子李世民被封为秦王，三子李元吉封为齐王。

李渊从晋阳起兵到长安称帝，只用了一年的时间。李渊称帝时，群雄纷争：北方边境有李轨、薛举、梁师都、郭子和、刘武周、高开道；黄河流域有王世充、李密、窦建德、孟海公、徐圆朗；江淮之间有杜伏威、李子通、陈棱；江南一带有沈法兴、林士弘、萧铣。面对这一形势，李唐的战略方针是，首先巩固关中根据地，然后进军关东，逐步统一全国。武德七年（624），李勣（即原来的徐世勣，被李渊赐姓李，后避李世民讳改名李勣）讨平徐圆朗，至此，唐朝基本消灭了割据的群雄，实现了全国的统一。

《旧唐书》的"史臣曰"是唐朝政府（李世民）对李渊的最终评价，认为他"屈己求可汗之援，卑辞答李密之书"[1]，建立大唐是了不起了的功业，但是"不有圣子，王业殆哉"[2]——李世民把功绩都揽到自己头上，认为如果没有他这个儿子，李渊的王霸雄图早就化为尘土了。在此后的历史中，李渊的重要性和功业会逐渐被抹去、被扭曲，直到今天变成一个平庸的人物。

---

① 《旧唐书》卷1《高祖本纪》，第18页。

② 《旧唐书》卷1《高祖本纪》，第19页。

二、玄武门之变：惊心动魄的皇权传承

唐朝建立后不久，就遭遇了权力传承的问题。武德九年（626），秦王李世民在玄武门发动政变，杀死了太子李建成和齐王李元吉，同时挟持了自己的父亲唐高祖李渊，夺取了皇位。政变的主要斗争地点在太极宫的北门，也就是玄武门。中国古代有四神代表四个方位，北边是玄武，南边是朱雀，东边是青龙，西边是白虎。在唐初，皇帝主要住在太极宫。唐玄宗时期，皇帝主要居住在大明宫了。

唐帝国的开国史是李渊父子的英雄史，李建成等诸子都经过战争考验且独当一面，但是唐朝官方史书把李建成和李元吉两人说得一无是处。李建成小名"毗沙门"——隋唐时期很多人都有小名，而且多跟佛教有关——史料中说他"资简弛，不治常检，荒色嗜酒，畋猎无度，所从皆博徒大侠"[1]。李元吉更是糟糕，据《新唐书》记载，李元吉小名"三胡"——可能相貌带有胡人相，丑到母亲不愿意养——"元吉生，太穆皇后恶其貌，不举，侍媪陈善意私乳之"[2]。李元吉酷嗜射猎，荼毒百姓，"百姓怨毒"[3]。从史料记载中可以看出，李建成、李元吉的品性与个人修养甚至长相都很糟糕，这种形象其实已经非常脸

---

[1] 《新唐书》卷 79《隐太子建成传》，第 3540 页。

[2] 《新唐书》卷 79《巢王元吉传》，第 3545 页。

[3] 《新唐书》卷 79《巢王元吉传》，第 3546 页。

谱化了。

从《大唐创业起居注》中则读不出李建成和李世民的功业有太大的差别。李世民作为唐军的主帅，击败了王世充和窦建德等主要竞争者，占领洛阳，功业卓著，这是不能否认的。李世民的确是一代英主，是天才型的人物，所作所为实不是常人所能度量。但是李建成也并非那么平庸不堪，要不然魏徵等人也不会辅佐他[1]。李建成作为太子，长期居中运作，《旧唐书》委婉地说："高祖忧其不闲政术，每令习时事，自非军国大务，悉委决之。"[2]他的大部分时间，都在北边防御突厥的入侵。

李世民击败王世充和窦建德之后，声望达到顶峰，这让李建成集团有些着急。刘黑闼再次反叛时，李建成的重要支持者太子中允王珪、洗马魏徵就劝他也带军征讨。之前李世民采用了严酷的军事镇压方针，在战术上是有效的，取得了一些军事斗争的胜利，但是在全局上未能奏效——刘黑闼的实力仍在，河北地区也未降服。武德五年到六年是李建成展示本领的时候，他带领魏徵等人征讨刘黑闼，采取边剿边抚的策略，最终将刘黑闼击败杀死，收复了河北地区。在征讨过程中，李建成听取魏徵的建议，广为结交山东豪杰，并且和河北尤其是幽州的地方势力结合在一起。李建成的这些做法跟李世民没有太多区别。从史料的蛛丝马迹来看，李建成绝非平庸之辈，至少很多围绕在他身边的人物，比如忠诚于他的魏徵、王珪等，后来都成为贞观朝的重要大臣。

李元吉在唐朝统一全国的战争中也有表现。在李渊大军向长安进军时，实际上是李元吉留镇太原，并且多次担任并州总管，负责看守

---

① 黄永年：《六至九世纪中国政治史》，上海：上海书店出版社，2004年，第113—140页。

② 《旧唐书》卷64《隐太子建成传》，第2414页。

李唐的山西大本营。在李世民率军征讨洛阳时，李元吉也在军中。李世民围点打援，就是让李元吉围困王世充，自己率军去奔袭窦建德。在平定王世充和窦建德之后，齐王李元吉也得到了封赏。他跟李建成关系好，但是官方史书暗示，李元吉绝不会臣服于李建成，他将来一定会在杀死秦王李世民后再图谋取代李建成。《旧唐书》中就记载"元吉狼戾，终亦不事其兄"[1]，史料中李元吉也说："但除秦王，取东宫如反掌耳。"[2] 但是历史不能假设，死人也无法辩解，到底他有没有像自己哥哥李世民那样的野心，就不得而知了。

从太原起兵开始，李世民、李建成、李元吉在军事斗争中着手搭建了一套自己的干部队伍、智囊班子、武装力量和外围人员，从某种程度上说，此时他们是一种合伙关系。武德年间，他们开始在长安构筑为自己掌控的机构和组织，比如李世民的天策上将府、秦王府、左右护军府、左右亲事帐内府、陕东道大行台、文学馆；太子的东宫；齐王的齐王府、左右护军府、左右亲事帐内府等。他们的命令跟高祖的命令混杂在一起，都具有权威，"太子令，秦、齐王教，与诏敕并行，有司莫知所从，唯据得之先后为定"[3]。连政府机构都不知道该听谁的，以至于谁的命令先到，就按谁说的办。

在地方上，他们也逐渐形成了各自的势力范围：李世民以洛阳为中心经营山东，陕东道大行台官员基本上都听命于他，其所选拔的洛阳官吏如屈突通、温大雅、张亮、淮阳王李道玄等，后来证明都是李世民的家臣。李建成则以河北幽州为中心，可以在东宫和幽州地方之间自由进行官吏流动，小说《说唐》里被李建成害死的罗艺，历史上从头到尾都忠于李建成。罗艺原是幽州的军政长官，李建成一方面团

---

① 《旧唐书》卷 64《巢王元吉传》，第 2422 页。

② 《旧唐书》卷 64《巢王元吉传》，第 2422 页。

③ 《资治通鉴》卷 190《唐纪六》，第 5958 页。

结罗艺，另外一方面把自己的一些支持者安插幽州地区，比如以自己的亲信庐江王李瑗守幽州，而将另一名亲信、原幽州守将燕王罗艺调入长安任左翊卫大将军、薛万彻调入东宫任副护军。甚至暗中命右虞候率可达志从燕王罗艺处调来三百名幽州精锐骑兵，将他们安置在东宫东面的官署里。玄武门之变后，幽州和燕王罗艺很快便反，足以说明他们是拥护李建成的，而率军猛攻玄武门者，正是从幽州调来的薛万彻。李元吉则一向担任并州地方长官。

整个武德年间，唐朝还没有最终完成军队国家化，李世民、李建成和李元吉都有自己的私人卫队和忠诚于自己的嫡系部队，比如李世民在玄武门政变中的主力是秦王府勇士八百人；李建成私自招募"四方骁勇，并募长安恶少年二千余人，畜为宫甲，分屯左、右长林门，号为长林兵"①，还有前面提到的，在东宫安置的三百精锐骑兵——离李渊居住的太极宫只有一墙之隔，这已经超过唐高祖李渊能容忍的底线了。但他也只是责备了李建成，并把主持这件事的可达志赶出京城，流放到地方。

武德七年（624），唐高祖李渊离开长安，去仁智宫避暑，李建成负责留守，李世民跟着父亲一起出行。这时候发生了件诡异的事情，李建成的亲信、庆州总管杨文干募集骁勇之士送到长安，充实李建成的武装力量。有人跑到仁智宫告发，说杨文干要起兵造反。李渊手诏把李建成召到行在（即皇帝巡行所到之地），将其控制。杨文干只好举兵，高祖派李世民去平乱，并且可能口头给他许了诺言，等事情平定后立秦王为太子。但整个事情并不简单，李建成造反的证据并不充分，他也奋力为自己辩解，获得了李渊的原谅。李渊最后只是责怪兄弟不能相容，把李建成的核心拥护者中允王珪、左卫率韦挺赶出京城，流放到地方，同时流放的还有天策兵曹参军杜淹等。从最后的处

---

① 《旧唐书》卷64《隐太子建成传》，第2416页。

理意见是兄弟不能相容来看，李世民很可能在事件中扮演了陷害李建成的角色，但这次没有得手。

李建成惹的事，为什么流放天策府的官员？天策府的长官不是秦王李世民吗？其实杜淹虽然是李世民的属下，但是他很可能是为李建成服务的。史料记载，"洛阳既平，杜淹久不得调，欲求事建成。房玄龄以淹多狡数，恐其教导建成，益为世民不利，乃言于世民，引入天策府"①。玄武门政变之前，李建成和李世民就已多次交锋，相互挖对方的墙角，在对方阵营安插自己的人马。李建成和李元吉曾试图收买李世民的核心成员尉迟敬德、段志玄，但没有成功；而李世民收买李建成的部下常何却成功了②。又比如齐王李元吉的属下典签裴宣俨被免职后，就投靠了秦王李世民。李元吉担心他泄露自己的秘密，就毒死了裴宣俨。他们双方在对方阵营安插了多少人，或者有多少人在两边下注投机，随着玄武门政变当事人死去，再也无法确知了。

后宫也是双方势力角逐的赛场。在官方史书中，一般会反复渲染李建成、李元吉与李渊的后宫妃嫔有所勾结，甚至说他们和高祖的妃嫔张婕妤、尹德妃淫乱，而"太宗每总戎律，惟以抚接才贤为务，至于参请妃媛，素所不行"③——李世民却独善其身，拒绝巴结这些人。但是史料也记载，李世民的夫人长孙氏频繁往返于后宫，周旋于高祖妃嫔之间，努力争取亲近李世民的势力。

此外，官方史书还强调李建成和李元吉多次谋害李世民。这些谋杀包括李建成让李世民骑他的一匹烈马，试图摔死李世民；还有一次李建成邀李世民晚上一起喝酒，并在酒里下毒，但是居然没有毒死李

---

① 《资治通鉴》卷 191《唐纪七》，第 5988 页。

② 黄永年：《敦煌写本常何墓碑和唐前期宫廷政变中的玄武门》，《1983 年全国敦煌学术讨论会文集·文史·遗书编上》，兰州：甘肃人民出版社，1987 年，第 132—153 页。

③ 《旧唐书》卷 64《隐太子建成传》，第 2415 页。

世民。双方的关系越来越紧张。最初，李世民住在太极宫承乾殿，李元吉住在武德殿后院，与上台、东宫昼夜通行，无复禁限。太子、二王出入上台，皆乘马、携弓刀杂物，相遇如家人礼。李渊很可能为了防止事变，为李世民在太极宫北边修建了住宅——李世民不再居于皇宫之内。这也是为什么政变时，李世民是率领武装力量进入玄武门的，因为他就住在玄武门北边。

玄武门政变之前，李世民实际上是处于下风，可以说是危在旦夕，这也是他不得不冒险一击的原因[1]。李建成并无大过——很多是后来李世民编造的——而且为人宽厚有干才，辅助高祖处理政务，稳定后方，支援前线，起过重要的作用；他也在地方和中央深耕广播，势力雄厚。就双方在长安的力量而言，东宫兵和齐王府兵的军力远远超过秦王府的兵力。

在两大集团斗争的过程中，李渊始终摇摆不定：一方面这两大集团都根深蒂固，无法轻易清除；另一方面他似乎又乐见两者之间的敌对，保持平衡，进而维护自己的权威地位。他始终在打压强势的、出头的那一方。高祖始终摆不平李建成和李世民的关系，于是想让李世民回关东，去洛阳，模仿汉朝的梁孝王。但李建成和李元吉觉得李世民长期经营洛阳，恐为后患，于是跟高祖说李世民的坏话："秦王左右多是东人，闻往洛阳，非常欣跃，观其情状，自今一去，不作来意。"[2] 于是高祖又反悔了。这时候亲近李渊的大臣已经开始分化，有的则首鼠两端，比如宰相封德彝劝李世民抢先动手夺取皇位，又跟高祖说："秦王恃有大勋，不服居太子之下。若不立之，愿早为之所。"[3]

---

① 黄永年：《六至九世纪中国政治史》，第 145 页。

② 《旧唐书》卷 64《隐太子建成传》，第 2419 页。

③ 《旧唐书》卷 64《隐太子建成传》，第 2418 页。

武德九年，出现了一个契机——突厥入侵。李建成推荐李元吉率军出征，把秦王府的重要将领秦叔宝、尉迟敬德、程知节、段志玄等一并调走并计划在送行的时候逮捕李世民。不知道史书的记载是不是准确，这时候一个知情的人，率更丞王晊——大概本来就是秦王线上的人——跑去给李世民告密。

李世民马上让长孙无忌密召房玄龄、杜如晦入府商议。但是他们之前已经被高祖赶出秦王府，遂回复："敕旨不听复事王；今若私谒，必坐死，不敢奉教。"[①]李世民大怒，让尉迟敬德带着自己的佩刀去找房杜二人，说如果他们背叛我就杀了他们。最后，长孙无忌和尉迟敬德说服了房玄龄和杜如晦，两人打扮成道士，和长孙无忌一起潜入秦王府，尉迟敬德另取一道返回。李世民集团经过密谋之后，决定发动政变。这个时候出现了一个天象。六月丁巳（一日），太白经天；两天后，己未（三日），再次太白经天。在当时天人感应的思想氛围下，人世间的军国起伏，都跟天上的天象相配合。太史令傅奕密奏高祖："太白昼见秦分，秦王当有天下。"[②]这个天象一方面给了秦王集团信心，另一方面也让李世民没有了转圜的余地，箭在弦上不得不发！己未日当天，李渊把"秦王当有天下"的奏状告诉李世民，李世民立刻就奏报李建成、李元吉淫乱后宫。第二天，就发生了玄武门之变。

政变是需要军事力量支持的。李世民首先试探了当时朝廷重要将领的态度：他问了李靖，李靖不愿意掺和到政变中；又问李勣，李勣也不参加。所以在李世民的政变过程中，唐朝的主要军事力量保持观望，没有干预也没有制止。李世民政变的核心力量，是秦王府长期豢养的八百死士，和长孙王妃的舅舅高士廉临时拼凑起来的囚徒兵。李

① 《资治通鉴》卷 191《唐纪九》，第 6009 页。

② 《资治通鉴》卷 191《唐纪九》，第 6009 页。根据《唐会要》及《旧唐书·天文志》，当补"昼"字。

世民在大业九年（613）就娶了实力显赫的长孙家族的女儿为妻，岳父是隋朝大将长孙晟，大舅子就是后来高宗的辅政大臣长孙无忌。长孙无忌在高祖时代并没有特别突出的表现，官位也不高，但是在太宗即位后，立即被擢升为宰相，并位列凌烟阁二十四功臣之首。他之所以被拔擢，不是因为他在内战中为李唐的建立立下过多少汗马功劳，而是因为他是李世民玄武门政变的主要支持者。他不是高祖的功臣，而是太宗的功臣。长孙氏和长孙无忌在玄武门之变中扮演了重要角色：长孙氏亲自鼓舞秦王府兵的士气，而长孙无忌不只出谋划策，更亲临现场。长孙无忌和长孙氏从小被舅舅高士廉抚养长大。高士廉出身渤海大族，渤海高氏从北魏到隋屡出高官，属于世家大族。高士廉也因此全力支持自己外甥女婿李世民的政变。在玄武门政变时，高士廉担任雍州治中，负责首都的司法事务，在政变当天，他释放囚徒，发以兵器，伏于芳林门。芳林门（在玄武门之西）进可攻击玄武门之敌，退可守秦王府，再次可自此门退往洛阳，是李世民政变中的重要组成部分。

李世民发动宫廷政变的目标必然有两个：一是挟持高祖，二是消灭另外两个继承人。此次政变成功的关键就在于李世民能否同时实现两个目标，二者缺一不可。如果只消灭了李建成和李元吉，高祖仍有其他儿子，怪罪下来，李世民便是乱臣贼子；如果只控制了高祖，那么李建成、李元吉便可以名正言顺诛杀李世民。这种政变模式在唐朝前期的一百多年中反复上演[1]。如果只完成一半任务，结局往往是功亏一篑。

六月四日，庚申日，凌晨，李世民带领秦王府兵将进入玄武门埋伏，同行者包括长孙无忌、尉迟敬德、房玄龄、杜如晦、宇文士及、

---

[1] 孙英刚：《唐代前期宫廷革命研究》，荣新江主编：《唐研究》第7卷，北京：北京大学出版社，2001年，第265—268页。

高士廉、侯君集、程知节、段志玄、屈突通、张士贵等人，这些人后来都是贞观朝的新贵。李世民之所以能够做到这一点，是提前收买了当天在玄武门值班的将领常何。常何本是太子李建成的亲信，其墓志铭中记载："七年，奉太宗令追入京，赐金刀子一枚、黄金卌挺，令于北门领健儿长上。仍以数十金刀子，委公赐骁勇之夫。趋奉藩朝，参闻霸略……九年六月四日，令总北门之寄。"[①]

这样一个小小的细节，可能改变了整个历史的走向。正因为当天是常何值班，所以李建成并未怀疑有什么问题——他尚未察觉常何早已身在曹营心在汉[②]。当李建成、李元吉进入玄武门后，就遭到了由李世民率领的秦王府势力的狙击。李世民首先射死了太子，接着杀死了齐王。闻讯赶到的东宫、齐王府兵让秦王府的势力感到巨大的压力，"东宫及齐府精兵二千人结阵驰攻玄武门，守门兵仗拒之，不得入，良久接战，流矢及于内殿"[③]，其"兵锋甚盛"，击溃了屯守在玄武门外的屯营兵，杀死了屯营将军敬君弘和中郎将吕世衡，秦王府的兵将只好紧闭玄武门。这一天可能是李世民一生当中最紧张的一天，在政变之前，他已经做好了最坏的打算——如果政变失败，就率领众人逃出长安，退守自己的大本营洛阳。在此之前，他已经派出大批人马前往洛阳安置，并派遣秦王府车骑将军张亮带领王保等千余人到洛阳去，暗中结纳山东豪杰以俟变，多出金帛，恣其所用。

李建成的手下、翊卫车骑将军冯立听到太子已死，叹曰："岂有生受其恩而死逃其难乎！"[④]与副护军薛万彻、屈咥直府左车骑谢叔

---

① 陈尚君辑校：《全唐文补编》卷 11《常何墓碑》，中华书局：2005 年，第 130 页。

② 参看黄永年：《敦煌写本常何墓碑和唐前期宫廷政变中的玄武门》，《1983 年全国敦煌学术讨论会文集·文史·遗书编上》，兰州：甘肃人民出版社，1987 年，第132—153 页。

③ 《旧唐书》卷 64《隐太子建成传》，第 2419 页。

④ 《资治通鉴》卷 191《唐纪九》，第 6010 页。

图 11 唐代彩绘描金天王俑。现藏美国大都会博物馆。其铠甲战袍写实性很强，呈现了唐代将士的装束风貌。

方等率东宫、齐府两千精兵赶到玄武门，却无法进入。秦王府将领张公谨力气很大，在玄武门闭关死守，与薛万彻等人力战良久。薛万彻擂鼓呐喊要攻秦王府，秦王府众人一片惊慌；而此时，尉迟敬德带兵挟持了唐高祖，并且将太子、齐王的人头出示给东宫、齐王府的将领们看，此时再战无益，于是"宫府兵遂溃"[1]。控制局势的李世民派遣原李建成的旧属裴矩到东宫安抚，并用高祖的名义下令停止在长安城内各处的乱战。见大势已定，冯立在杀掉敬君弘后，跟部下说："亦足以少报太子矣！"[2]就解散了军队，逃遁山野。薛万彻与数十骑兵逃入终南山。后来李世民屡次派人去安抚、传达圣意，他才肯出来。李世民说"此皆忠于所事，义士也"[3]，释放了他们。

① 《资治通鉴》卷 191《唐纪九》，第 6011 页。

② 《资治通鉴》卷 191《唐纪九》，第 6011 页。

③ 《资治通鉴》卷 191《唐纪九》，第 6012 页。

中央的动荡也波及地方，亲近李建成的势力纷纷造反，燕王李艺、庐江王李瑗先后举兵谋反，皆被镇压。跟随李建成、李元吉的人马迅速把李世民作为新的效忠对象。

李建成死时年三十八，李元吉死时年二十四。李世民也没有放过他们的后代，将李建成和李元吉的十余个儿子全部诛杀，但是对他们的女眷还是给予了照顾。根据出土的墓志材料，李建成的太子妃郑氏活到了上元三年（676）——在玄武门之变后又活了四十年。李建成的二女儿李婉顺嫁给了高宗时的大臣刘应道，两人非常相爱，一起生活了二十四年。在刘应道的笔下，自己夫人在外边"终日如愚"，在闺房之内却是风华绝代，对历代兴亡了若指掌。用他自己的话说："实有大丈夫之致，岂儿妇人之流欤？"①其中心酸跃然纸上。李元吉的王妃杨氏出身隋杨家族，在李元吉死后，她成了李世民的情妇。说是情妇，是因为李世民从未给她名分，她的头衔始终是李元吉的王妃。后来杨氏为李世民生了一个儿子，即曹王李明，结果李世民把这个儿子过继给已经死了的李元吉继承香火。李建成的重要支持者庐江王李瑗被杀死后，也有一个姬妾被李世民占有，他还向大臣王珪炫耀过此事。

不管如何，武德九年（626）六月四日发生的政变将李世民扶上了皇帝的宝座。这种通过竞争乃至宫廷革命夺取皇位的做法，给太宗的子孙们留下了深刻的印象，从太宗到肃宗这长达一百多年的时间里，皇位几乎没有在和平之中传承过，几乎每一次的皇位继承，都伴随着竞争、阴谋和屠杀。在这种模式下，预立的储君无一能和平继承皇位，如隐太子建成、恒山王承乾、燕王忠、孝敬皇帝弘、懿德太子重润、节愍太子重俊等，不是被废黜便是被杀害；真正继承皇位的"赢家"都是依靠"宫廷革命"上台的，如太宗、中宗、睿宗、玄宗、

① 《全唐文补遗》（第三辑），《李婉顺墓志》，西安：三秦出版社，1996年，第19页。

肃宗。

唐代前期的贵族制社会也给这种宫廷革命创造了条件。贵族大臣们通过政治投机，保持自己对政治的影响力，实际上是贵族政治的重要表象。贵族政治干预皇位继承的模式，是贵族子弟参与皇位竞争者的幕府。隋代和唐朝前期，皇室子弟封王开府有一套庞大的幕僚班子，而且亲王在经济上的实力也很强，这奠定了他们争夺皇位的基础。何况李世民在唐朝建立过程中，尤其是对窦建德和王世充的战争中积累了巨大的名望，也从隋末群雄的各个阵营收编了大批的文人武将，这些人也攀龙附凤，希望自己的府主能够登上皇位。种种条件造成了李世民以武力夺取政权，并且奠定了一种通过宫廷革命完成权力传承的模式，对此后一百多年都有深远的影响。传统皇位传承以嫡长子继承为常态，非嫡长子继承为特例，而唐朝前期近一百年的皇位继承，非但不是嫡长子继承（继承皇位的没有一个嫡长子），等到武周代唐以后，连武、韦等具有特殊地位的贵族都能作为皇位继承人选。继承人之间互相竞争，大臣贵族各拥彼此，从内廷到外朝，由中央而地方，形成庞大的政治集团，以宫廷革命为夺权手段，以实力左右皇位传承。直到贵族政治渐渐衰微，玄宗对东宫王府机构大力改革，皇位继承的模式才发生了变化——从宫廷革命转换为宦官拥立。

不过太宗通过自己的例子为以后的皇子们树立了一个典范，他们没有人指摘太宗得天下的手段毒辣，全都景仰太宗是夺嫡成功最好的榜样，是对内对外的成功者；他们认为夺嫡不只是可通之路，更是成功的必要手段，都希望成为太宗第二。因此晚年的太宗也将面对同样的局面。

唐高祖李渊跟年轻时候的李世民，关系融洽，父子情深。我们在一些石刻史料里也看到一些端倪。小孩时代的李世民得了病，他的爸爸李渊去向佛祖祈求他能康复，那种父子的情深，还是跃然纸上的。但是权力也可以让人变态，感情在权力面前不堪一击。高祖在玄武门

图 12　十一面观音像。荥阳大海寺出土，现藏河南博物院。隋大业元年（605），李渊担任郑州刺史。此时李世民年幼患病。作为父亲的李渊前往大海寺造像祈福，《金石萃编》收录有《大海寺唐高祖造像记》。文中提到，"比闻大海寺有双王像，治病有验，故就寺礼拜，其患乃除。□于此寺愿造石弥勒像一铺"。第二年，李渊再次去关中的草堂寺还愿，"今为男敬造石碑像一铺，愿此功德资益弟子男及合家大小，福德具足，永无灾鄣。弟子李渊一心供养"。这些材料都显示了一个父亲为儿子患病忧心忡忡。李渊可能没想到的是，亲情的温暖在李世民兄弟长大之后，变成了残忍的互相屠杀。（平如恒　摄）

政变之后就退隐成为太上皇，除了偶尔参加宫廷礼仪活动，基本退出了历史舞台。贞观六年（632），监察御史马周上疏，指责太宗不去探望自己的父亲，而此时年迈的高祖已经被迁到狭窄的大安宫居住，条件似乎不是很好。马周还指责太宗在炎热的夏天自己去避暑，却不带上高祖。最终，高祖于贞观九年（635）去世。很有意思的是，太宗为父亲修建的陵墓明显小于他为自己和妻子长孙皇后修建的陵墓。

三、李世民：如何扮演一个英明君主

李世民于隋开皇十八年（598）十二月戊午（廿二日），生于武功之别馆，相当于在长安的郊区。四岁时，有善相的书生看见李世民，对李渊说："龙凤之姿，天日之表，年将二十，必能济世安民矣。"[1] 李渊于是以"济世安民"之义给他取名"世民"。史书记载李世民"自幼聪睿，玄鉴深远，临机果断，不拘小节，时人莫能测"[2]。

李世民是个军事天才。毛泽东曾有评价："自古能军无出李世民之右者。"《旧唐书》对他的评价是："文皇帝发迹多奇，聪明神武。"[3] 非常恰当。李世民的军事才能不仅仅是运筹于帷幄之中，决胜于千里之外。他本人骁勇善战，经常带头冲锋，年轻时多次突入敌阵，且擅长骑射，跟其父李渊都是神箭手。早年围剿高阳贼帅魏刀儿，"太宗以轻骑突围而进，射之，所向皆披靡，拔高祖于万众之中"[4]。在李世民的一生之中，他经常亲自率领精锐部队发动冲锋，往往能以少胜多。李世民非常擅长长途奔袭，经常追击几百里，在途中发动大小十几战，不给敌人以喘息之机。中古时期的中原军队，其长于守城，但

---

[1] 《旧唐书》卷 2《太宗本纪》，第 21 页。

[2] 《旧唐书》卷 2《太宗本纪》，第 21 页。

[3] 《旧唐书》卷 3《太宗本纪》，第 63 页。

[4] 《旧唐书》卷 2《太宗本纪》，第 22 页。

唐前期以李世民所部为代表的军队跟突厥等游牧民族一样擅长野战。

武德三年（620），李世民率军围攻洛阳时，"陷于重围，左右咸惧。太宗命左右先归，独留后殿。世充骁将单雄信数百骑夹道来逼，交抢竞进，太宗几为所败。太宗左右射之，无不应弦而倒，获其大将燕颀"①。武德四年（621）二月，王世充退守洛阳，因为攻不破城墙，李世民便"遣诸军掘堑，匝布长围以守之"，挖了长长的沟堑把洛阳城围住。这时窦建德率大军来救王世充，众人都认为唐军腹背受敌，应当撤军。但李世民使用围点打援策略，反其道而行之——让李元吉和屈突通围困洛阳，自己则亲率三千五百精锐奔袭虎牢。虎牢之战是人类战争史上以少胜多的典型战役，李世民亲率史大奈、程咬金、秦叔宝、宇文歆等挥旗而入，所向披靡，追奔三十里，斩首三千余，在战斗中生擒窦建德，可谓取上将首级于万军之中。"神武"的确是对李世民的准确描述。从年轻到当皇帝，李世民历经大小战阵，战无不胜。这也是他在晚年岁月，敢于御驾亲征高句丽的信心来源。

历史上有不少文治武功都很杰出的皇帝，但是像李世民这样能够冲锋陷阵的极少。李世民曾跟尉迟敬德说："吾执弓矢，公执槊相随，虽百万众若我何！"②一直流传的《秦王破阵乐》，正是对李世民冲锋陷阵的写实，并非仅仅是文学性的比喻。武德三年（620），秦王李世民打败刘武周，将士们以新词填入旧曲，作《破阵乐》："受律辞元首，相将讨叛臣。咸歌《破阵乐》，共赏太平人。"③这首曲在唐代拥有极高的政治地位。贞观初年，唐太宗诏魏徵等增撰歌词7首，吕才协律度曲，订为《秦王破阵乐》。该曲只在重要的场合演奏，凡是宴请三品以上的官员及"蛮夷酋长"，在玄武门外奏之。曲调雄浑，搏

---

① 《旧唐书》卷2《太宗本纪》，第26页。

② 《资治通鉴》卷189《唐纪五》，第5910页。

③ 《旧唐书》卷28《音乐一》，第1054页。

大鼓，声震百里，气壮山河，要用两千马军引队入场，非常壮观。现日本保留有《秦王破阵乐》遗谱 9 种。高僧玄奘在《大唐西域记》记载，秦王的威名甚至传到了印度。印度的戒日王对玄奘说："有秦王天子，少而灵鉴，长而神武。昔先代丧乱，率土分崩，兵戈竞起，群生荼毒，而秦王天子早怀远略，兴大慈悲，拯济含识，平定海内，风教遐被，德泽远洽，殊方异域，慕化称臣，氓庶荷其亭育，咸歌《秦王破阵乐》。闻其雅颂，于兹久矣。"[①]

李世民先后骑过的战马中有名的有六匹，名字叫"拳毛䯄""什伐赤""白蹄乌""特勒骠""青骓""飒露紫"。为纪念这六匹战马，李世民令阎立德和阎立本描绘战马英姿，又请良匠以青石制成浮雕列置于自己的陵墓前，即为"昭陵六骏"。这六块石刻每块宽约 2 米、高约 1.7 米，是李世民一生功业的见证。1914 年，六骏中的"飒露紫""拳毛䯄"被打碎装箱盗运到美国，现藏于宾夕法尼亚大学博物馆；其他四骏被截获，现陈列于西安碑林博物馆。李世民作战方法类似突厥，他的战马也多用突厥语命名。李世民平定宋金刚时所乘的是特勒骠，"特勒"是突厥官名，比如可汗家族的子弟可以称特勒。白蹄乌是李世民平定薛仁杲的时候所骑的战马；青骓是李世民在虎牢关大战窦建德时所乘战马，浮雕上的战马身中五箭，见证了当时战斗的激烈；什伐赤是李世民围攻洛阳时所乘，也是身中五箭，都在臀部，"什伐"很可能是突厥"设发"的异译，也是突厥的高官名，仅次于可汗和叶护；拳毛䯄是李世民平定刘黑闼时所乘，身中九箭，此马原名"洛仁䯄"，是代州刺史许洛仁在武牢关前进献给李世民的，所以曾以许洛仁的名字作马名。

飒露紫是李世民击败洛阳王世充时所乘战马。飒露紫浮雕是"昭

---

① （唐）玄奘、辩机著，季羡林等校注：《大唐西域记校注》卷 5，北京：中华书局，2000 年，第 436 页。

陵六骏"中唯一刻有人物的，上面描绘的是丘行恭给战马飒露紫拔箭的那一刻。《旧唐书》记载他跟随秦王冲锋陷阵的故事：

> 初，从讨王世充，会战于邙山之上。太宗欲知其虚实强弱，乃与数十骑冲之，直出其后，众皆披靡，莫敢当其锋，所杀伤甚众。既而限以长堤，与诸骑相失，惟行恭独从。寻有劲骑数人追及太宗，矢中御马；行恭乃回骑射之，发无不中，余贼不敢复前。然后下马拔箭，以其所乘马进太宗。行恭于御马前步执长刀，巨跃大呼，斩数人，突阵而出，得入大军。贞观中，有诏刻石为人马以象行恭拔箭之状，立于昭陵阙前。[1]

丘行恭是鲜卑人，为人残酷，他曾在平定战乱后，把他所认为的叛臣的心脏挖出来吃掉。丘行恭虽然也跟随李世民参加玄武门之变，但并没有在仕途上有更大的进展。他的儿子很有名，就是武则天时代的酷吏丘神勣。他似乎继承了其父残忍的性格，后来在政治上倒台，整个家族就此退出了政治舞台。

李世民登基之后，在对突厥、高昌、吐谷浑的战争中很少再御驾亲征，但是到了晚年，又披挂上阵，亲征高句丽。可以说，李世民是戎马一生，武功耀世。同时，对内统治也很有建树。司马光称赞："太宗文武之才，高出前古。盖三代之还，中国之盛未之有也。"[2]

相比赫赫武功，李世民的文采略逊。毛泽东云"唐宗宋祖，稍逊风骚"，是符合事实的。李世民最好的一首诗可能是《赐萧瑀》，里

---

[1] 《旧唐书》卷 59《丘行恭传》，第 2326—2327 页。

[2] （宋）司马光撰：《稽古录》卷 15，《四部丛刊》景明翻宋本。

图 13　昭陵六骏中的"飒露紫"。原在昭陵前，现藏美国费城宾夕法尼亚大学博物馆。李世民撰文赞叹此马："紫燕超跃，骨腾神骏，气詟三川，威凌八阵。"

面有一名句"疾风知劲草，板荡识诚臣"[①]。唐太宗的文采像是在努力模仿齐梁时代的庾信体，讲究辞藻、形式。其文字绮丽虚雅，宛如妇人，完全跟他刚毅果决的形象不符。

太宗在当皇帝之前就娶了长孙氏，长孙皇后在太宗争夺皇位的过程当中发挥了相当大的作用。太子李承乾、魏王李泰、晋王李治都是长孙皇后的儿子，也是最有资格继承皇位的皇子。长孙皇后在贞观十年（636）就去世了，之后太宗再也没有立皇后，主要陪伴他的似乎是徐贤妃徐惠。徐惠是湖州人，非常有才华，其外甥徐坚是后来有名的文人。徐贤妃于永徽元年（650）去世，年仅二十四，陪葬于昭陵之石室。

---

① 《旧唐书》卷 63《萧瑀传》，第 2402 页。

长孙皇后和徐贤妃是李世民唯二在官方史书中立传的妃嫔。但实际上李世民的女人很多，包括后来的武则天在当时也还只是比较低级的才人。另有一位韦贵妃，跟前夫生有一女，李世民爱屋及乌，对她的女儿也很照顾。虽然没有皇室血统，李世民仍封其为定襄县主。李世民另外娶了隋炀帝杨广的一个女儿，生下了吴王李恪。据说李恪英武，跟李世民最相像。在李承乾倒台后，李世民一度想把李恪立为皇太子。如果那样的话，就有趣了。李恪身上流着隋炀帝和唐太宗的血，融合了隋杨和李唐两家皇室的血脉，这么高贵的出身必然会遭到很多政治集团的反对，所以最后不了了之。后来长孙无忌特别忌惮李恪，找借口把他杀了。另外前面提到，李世民还有一位情妇，就是弟弟李元吉的王妃杨氏，但是李世民并未娶她，他们没有婚姻关系。有史料记载，李世民晚年一度想把她立为皇后，遭到大臣反对，没有成功。

虽然李世民戎马一生，指挥千军万马，但是似乎不善于管理后宫，史料的字里行间都能感觉到唐太宗后宫乱哄哄的气氛。如立晋王李治为太子时，"妃嫔列于纱窗内，倾耳者数百人，闻帝与无忌等立晋王议定，一时嚙叫，响振宫掖"[1]。在这种氛围里，武则天会认识晋王李治一点都不奇怪。不过，在唐太宗时期，几乎没有任何关于后妃竞争或者遭到贬斥的记载，更不要说你死我活的斗争了。

李世民特别在意史书如何记载他，多次干预国史的修撰。贞观三年（629），太宗下令在中书省特置秘书内省专门负责修撰"前五代史"。同年闰十二月，太宗又下令将史馆移入禁中，设于门下内省北面，由宰相监修。从此以后，原著作局不再具有修史职责，史馆成为皇帝直接控制的门下省的一个常设机构，专门负责修撰当朝国史。《唐会要》里多处记载了李世民要亲自审查起居注，并且遭到了一些

---

[1] （宋）王钦若等编，周勋初等校订：《册府元龟》卷 257《储宫部·建立》，南京：凤凰出版社，2006 年，第 2924 页。（中华书局影宋本缺，更换版本）

大臣的批评。比如贞观九年（635）十月，谏议大夫朱子奢批评他：
"陛下独览起居，于事无失；若以此法传示子孙，窃有未喻。"①唐太
宗还多次问褚遂良，自己能不能看起居注，如果自己有错误，是不是
也要被记载；还问监修国史的房玄龄要国史看，并且说："朕之为心，
异于前世。帝王欲自观国史，知前日之恶，为后来之戒，公可撰次
以闻。"②最后没办法，房玄龄等删为高祖、今上实录，拿去给李世民
看，"上见书六月四日事，语多微隐，谓玄龄曰：'周公诛管、蔡以安
周，季友鸩叔牙以存鲁，朕之所为，亦类是耳，史官何讳焉！'即命
削去浮词，直书其事"③。

玄武门之变始终是李世民在意之事。在民间很长时间流传着《唐
太宗入冥记》这样的故事：阎王把唐太宗追索阴间，责问他六月四日
发生的事情，指责他"杀兄弟于前殿，囚慈父于后宫"④。尤其是武则
天时期，对唐太宗玄武门之变颇多讽刺。至今在敦煌文献中仍保存着
这一民间文本（S.2630）。

最终，官方史书《旧唐书》对其评价道：

> 臣观文皇帝发迹多奇，聪明神武。拔人物则不私于党，
> 负志业则咸尽其才。所以屈突、尉迟，由仇敌而愿倾心膂；
> 马周、刘洎，自疏远而卒委钧衡。……况周发、周成之世
> 袭，我有遗妍；较汉文、汉武之恢弘，彼多惭德。迹其听断
> 不惑，从善如流，千载可称，一人而已！⑤

---

① （宋）王溥：《唐会要》卷 63《史馆上》，北京：中华书局，1960 年，第 1102 页。

② 《资治通鉴》卷 197《唐纪十三》，第 6203 页。

③ 《资治通鉴》卷 197《唐纪十三》，第 6203 页。

④ 项楚：《敦煌变文选注》下，北京：中华书局，2006 年，第 1985 页。

⑤ 《旧唐书》卷 3《太宗本纪》，第 63 页。

四、贞观之治：铸造盛世之道

太宗统治的贞观年间，政治清明（太宗对腐败惩治较为严厉）、与民休息，经济得到恢复，官员队伍并不冗余且比较有效率，治安也得到保障，文化教育事业也得到发展，经过长时期战乱的中国，进入了一个较好的时代，为李唐帝国的对外拓展和文明的发展奠定了基础[①]。故这段时间被称为"贞观之治"。

中央体制方面，唐初沿用隋制，设立中书、门下、尚书三省，三省长官中书令、侍中、尚书令共议国政[②]。因为太宗没当皇帝时曾担任尚书令，所以在他即位后不常设置此职位，一般以左、右仆射为尚书省长官，与中书令、侍中号为宰相，后来只有郭子仪等担任过尚书令。其他官员通过加"同中书门下三品""参知政事""平章军国重事"等头衔也可参与决策，也是当然的宰相。三省各有分工，中书出诏令，门下掌封驳，尚书管执行。在实际的运作中，宰相常于门下省议事，谓之政事堂[③]。太宗贞观年间，政事堂议事的模式已经成熟。政

---

① 陈寅恪：《隋唐制度渊源略论稿》，北京：三联书店，2001 年。

② 吴宗国主编：《盛唐政治制度研究》，上海：上海辞书出版社，2003 年；刘后滨：《唐代中书门下体制研究：公文形态、政务运行与制度变迁（增订版）》，北京：中国人民大学出版社，2022 年。

③ 有关唐代中书门下体制，参看刘后滨《唐代中书门下体制研究》，济南：齐鲁书社，2004 年。

事堂本来在门下省，但是到了唐高宗永淳年间，权力较大的裴炎担任中书令，把政事堂挪到了中书省。政事堂最终朝着政府机构的方向演变，在开元十一年（723），中书令张说奏改政事堂为中书门下，分列吏、枢机、兵、户、刑礼五房。从此，中书门下正式成为宰相的办事机构，依据习惯，仍然被称作"政事堂"。按惯例，仆射为正宰相，制度上并未规定仆射必须加同三品衔才是宰相。中宗神龙初（705），豆卢钦望为仆射，未加同中书门下三品衔，由于他跟相王（中宗的弟弟）有复杂的关联，竟然不敢参议政事。从此仆射不加同中书门下三品衔就不再等同宰相了。政治事件对政治制度的反作用，在这件事上体现得非常明显。

地方制度上，分为州、县两级，设刺史和县令为州、县长官。安史之乱前的刺史备受重视，政治地位较高。很多大臣乃至宰相外放，也不过担任重要州的刺史。而且太宗非常重视刺史是否称职，认为自己委任的都督、刺史是治乱的关键。李世民自己说："为朕养民者，唯在都督、刺史，朕常疏其名于屏风，坐卧观之，得其在官善恶之迹，皆注于名下，以备黜陟。县令尤为亲民，不可不择。"[①] 他经常把都督、刺史的姓名写在屏风上，将他们治绩的好坏，分别列于名下，以便考察。因而使唐初吏治出现了"法平政成"的局面。

唐朝之前，地方政治体制主要是封建和郡县两种模式，都是二级结构[②]。太宗即位后，希望国祚长久，对到底是实行封建还是郡县制，展开了一次大范围的讨论来征求意见。封建制的代表人物萧瑀认为应该恢复使夏、商、周三代国祚长久的封建制，认为皇子在外作为中央政府的屏藩，可以维护中央的权威。虽然一开始这种意见就遭到了李百药、魏徵等人的强烈反对，但是太宗在贞观五年（631）还是出台

---

① 《资治通鉴》卷 193《唐纪九》，第 6061 页。

② 李晓杰：《疆域与政区》，南京：江苏人民出版社，2011 年。

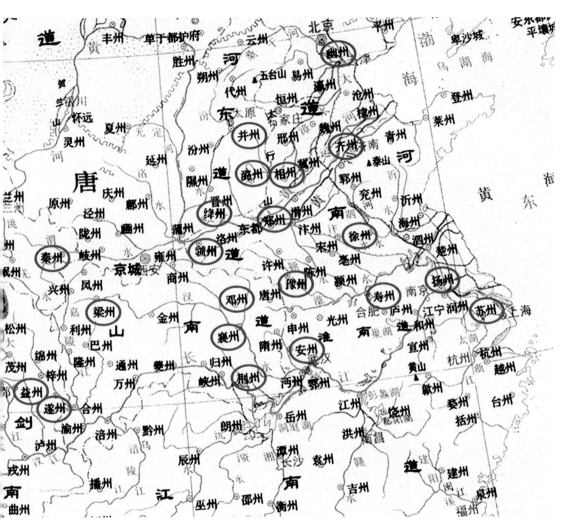

图 14　贞观十一年（636）亲王典州（府）形势图（局部）。圈出的地方，均由唐朝皇室子弟担任刺史、都督。李世民在实际操作上，希望李唐子弟能作为中央的屏藩，控制重要的战略要地。

了"世袭刺史"规划，派遣皇室子弟和功臣勋贵到地理位置关键的州去担任世袭刺史。贞观十一年（637），太宗坚持实现了第一部分：将二十一个皇室子弟分封为世袭都督、刺史，主要掌管位于关东被征服地区的形胜之地，作为中央的屏障。但是太宗派遣十四位功臣勋贵担任世袭刺史的规划，遭到了激烈的反对，长孙无忌和房玄龄以辞职相威胁，最终使太宗放弃了这一制度。虽然太宗一直到去世都向往封建制，但最终没能够实际推行。这与唐代内重外轻之风相关。在唐代，能人志士，包括那些有政治抱负的人，也都以去长安登上政治舞台的核心作为自己的晋升之阶，很少有人愿意离开中心到地方上去。

唐太宗非常注重科举制度选拔人才的作用。考试的次数大大增加，每年都有来自各地的人才参加考试。这是科举制度的早期阶段，能够考中的人数并不多。

教育方面，太宗尊崇儒学，祭祀孔子，兴办国子学、太学、四门学、书学、算学、律学等。算学和书学主要针对下级官员和平民的子弟，学生卒业后担任的是技术性的职位，很难跻身高层。朝廷还设立弘文馆，其前身是太宗为秦王时的文学馆。太宗精选天下文学之士虞世南、褚亮、姚思廉、欧阳询、蔡允恭、萧德言等，以本官兼学士，又取三品以上子孙充弘文馆学生。于是四方学者云集京师，乃至高丽、百济、新罗、高昌、吐蕃诸酋长亦遣子弟请入国学，升讲筵者至八千余人。为了解决教义多门的局面，太宗命国子祭酒孔颖达撰定"五经"义疏，贞观十六年（642）书成，凡一百八十卷，名曰《五经正义》。关于《五经正义》的学术争论一直没有停止——《五经正义》引用了大量纬书的内容，它反映的是当时儒家的思想与知识水平——这点不为宋以后的儒家学者们认同或理解，甚至遭到清儒皮锡瑞等的激烈批评。儒家学说从不是一成不变的，它能够在中国历史上扮演重要的角色，在于它是一个不断革新的思想体系。史学在此时也得到极大的发展，不管是官修还是私修，都有重要的作品完成，包括《晋书》《周书》《北齐书》《梁书》《陈书》《隋书》《北史》《南史》等。

　　在法律方面，太宗命长孙无忌、房玄龄等本着"意在宽平"的精神，重新制定了《贞观律》[①]，比如死罪的判决，太宗"皆令中书、门下四品已上及尚书议之，庶无冤滥"[②]。对于刑罚太重的情况，太宗也做了多次改革。原来的条文中有 50 条是规定违反者需处以绞刑，太宗和长孙无忌等商量，改为断右趾。后来太宗还是觉得太残忍，遂改为流放三千里。太宗对贪污的官员采用了不同的办法处理，尽量避免吏治腐败。沧州刺史席辩贪污，太宗公开将其处决。右骁卫大将军长孙顺德受人馈绢，太宗却说："顺德果能有益国家，朕与之共有府库耳，何至贪冒如是乎！"[③]太宗感念他的功劳，并不降罪，在宫殿之上当众又赐长孙顺德绢数十匹。此举遭到大理寺官员质疑，太宗说："彼有人性，得绢之辱，甚于受刑；如不知愧，一禽兽耳，杀之何益！"[④]濮州刺史庞相寿是李世民秦王府的旧部，因为贪污被解职。他向太宗求情，太宗说："我昔为秦王，乃一府之主；今居大位，乃四海之主，不得独私故人。大臣所执如是，朕何敢违！"[⑤]于是赐帛遣之。

　　贞观十年（636），太宗重组全国的军府，称"折冲府"，士兵被称为"府兵"。府兵制是一种寓兵于民的制度，类似今天的民兵组织。每个折冲府 800 到 1 200 人，10 人为一伙，50 人为一队，200 人一团。他们自备坐骑、武器、装备和口粮。但是甲胄和复杂的装备由折冲府的武库供给。府兵农闲时接受军事训练，在服役期间免除赋税和劳役。在唐前期，服役并不是强制征集的，因为免除赋税和劳役，反

---

① 高明士：《中国中古礼律综论：法文化的定型》，北京：商务印书馆，2017 年。

② 《资治通鉴》卷 192《唐纪八》，第 6048 页。

③ 《资治通鉴》卷 192《唐纪八》，第 6032 页。

④ 《资治通鉴》卷 192《唐纪八》，第 6032 页。

⑤ 《资治通鉴》卷 193《唐纪九》，第 6070 页。

而是一种特权。全国一共大约 633 个折冲府，大部分都集中于京畿地区，关中就有 261 个，另外河东、洛阳附近也分布着大量军府。京师附近的折冲府分属于 12 卫，负责拱卫京师，这样就保证了中央的权威不受地方的挑战。整个唐前期，若要夺取政权，必须在首都取胜，没有一次地方的起兵能够挑战朝廷权威。直到安禄山叛变，以边防军的强大军力攻陷长安和洛阳。

但是府兵制无法支持长期驻防和远征，这时候就需要职业兵。随着唐朝对外战争的需要，规模庞大的国防军逐渐形成，由节度使统帅；而内地的府兵制越来越流于形式而失去战斗力。这也是后来安史之乱初期唐朝无法应对的重要原因[①]。

太宗大力推行均田制，劝课农桑，建设水利，促进农业生产的恢复和发展。唐王朝建立之初，曾因为粮食缺乏而禁止酿酒。到了贞观

图 15 莫高窟第 23 窟北壁《法华经变》（局部）。描绘了唐代农夫使用黄牛犁地的农耕
　　生活场景。（动脉影　摄）

---

① 参看张国刚：《唐代兵制的演变与中古社会变迁》，《中国社会科学》2006 年第 4 期，第 178—189、209 页。

四年（630）左右，局面明显好转；一直到高宗时期，唐朝的物价都能够保持较低的水平。太宗时期，长安所需要的粮食，主要从河南运来，并不需要从南方调运。

唐太宗李世民是有自我期许的人，认为自己是济世安民的明君，时刻表现出对百姓的关爱。比如贞观三年，京畿地区发生蝗灾，李世民视察灾情，抓起蝗虫就要吃，说："民以谷为命而汝食之，宁食吾之肺肠。"[①] 近臣们劝阻他，说蝗虫不干净，吃了会得病，但李世民还是吃了，并称："朕为民受灾，何疾之避！"[②]

唐太宗的"贞观之治"不但为唐朝走向强盛奠定了基础，也为发动对突厥等部族的战争提供了保障，更被后世统治者视为典范，包括朱元璋、德川家康，都将唐太宗视为学习的榜样。

---

① 《资治通鉴》卷192《唐纪八》，第6054页。

② 《资治通鉴》卷192《唐纪八》，第6054页。

多说一点

如何理解私人撰述的《大唐创业起居注》

此书名为"起居注"，其实并非严格意义上的起居注，而是作者的私人撰述，记录了隋末李渊自太原起兵到攻占长安，进而接受禅让登基一共357天的史事。作者温大雅在《旧唐书》有传，其为太原祁人。李渊起兵时引其为"大将军府记室参军，专掌文翰"，可以说是李渊的核心幕僚和秘书。所以《大唐创业起居注》所记可谓温大雅的亲身经历，具有很高的可信度。如果将其与后来官方修订的《旧唐书》《新唐书》《资治通鉴》相比较，就会发现它的记载更加翔实，且有些史事记载明显不同。比如在温大雅笔下，李渊才是太原起兵的主谋，而《旧唐书》等将其归功于李世民；从太原起兵到攻占长安，李世民没有特别亮眼的表现，这也与官方史书的记载也不相同。

武德年间，温大雅历任黄门侍郎等职，进拜陕东道大行台工部尚书。从政治态度上来说，他亲近秦王李世民。在李世民和太子李建成和齐王李元吉的倾轧中，他受李世民之命镇守洛阳，并且"数陈秘策"，积极替李世民谋划。李世民登基后，他升任礼部尚书，封黎国公。从这个角度看，他并没有动机在《大唐创业起居注》中打压李世民的功劳。历史是各种历史记忆不断竞争后留下来的东西，而《大唐创业起居注》留存至今，给我们提供了一种区别于官方版本的历史记忆。

我们需要时时提醒自己，我们看到的，很可能是书写者想让我们看到的。他们不想让我们看到的有哪些呢？从文本生成的过程和学术价值来说，文献并无优劣高低之别。在唐朝这样一个佛教昌盛的时代，只使用世俗文献甚至只使用官修史书来推断历史情景——哪怕是只研究政治史——都可能造成致命的缺陷。

第三章　贞观朝政治主线

唐太宗统治时期，唐朝对外开拓取得了辉煌的胜利，击败了长期威胁中原的东突厥；灭掉高昌，逐步把唐朝的势力深入到中亚地区。贞观十七年（643）之前，对内进行了全方位的制度改革，对外丝路畅通，商业逐渐繁荣。此后朝廷上的政治主线逐渐集中到皇位继承问题上。权力传承是政治的核心问题，到了贞观十七年，唐太宗诸子之间的争夺发展到酝酿政变的阶段。太子李承乾被废，其主要竞争对手魏王李泰被赶出长安，他们的弟弟李治被扶上储君的位置。李治的上台，主要原因是获得了以长孙无忌为代表的关陇贵族和以李勣为代表的山东豪杰的共同支持。贞观朝政治以贞观十七年为转折点，之后李世民重启对高句丽的战争，直到去世。

一、唐朝灭东突厥之战

唐朝建立之初，一直处在突厥的阴影之下。唐太宗攻灭东突厥，也为贞观之治创造了良好的外部战略环境。

隋朝瓦解之后，中原陷入战乱之中，突厥获得了良好的战略空间和机遇。中原人为躲避战乱，又多投往突厥。突厥实力大增，势力凌驾中原诸政权之上，其东自契丹，西尽吐谷浑、高昌，控弦百万，戎狄之盛，前所未有。在宇文化及被窦建德击败后，窦建德也应突厥要求，将救获的隋炀帝之妻萧皇后以及隋朝的合法继承人、隋炀帝的嫡孙杨政道送到突厥，安置在定襄。这实际上制造了一个潜在的分裂政权，可以给李唐皇室施加政治压力。从这个层面上说，唐朝击败突厥才最终使中国成为东亚世界不可挑战的强大政权，这也是唐太宗最大的战略胜利，影响不可谓不大。

隋朝瓦解后，对于求助于己的群雄，东突厥都授予称号，大搞平衡战术。一直到唐朝建立后的武德三年（620），唐朝的并州总管李仲文还暗地里联络突厥，计划引突厥兵南下直入长安。李仲文娶陶氏之女，以应桃（陶）李之谶，突厥许诺立他为南面可汗。

唐朝建立之后，突厥屡屡入侵。武德七年（624）八月，颉利、突利二可汗举国入寇。秦王李世民之前与突利可汗有香火之盟，结为兄弟，遂利用这层关系离间颉利、突利，才使突厥军后撤。玄武门之变后，唐朝刚刚经过政局动荡，颉利可汗以为有机可乘，率领十余万精锐骑兵进逼长安。突厥大军取道泾州，泾州守将罗艺是刚刚被杀的太子李建成的亲信，他只做了象征性的抵抗就放突厥大军过去，突厥大军因而得以迅速抵达长安城外的渭河边。此时长安城内部空虚，诸州军马来不及赶到，能作战的市民不过几万人，可以说危在旦夕。

在千钧一发之际，太宗亲自领兵在渭水布阵，指斥颉利背信弃义，迫使颉利不敢轻进，最后两人在渭桥上杀白马盟誓，突厥最终撤军。不过真实的情形恐怕没有如此浪漫，李靖当时建议太宗清空国库来满足突厥的要求，贿赂颉利，避免战争，这也是为什么太宗一直视这一事件为"渭水之耻"[①]。太宗即位后，加强军事训练，提高士兵战斗力。每天引数百人在显德殿前教射，亲自临试，对射中的人赏以弓刀、布帛，由此人思自励，数年之间，"士卒皆为精锐"[②]。

太宗延续了隋代分化离间突厥部族的政策，平衡各个酋长之间的势力；而颉利可汗本就纵欲逞暴，诛忠良，昵奸佞，引发了突厥内部的纷争。颉利可汗严重地依赖粟特人和其他中亚人担任行政官员，随之便产生了突厥朝廷安土重迁的趋势。突厥中的保守分子把这看作是对传统游牧生活的威胁，群起反对。贞观二年（628），颉利之侄突利可汗未能镇压反叛的族群，颉利就把他囚禁并加以鞭笞。两个首领就此失和，进一步消耗了突厥的力量。加上塞北霜降，天公不作美，导致突厥粮食短缺，经济实力严重削弱。游牧经济跟农耕经济的一个显著区别就在于畜牧业的起伏相当大。在风调雨顺、水草丰美的时节，牛马的繁衍非常迅速，数量呈几何指数增长，但是一旦碰到严寒干旱，牛马的数量又会迅速减少。这很可能是北亚草原霸权兴起很快，衰亡也很迅速的原因之一。

---

① 朱振宏：《唐太宗"渭水事件"论析》，收入氏著《隋唐政治、制度与对外关系》，台北：文津出版社，2010年，第97—140页。

② 《旧唐书》卷2《太宗本纪》，第31页。

图 16　唐卷草纹马鞍金翼片。现藏海西州民族博物馆。（动脉影　摄）

贞观二年（628）四月，突利为颉利所攻，太宗并不救援，却趁机派遣右卫大将军柴绍、殿中少监薛万均率军攻打割据在河套一带的梁师都。突厥派兵救援，唐军与突厥在朔方交战，唐军大破突厥，平定朔方。自隋灭之后，最后一个割据政权被唐朝灭掉了。

从隋朝瓦解到唐朝建立，唐帝国几乎无时无刻不在作战，兵为老兵，将为宿将，作战经验丰富，所以这个时期也正是名将辈出的时代。唐朝军队即便与向来强横的北亚草原骑兵相比也毫不逊色，而其专业化更胜一筹。一般情况下，农耕民族与草原民族作战时，大多数情况下处在防守状态，而唐朝往往是主动出击。靠这样一支军队，唐帝国在此后的半个世纪里，将自己的势力往四面八方拓展，往西深入中亚腹地，往东攻灭高句丽、百济。从政治和军事角度讲，可谓达到了一个鼎盛阶段。

唐朝从来没有修过长城。李世民上台之后就有大臣建议修长城，觉得这是个一本万利的好办法，可以防止北方游牧民族的入侵，但是唐太宗拒绝了。

（贞观二年九月）己未，突厥寇边。朝臣或请修古长城，发民乘堡障，上曰："突厥灾异相仍，颉利不惧而修德，暴虐滋甚，骨肉相攻，亡在朝夕。朕方为公扫清沙漠，安用劳民远修障塞乎！"①

唐太宗抓住突厥内乱、天气又削弱突厥实力的良机，于贞观三年（629）冬，突然对以前骄横无比的东突厥发动全面战争。就在短短两年多前，突厥大军还曾兵临长安城，给新成立的唐帝国造成巨大的恐慌。这可以说是闪电战的典型案例。太宗以兵部尚书李靖为定襄道行军总管，行并州都督李勣为通汉道行军总管，华州刺史柴绍为金河道行军总管，灵州大都督薛万彻为畅武道行军总管，统军十余万，分道出击，发动对突厥的全面战争。

突袭取得了巨大的战果，颉利可汗被打得措手不及。贞观四年（630）一月，唐军李靖部从山西北部出发，突袭定襄，直接攻击颉利可汗本部，将其击溃。被突厥扶持的隋炀帝嫡孙杨政道和萧皇后被俘。颉利可汗仓促北走碛口，途经今天的呼和浩特西北，又遭到了唐军李勣部的伏击，损失惨重。李靖和李勣两军联手，切断了颉利可汗北逃大漠的道路。颉利可汗窜于铁山，这时尚余数万人，便派心腹执失思力到长安，想要谈判。太宗一开始同意讲和，派鸿胪卿唐俭等去慰抚，又下诏让李靖带兵迎接颉利可汗。这时李靖引兵与李勣会于白道，决定袭击颉利可汗。张公谨反对，认为"诏书已许其降，使者在彼，奈何击之"，李靖说："此韩信所以破齐也。唐俭辈何足惜！"②于是李靖与李勣夜袭颉利可汗，斩首万余级，俘男女十余万，获杂畜数十万，杀掉了隋朝的义成公主，擒其子叠罗施。稍后颉利可汗也被擒。

东突厥各部看到不可一世的颉利可汗这么快就被唐军掳获，纷纷投诚。东突厥汗国灭亡。太上皇李渊听闻颉利可汗被擒，感叹道：

---

① 《资治通鉴》卷 193《唐纪九》，第 6057 页。

② 《资治通鉴》卷 193《唐纪九》，第 6072 页。

"汉高祖困白登，不能报；今我子能灭突厥，吾托付得人，复何忧哉！"① 太上皇非常高兴，召太宗与贵臣十余人及诸王、妃、主在凌烟阁庆祝，酒酣，太上皇自弹琵琶，太宗起舞，公卿迭起为寿，一直到深夜才结束。颉利可汗被抓到长安，于贞观八年（634）春正月去世。

李靖攻灭东突厥，立下了赫赫战功。刚班师回朝，他就遭御史大夫萧瑀弹劾"破颉利牙帐，御军无法，突厥珍物，虏掠俱尽，请付法司推科"②，被唐太宗特赦。等到李靖觐见，太宗突然大发雷霆，李靖只好叩首谢罪。直到很久之后，太宗才说："隋史万岁破达头可汗，有功不赏，以罪致戮。朕则不然，录公之功，赦公之罪。"③ 没过多久，太宗又对李靖说："前有人谗公，今朕意已寤，公勿以为怀。"④ 又赐绢二千匹。同样，薛万彻攻灭高昌回来也被弹劾。

此后在北亚虽然不断有些政治起伏，比如薛延陀在贞观二十年（646）的入侵等，但都被唐朝平定。贞观四年（630）春，西北各部族首领到长安朝见，请求太宗接受"天可汗"的称号；贞观二十一年（647），根据各部酋长的请求，在回纥以南，突厥以北，开辟了一条"参天可汗道"，置六十八驿，以供往来使者的食宿。唐朝皇帝"天可汗"的头衔一直保持到唐代后期。相对于"皇帝"，"天可汗"是唐朝君主面对游牧世界时的身份，其在皇帝之上，增加了一层新的含义。唐太宗视四夷为一家，在处理民族关系时展现出高度的自信。击败突厥并彻底消灭他们的军事力量，是唐太宗最大的军事成就，这场战争改变了北亚的整个局势达半个世纪之久，具有深远的意义。

---

① 《资治通鉴》卷 193《唐纪九》，第 6075 页。

② 《资治通鉴》卷 193《唐纪九》，第 6078 页。

③ 《资治通鉴》卷 193《唐纪九》，第 6078 页。

④ 《资治通鉴》卷 193《唐纪九》，第 6078 页。

东突厥灭亡后，关于如何处理其遗民，在朝廷中引起了一场经久而热烈的辩论[1]。颜师古、魏徵、李百药等儒家学者都反对把突厥人引进内地，特别是反对把他们安置在京师附近的地区；不过最后太宗采取了中书令温彦博的建议，将突厥降众安置内地，让他们保持原有的生产和生活习惯，仍以其酋长担任都督等职，统治原有的部众。突厥首领在长安被任命为五品以上将军、中郎将的官员有一百多人，"殆与朝士相半"[2]。定居长安的突厥人将近一万家之多。在唐朝政治军事方面扮演重要角色的突厥人也有很多，比如左骁卫大将军阿史那社尔、左领军将军执失思力、右领军将军契苾何力、左屯卫将军阿史那忠、右卫大将军李思摩（即阿史那思摩）等。

消灭东突厥之后，太宗又利用西突厥内部的纷争将其瓦解。当东突厥在隋代和唐初屡次威胁中原王朝的时候，西突厥正专心经营西方：它和拜占庭帝国联合，压迫波斯。到了太宗时期，叶护可汗统治下的西突厥统辖有东自玉门关，西至萨珊王朝的波斯，南至克什米尔，北至阿尔泰山的广大地区。但是此后西突厥帝国突然崩溃，分裂为东、西两个联盟。虽然贞观十五年（641）乙毗咄陆可汗又短暂统一了西突厥，但是很快就失去了大部分部落的支持，被迫逃入吐火罗国。受到唐朝册封的乙毗射匮可汗向唐朝请婚，以保持跟唐朝的友好关系。从此以后，突厥不再对唐朝构成巨大的威胁，直到武则天时期，突厥第二汗国的建立，才重新对中原王朝构成威胁。

---

[1] 吴玉贵：《突厥汗国与隋唐关系史研究》第七章《唐朝对东突厥的措置》，第227—272页。

[2] 《通典》卷197《边防十三·突厥上》，第5413页。

二、关陇贵族和山东豪杰：
唐太宗统治下的党派分野

任何统治集团都不是铁板一块，而是往往由不同政治、文化、地域背景的人组成。"关中出将，山东出相"这样的说法，可算是对唐太宗统治时期统治集团结构的一种肤浅表述。隋唐所谓的山东，指的是崤山以东，主要包括如今的河北、山东、河南中部和北部。

唐代是一个贵族制社会。如何衡量一个社会是不是贵族制？理论有非常多，比如一种标准是社会流动机制停滞，阶层过于固化。在社会流动机制健康有效的社会，人们不管出身如何，都有机制能够通过努力往上走。从北朝到唐朝，从分裂走向统一，原先的士族集团已经产生变化。最初的四个地域集团各自有推崇的东西：山东士族尚婚姻，江左士族尚人物，关中士族尚冠冕，代北士族尚贵戚。到了唐代，随着北方征服南方，南方的士族遭到了沉重打击，江左士族和代北士族已经没落，虽然他们中的代表人物仍在朝廷担任重要的职务，但是往往处在比较边缘的地位，或者依附于关陇集团或山东集团。比如褚遂良虽然也能以宰相身份参与政务，但基本上是唯关陇集团的代表人物长孙无忌马首是瞻。所以进入唐朝后，文化和权力上的角逐和平衡主要在关陇集团和山东集团之间展开。唐太宗甚至因为在公开的场合点评关陇和山东士族的不同，遭到大臣的批评，只好收回说出的话。

关陇集团基本由原先关中和西北的军事贵族构成。不过地域分布在唐朝前期的政策立场乃至政治斗争中并不具有决定性影响，在长期战争中凝结的利益共同体可能发挥了更重要的作用，比如曾经的上下级关系就发挥了重要影响。李世民对自己的秦王府旧僚就格外照顾，出身秦王府的濮州刺史庞相寿贪污，李世民将他解职后又不太忍心，给了点钱把他打发回家了。

太宗上台后，高祖旧臣边缘化，新贵崛起。高祖的宰相裴寂等逐渐被赶出决策层。近年来发现的裴寂墓志显示他是个佛教徒，他给三个儿子分别取名裴法师、裴律师、裴禅师。后来裴寂卷入了一场跟僧人有关的谋逆而被太宗削去官职。一直到贞观十三年（639），朝堂上最有权势的大臣是长孙无忌和房玄龄。这两人出身截然不同。长孙无忌是关陇贵族的代表人物；房玄龄则出身山东，也给唐太宗推荐了不少山东的官僚。其他出身山东的名臣还有魏徵。"房谋杜断"中的杜如晦出身西北望族，但因死得早，在太宗朝没有发挥什么作用。留任的高祖大臣是代表萧梁传统的萧瑀，属于江左士族。太宗后来拔擢的褚遂良也是江左人士。可以说，太宗时期，中央政府的重要官员已经来自五湖四海。乃至他自己谈论地域的时候都遭到了批评[1]。

山东的精英人物大体分为两部分：第一部分是山东门阀士族；第二部分是所谓的"山东豪杰"。山东门阀以崔、卢、郑、李、王为首。他们根深蒂固，虽然经过历次政治风波乃至隋末战争，到了唐朝仍然屹立不倒。贞观朝的大臣房玄龄、魏徵、李勣都争相与山东士族联姻。这些跟山东士族联姻的大臣基本上都出身山东，他们仍以能跟山东门阀士族联姻为荣。唐太宗的养子薛元超在高宗时期已经做到宰相，仍以不能娶五姓女为平生遗憾。他说："吾不才，富贵过分，然

---

[1] 黄永年：《关陇集团到唐初是否继续存在》，收入氏著《文史探微》，北京：中华书局，2000年，第169—182页。

平生有三恨：始不以进士擢第，不得娶五姓女，不得修国史。"① 可见当时门阀士族的影响力。

什么是"五姓女"？"五姓七家"这个概念最初在北朝时期形成。北魏孝文帝钦定的四姓为清河崔氏、范阳卢氏、荥阳郑氏、太原王氏，此外，陇西李氏、赵郡李氏、博陵崔氏也是当时一等一的望族。至隋唐时，这五种姓氏、七个家族已成为当时最顶级的门阀家族。山东门阀世代为官，在地方上盘根错节，早在五世纪就取得了优势地位。他们一直保持着中国文化传统，遵守儒家礼节，族群内部通婚。这些让他们在几百年的战乱中卓尔不群，自视为中华正统文化的代表和继承人。

门阀士族见惯了改朝换代，所以对皇权保持着某种文化上的蔑视。但是到了唐太宗时期，整个情势发生了变化：这些门阀士族把唐朝皇室视为胡汉混血的异族和政治上的暴发户——这是李世民不能接受的。李唐建立过程中，功勋卓著、跻身统治集团核心的很多人并非出身原先的门阀士族，而门阀士族又缺乏在核心圈的代表人物。这种不平衡也最终会引发社会资源和社会地位的重组，毕竟社会地位的重要保证是权力。

唐太宗让高士廉等刊正姓氏，修撰《氏族志》，结果他没有领会太宗的意图。贞观十二年（638），高士廉把修订的《氏族志》呈给太宗。在这本《氏族志》里，山东"四姓"之一的崔民幹为第一等，李唐皇室才排在第三等。唐太宗看后勃然大怒，指出山东士族"世代衰微，全无冠盖"②，而靠以婚姻得财，"不解人间何为重之？"③ 遂驳回让高士廉等重新刊定，并规定"不须论数世以前，止取今日

---

① （唐）刘餗撰，程毅中点校：《隋唐嘉话》，北京：中华书局，1979 年，第 28 页。

② 《旧唐书》卷 65《高士廉传》，第 2443 页。

③ 《旧唐书》卷 65《高士廉传》，第 2443 页。

官爵高下作等级"①。这部重新修订的《贞观氏族志》"凡二百九十三姓，千六百五十一家"②，把皇族排到第一，外戚次之，崔民幹被降为第三等③。

隋末唐初的史籍中，屡有"山东豪杰"之语。陈寅恪《论隋末唐初所谓"山东豪杰"》认为，隋末唐初的山东豪杰为胡汉杂糅的集团，是北魏六镇营户的后裔。六镇营户有擅长骑射、组织坚固、融军事与政治经济为一的传统，因此他们的后裔就自然会具有善战斗、务农业、有组织的特点。隋末唐初的山东豪杰大略有三个系统：以窦建德、刘黑闼为首领的河北豪杰；以翟让（高车族裔）、李密、李勣为首领的河南豪杰；以秦叔宝、程咬金、段志玄、徐圆朗、辅公祏、杜伏威等为代表的山东（今山东）豪杰。其中河南豪杰在唐初政治中最具重要地位，此系统以洛阳为其信仰中心④。在隋末内战中，大量所谓的"山东豪杰"支持了李唐的建立，但他们不是都支持李世民，也有的支持李建成，比如魏徵是帮李建成联络山东豪杰的关键人物，因此玄武门之变后李世民特派魏徵去山东安抚。另外部分跟随李世民参加了玄武门之变以及历次对外作战的山东豪杰，也跻身统治核心，其中最有代表性的就是李勣。同为山东出身，魏徵支持太子李承乾，李勣支持晋王李治。因为魏徵是李承乾的老师，而李勣一直是李治的师傅。贞观年间如果真的存在党派斗争和山头的竞争的话，那应该不是发生在关陇、山东或者江左等地区性山头之间，而是围绕着建储、废储展开的继承人之争——和皇帝、太子、亲王们以私人关系凝结起来

---

① 《旧唐书》卷 65《高士廉传》，第 2444 页。

② 《资治通鉴》卷 195《唐纪十一》，第 6136 页。

③ ［日］山下将司：《唐初における『貞観氏族志』の編纂と「八柱国家」の誕生》，《史学雑志》111 卷 2 期，2002 年。

④ 陈寅恪：《论隋末唐初所谓"山东豪杰"》，第 234—265 页。

的政治联盟逐渐成为认同感最强的山头。

贞观十三年（639）以前，太子、魏王、晋王身边的人尚未进入权力的中心，斗争还不激烈。然而，贞观朝的政治主线在后半期就进入了对皇位继承权的争夺。到底由谁来继承皇位，牵动了后面一大批贵族大臣的利益。有的家族为了保持地位，两边下注，但有的时候造化弄人，最后两边都失败。比如杜如晦家族内部就是分裂的：杜如晦兄长杜楚客支持魏王李泰，杜如晦的儿子杜荷却支持太子李承乾。两个人都牵涉得很深，杜荷是李承乾的心腹。李承乾政变的智囊就是杜荷。杜楚客是魏王府的首席幕僚，他为了帮李泰争取大臣支持，甚至亲自带钱去收买人心。

> 魏王泰多艺能，有宠于上，见太子有足疾，潜有夺嫡之志，折节下士以求声誉。上命黄门侍郎韦挺摄泰府事，后命工部尚书杜楚客代之，二人俱为泰要结朝士。楚客或怀金以赂权贵，因说以魏王聪明，宜为上嗣。文武之臣，各有附托，潜为朋党。①

李泰夺嫡失败后，唐太宗下令将"泰府僚属"为李泰亲近者，皆迁岭表；杜楚客因为杜如晦之兄而免死，废为庶人。

李泰也曾得到过太宗的宠爱和纵容：

> 太宗以泰好士爱文学，特令就府别置文学馆，任自引召学士。又以泰腰腹洪大，趋拜稍难，复令乘小舆至于朝所。其宠异如此。十二年，司马苏勖以自古名王多引宾客，以著述为美，劝泰奏请撰《括地志》。泰遂奏引著作郎萧德

---

① 《资治通鉴》卷196《唐纪十二》，第6191页。

言、秘书郎顾胤、记室参军蒋亚卿、功曹参军谢偃等就府
修撰。①

《括地志》编完等于是大功一件，李泰在声誉上又更上一层，太宗还
在贞观十四年（640）亲自去魏王宅探访。唐代除了太子住在东宫，
其他的皇子长大成人后都住在皇宫之外。魏王李泰住在长安城的延康
坊西南隅，那里本是隋朝大臣杨素的宅邸。李泰死后，宅子由政府出
钱买回，建为西明寺，这是后话。《旧唐书》卷三《太宗本纪》记载：
"十四年春正月庚子，初命有司读时令。甲寅，幸魏王泰宅。赦雍州
及长安狱大辟罪已下。"②《新唐书·濮王泰传》记："后帝幸泰延康坊
第，曲赦长安死罪，免坊人一年租，府僚以差赐帛。"③可见当时李泰
受宠的情形。贞观十七年（643）四月，在政治斗争最激烈的时候，
李泰"从百余骑至永安门"④。从空间上分析，李泰率领的扈从无疑是
从距宫门不远的延康坊带出来的。当初唐太宗就是率领自己的秦王府
诸将，在杀掉太子兄长后登基，魏王李泰及支持者无疑也怀抱着同样
的梦想。

李承乾的支持者也对李泰多方阻击，希望打碎他夺取储君之位的
野心。贞观十六年（642），唐太宗下令李泰迁居武德殿——这是很高
的荣誉，能在宫内居住的只有太子，其他亲王只能住在皇宫之外。魏
徵，可以说是太子李承乾的头号支持者，此时上书加以阻拦，指出当
年李元吉曾在此居住，暗示唐太宗玄武门之变会重演，太宗因此作
罢。贞观十六年，褚遂良上了一道《谏魏王泰物料逾东宫疏》，指出

① 《旧唐书》卷 76《李泰传》，第 2653 页。

② 《旧唐书》卷 3《太宗本纪》，第 51 页。

③ 《新唐书》卷 80《濮王泰传》，第 3570 页。

④ 《资治通鉴》卷 197《唐纪十三》，第 6196 页。

当年东宫财政收入一万一千贯文，而魏王李泰财政收入一万六千贯文，不合理①。唐太宗为了维持平衡，颁发了《皇太子用库物勿限制诏》，提到"储贰不会，自古常式"②，《周礼·天官冢宰》中多处规定太子的花费不受预算管理制度的约束，但实际上东宫费用有定制，此条诏书即允许太子李承乾用库物不再受到限制。

晋王李治亦获得不少重臣的支持，他的王府僚佐包括了当时的重要军事将领李勣，还有马周、李义府。李义府在高宗上台后受到重用，在很多文学性描述中以奸臣的面目出现；其实李义府能够在高宗时期崛起，正是因为他是晋王李治的王府旧臣。最后，长孙无忌和褚遂良也都倒向了李治。

---

① 参看（宋）王溥撰：《唐会要》卷 4，北京：中华书局，1960 年，第 40 页。

② 《唐会要》卷 4，第 40 页。

三、李承乾：英主阴影下的皇位继承人

李承乾是贞观朝政治脉络中一个不可忽略的人物。要了解太宗时期所发生的很多重要历史事件，需要重新审视史书中所记载的李承乾。中国政治的一个核心议题就是继承政治，或者说是权力传承问题。其实这个问题不但困扰着历代的帝王们，也渗透在社会的各个层面。大到国家权力，小到一个单位的持续发展，都不断演绎着"你方唱罢我登场"的戏码。储君在一人之下，万人之上，风光无限；但同时也是一个非常敏感的角色，在中国古代政治权力结构中经常处于危险的境地——储君自身不能太弱，否则会被认为缺乏继承大业的能力，也会引起竞争者的觊觎；亦不能太强，太强势必会引起君主的猜忌。

贞观朝的政治主线之一就是建储、废储之争。太子李承乾和魏王李泰为了争夺皇位彼此倾轧，最终于贞观十七年（643）演变成了李承乾的未遂政变。

李承乾的名字就可以证明他是唐太宗曾经认定的皇位继承人。《旧唐书》里说取名承乾是因为他出生在承乾殿，其实并不完全如此。古代当皇帝被称为"出震承乾"，《易传》中也说"帝出乎震"，震为东，为春，一年之始，一日之始，所以太子居住的地方叫东宫，也叫春宫。"承乾"就是承接天命当皇帝的意思。

李承乾在《旧唐书》中的形象，第一是跛足，暗示他没有君王之

相；第二是两面人，"每临朝视事，必言忠孝之道，退朝后，便与群小亵狎"①；第三是道德有瑕疵，反复暗示他是同性恋，父子间的决裂也被归结为太宗杀了他喜欢的乐人称心。在中国古代的政治斗争理念中，要打倒对手，往往有三种办法：或强调业务能力有问题，"德薄而位尊，智小而谋大"；或强调政治立场有问题；或强调道德有瑕疵。在官方史书对李承乾的描述中，这三种缺点都有。宋代欧阳修编纂的《新唐书》增加了更多关于李承乾亲近突厥文化，不适合做中华继承人的内容，这是宋代人将自己的心灵感受投射到唐朝去了。根据《新唐书》的描述，李承乾"身作可汗死，使众号哭剺面，奔马环临之"②，还说："使我有天下，将数万骑到金城，然后解发，委身思摩，当一设，顾不快邪！"③突厥之制，领兵别部为"设"，地位在可汗、叶护之下，可设牙帐，专制一方，领两万人。思摩即阿史那思摩，是贞观朝一位极为重要的政治人物。唐朝是一个开放的朝代，李世民本人也是突厥化的，会说突厥话。李承乾沾染突厥文化与风俗，在唐朝并不是大问题。但是司马光那时的宋朝正面临着辽和西夏的压力，华夷之辩提到了很高的层次，所以《新唐书》特别强调李承乾不适合做中华的继承人。

《旧唐书》太宗本纪的史臣曰部分，对李承乾的倒台做了官方的总结："承乾之愚，圣父不能移也。"④也就是说，李承乾走到覆灭的地步是自身的问题，并不能怪罪到太宗身上。李世民再英明，也改变不了他。这等于是撇清了李世民的政治责任，把所有的过错都推到了李承乾身上。实际上，李承乾并非是教育失败的产物。他的所作所为

---

① 《旧唐书》卷76《恒山王承乾传》，第2648页。

② 《新唐书》卷80《李承乾传》，第3565页。

③ 《新唐书》卷80《李承乾传》，第3565页。

④ 《旧唐书》卷3《太宗本纪》，第63页。

一直都在向自己的父亲学习，可以说是唐太宗的翻版。

官方记载为了掩饰太宗杀子之恶，进行了巧妙地修饰，比如李承乾的死亡日期。《旧唐书》记载，贞观十七年（643）九月癸未，"徙庶人承乾于黔州"[1]，而将其死亡日期系为贞观十八年（644）十二月辛丑。按照这个记载，李承乾在贞观十七年流放，并在流放地生活了一年多才去世；同书《恒山王承乾传》却将李承乾去世时间系在贞观十九年（645）。然而，现藏昭陵博物馆的《唐故恒山愍王墓志铭》却明明记载："太宗文武圣皇帝长子，贞观十七年十月一日薨。"[2] 也就是说，李承乾压根没有来得及到达流放地黔州，很可能在政变当年就暴毙于长安。这一点也可以从汉王李元昌的例子中得到侧面证明。李元昌是李承乾的重要支持者，根据其出土的墓志记载，他于贞观十七年四月六日被赐死于私第，也是在政变当年即被赐死的。

李承乾身边的支持者，比如魏徵、杜正伦、孔颖达、颜师古等，都是博学多才之士，皆一时之选。虽然官方史书可以通过他们向李承乾的谏言突出李承乾的不堪，但不可否认的是，李承乾曾在政治、学术、信仰等各个领域扮演着重要角色。长安的普光寺在李承乾十余年的资助和干预之下，成长为长安的佛教中心，并延展出一张巨大的政治、信仰关系网络。唐代佛教繁荣，佛教文献很多，在那些高僧笔下，李承乾的形象跟官方认定的形象完全不同，是一个文笔优美、人情练达、深受大臣和高僧拥护的储君[3]。但是这一切到贞观十七年戛然而止。

贞观十七年（643）元月，太子李承乾最重要的支持者魏徵去世，

---

① 《旧唐书》卷3《太宗本纪》，第56页。

② 《全唐文补编》卷153《大唐故恒山愍王荆州诸军事荆州大都督墓志铭》，第1868页。

③ 孙英刚：《李承乾与普光寺集团》，收入童岭主编：《皇帝·单于·士人：中古中国与周边世界》，上海：中西书局，2014年，第216—249页。

面对咄咄逼人的魏王泰集团，李承乾危机重重，东宫集团的核心成员决定以暴力取得政权。李承乾的拥护者众多，包括大将侯君集、汉王李元昌、杜如晦之子驸马都尉杜荷、王珪之子王敬直、洋州刺史赵节、李靖之子李德謇、左屯卫中郎将李安俨，等等；其东宫僚佐更是人才济济，张玄素、陆德明、孔颖达、张士衡、于志宁、裴宣机、萧钧、令狐德棻、赵弘智、李纲、王仁表、崔知机皆天下之选。政变的核心成员是李元昌、侯君集、李安俨、赵节、杜荷。根据《旧唐书》记载，他们计划"纵兵入西宫"[①]。杜荷几乎复制了自己父亲的角色，建议李承乾："琅邪颜利仁善星数，言天有变，宜建大事，陛下当为太上皇。请称疾，上必临问，可以得志。"[②]即让李承乾称病，如此李世民必来探望，届时伺机将其控制或者杀了。杜荷后来被李世民赐死，临刑时仍然意象轩鹜，并无悔意。

李世民通过玄武门政变迫使李渊下台，而李承乾政变的计划因为泄密而夭折。在这种背景下，李承乾作为一个失败者，被官方脸谱化，变成了一个平庸负面的历史人物。魏徵非常幸运，他死得及时，不然也会被卷入政变。很多政变的核心人物都是魏徵引荐给李承乾的，因此在李承乾倒台之后，李世民气愤难平，派人去砸了魏徵的墓碑。

贞观十七年（643）的这次政变，可以说是李世民政治生涯的转折点。如果以贞观十七年为界把李世民的统治时期分为两部分的话，我们会发现李世民的政策有非常大的变化。针对李承乾和魏王李泰两人激烈的政治斗争，太宗"两弃之"，等于把两个最强势、最聪明能干的皇位继承人都给废除了，李治就捡了个大便宜。一些历史学家认为，李治被认为是比较弱的储君，这样李世民没有强烈的危机感。为

---

① 《旧唐书》卷76《恒山王承乾传》，第 2649 页。

② 《新唐书》卷96《杜如晦传》，第 3860 页。

图 17　李承乾墓志铭。墓志仅 48 厘米见方，118 字，叙事极简，埋葬规格极为寒酸。
　　　　曾经贵为皇位继承人，最后的结局令人叹息。

了给继承人李治创造比较好的继承环境，李世民下令对高句丽用兵，
希望能够在他有生之年把高句丽给攻灭。这个决定对唐朝的政策有很
大的影响，也波及了东北亚的政局。

四、李治上台背后的两大势力

唐太宗的儿子中，嫡子（长孙皇后所生）为太子李承乾、魏王李泰、晋王李治，此三人最有资格继承皇位。吴王李恪也有一定优势，他的母亲是隋炀帝的女儿，身兼隋唐两大皇室血统。贞观十七年（643），太子李承乾政变未遂，被赶下台。魏王李泰按次序应该继任太子，不过唐太宗也考虑过李恪——他长得最像唐太宗，但是最终的结果是魏王李泰被赶出京城，似乎是最不被看好的晋王李治成为新的太子。李治的上台看似偶然，其实背后有当时朝廷上最强大的两股势力作推手。

> 其年，太子承乾得罪，太宗欲立晋王，而限以非次，回惑不决。御两仪殿，群官尽出，独留无忌及司空房玄龄、兵部尚书李勣，谓曰："我三子一弟，所为如此，我心无憀。"因自投于床，抽佩刀欲自刺。无忌等惊惧，争前扶抱，取佩刀以授晋王。无忌等请太宗所欲，报曰："我欲立晋王。"无忌曰："谨奉诏。有异议者，臣请斩之。"太宗谓晋王曰："汝舅许汝，宜拜谢。"晋王因下拜。太宗谓无忌等曰："公等既符我意，未知物论何如？"无忌曰："晋王仁孝，天下属心久矣。伏乞召问百僚，必无异辞。若不蹈舞同音，臣负陛下万死。"于是建立遂定，因加授无忌太子

太师。①

　　按照史书记载，唐太宗自己心里想立晋王李治，但又因为按照次序轮不到李治而有点犹豫。等到文武百官都离开之后，太宗留下了三个人来参加最终的决策会议。分别是他的大舅子长孙无忌、司空房玄龄和兵部尚书李勣。其实李勣很少参加这种决策会议，让他来实际上有特殊原因。唐太宗是著名表演艺术家，他自己心里有主意，但跟这三个人说，我三个儿子和弟弟做出此等事情，我心里非常痛苦。"三子"分别是李承乾、齐王李佑和魏王李泰，"一弟"是汉王李元昌。说罢太宗便非常痛苦地扑倒在床上，拿出佩刀要刺自己，此时长孙无忌他们非常慌乱，赶紧把刀夺下来交给了晋王李治。大家问唐太宗："你想立谁？"唐太宗说："我想立晋王李治。"长孙无忌说："遵命。如有异议者，请斩之。"太宗对晋王说："你舅舅已经同意了，还不快谢谢他。"晋王李治赶紧下拜。这时太宗还不心安，对大家说，我们立了李治，不知道外面舆论怎么样，大臣们会不会同意。长孙无忌说："晋王仁孝，天下人早就归心于他。"最终太宗立李治为太子，加授长孙无忌太子太师。《册府元龟》记载立晋王李治时，在外面旁听的后宫女人有好几百，等到确定晋王李治为太子的时候，外面群起欢呼，声音响彻云霄。

　　从这段记载看，当时是谁决定了要立晋王李治为太子的呢？根本不是别人，就是唐太宗自己。但是他担心舆论——毕竟按照次序应该轮到魏王李泰。从他留下的参加最终决策的大臣就可以看出，他已经下定决心立晋王李治了。长孙无忌、房玄龄、李勣似乎分别代表了外戚、政府和军队，但实际上这三个人中真正有话语权的只有长孙无忌和李勣。长孙无忌作为贞观第一权臣，长期影响朝政；而房玄龄此时

----

① 《旧唐书》卷 65《长孙无忌传》，第 2452—2453 页。

老迈，更多的是代表行政团队，政治立场不明显；而李勣当然代表了军队。就像唐太宗自己说的那样，"当今名将，唯李勣、道宗、万彻三人而已。"①随着开国武将的逐渐凋零，加上唐太宗晚年诛杀了侯君集和张亮两位具有军事领导能力的凌烟阁功臣，剩下的唐军将领没有人可以跟李勣相提并论。不论是战功、资历、权位，李勣无疑是对军队影响最大的将领。

最有意愿立这位年轻的皇子为储君的人，首先是唐太宗。这样他可以继续掌握大权而不用担心一个强势的皇储。此时李治只不过是十六岁的少年，太宗仅仅四十五岁，正是壮年，他根本没想到自己再过几年就去世了，可能还觉得自己能再干几十年。唐太宗率军跟随李渊进入长安那年，不过二十岁；率领唐军主力跟王世充、窦建德决战时，不过是二十三四岁的青年；发动玄武门政变也不过二十八岁。第二是李勣。他是晋王李治的长史（僚佐长），长期教导辅佐李治，扶持自己的府主登上皇位是理所当然的。晋王李治即位后，长孙无忌虽然短期掌权，最后还是被赶出了权力中心，而李勣却一直得到李治的信任，死后哀荣备至，享受了超高规格的政治礼遇。

打倒太子李承乾集团和魏王李泰集团的过程，虽然官方史书很多隐晦，但我们还是能看到长孙无忌和李勣的身影。太宗死的前一年，李泰阵营的大将薛万彻被副将举报对太宗不满。李勣劝唐太宗杀了他："万彻职乃将军，亲惟主婿，发言怨望，罪不容诛。"②最后薛万彻被流放外地。

长孙无忌是北魏的皇室后裔，本姓"拓跋"，因祖上那一支立下了很大的功劳，是宗室之长，就改姓"长孙"。长孙无忌聪颖好学，博览文史，跟唐太宗从小就是好朋友，一直跟随唐太宗南征北讨，累

---

① 《旧唐书》卷69《薛万均传》，第2518页。

② 《旧唐书》卷69《薛万均传》，第2519页。

图 18　唐鎏金铜尺。现藏中国国家博物馆。（动脉影　摄）

除比部郎中（刑部官职），封上党县公^①。后来他因参加玄武门政变，功居第一，进封齐国公，实封千三百户，拜尚书右仆射；贞观七年（633），册拜司空；十六年（642），册拜司徒。十七年（643），长孙无忌的画像被挂入凌烟阁，位列第一。贞观二十三年（649），太宗病重，长孙无忌及中书令褚遂良受遗令辅政，开启了唐高宗时代。

---

① 《旧唐书》卷 65《长孙无忌传》，第 2446—2454 页。

多说一点

如何理解《贞观政要》这本书？

《贞观政要》是后来编著的一本政论性史书，共计 10 卷 40 篇，主要是讨论唐太宗时期的政治得失。其主要思想是"君依于国，国依于民"的重民主义，强调广开言路，省刑慎罚，总体歌颂唐太宗的统治。但这本书并不以史实准确著称，而是重在阐发论述统治之道，以论为主。

其作者吴兢（670—749），在武则天时入史馆，修国史，迁右拾遗内供奉；唐玄宗时，为谏议大夫，修文馆学士，卫尉少卿兼修国史，太子左庶子，也曾任台、洪、饶、蕲等州刺史，仕途顺利。开元十七年（729），吴兢给朝廷呈上其编撰的《贞观政要》，并没有得到朝廷的认可，未被著录，吴兢也遭到贬官。一直到元和二年（807），唐宪宗第一次提到了《贞观政要》——他积极向太宗学习，希望振兴唐朝。宪宗看到的《贞观政要》，似乎是吴兢的外孙蒋乂（747—821）进呈的。这时离唐太宗的时代已经过去将近两百年。

宗教文献《续高僧传》可信吗？

《续高僧传》又叫《唐高僧传》，30 卷，出自唐前期高僧道宣（596—667）之手。道宣是著名的佛教史家，著作丰富，留下了大量历史记忆。其中《续高僧传》从萧梁初叶开始，记载到贞观十九年

（645），共记载了一百四十四年的历史。但是在贞观十九年之后的二十多年中，道宣不断增补，使其内容更加丰富。

《续高僧传》对隋唐时期佛教界的描写，几乎是以当事人角度进行叙述，具有很高的可信度。另一方面道宣的记载较少受到政治影响，给我们留下了迥异于官方史书的珍贵叙述。比如对唐太宗太子李承乾的描述，就跟《旧唐书》《新唐书》不同。在官方史书中，李承乾是个身有残疾、脑子混乱、道德有瑕疵、政治上虚伪、文化立场上亲突厥的形象，但是在佛教文献中，他却是一个文笔流畅、人情练达、积极干预佛教事务的政治人物。

中古时代佛教僧侣在政治中扮演着重要的角色，但佛教僧侣的身份也遮蔽了他们在政治理论和实践中的重要性。一方面，因为佛教僧侣具有强烈的宗教信仰属性，往往将政治运作置于信仰的舞台，用灵验、感通、仪式、咒术、宇宙观等包装，有别于传统政治运作模式。研究者也往往将佛教僧侣的政治活动，跟传统的政治运作划分开，似乎两者并不是发生在同一个场域。另一方面，后世的史料再造也遮蔽了佛教僧侣在政治起伏中的形象和角色。比如义净，在武则天倒台之后，其在武则天政治宣传中扮演的重要角色逐渐被抹去，以致宋代的赵明诚读到唐碑《大唐龙兴三藏圣教序》的碑侧内容，才发现武则天的"天册金轮圣神皇帝"尊号正是由义净所奠定的，不由得感叹："余尝谓义净方外之人，而区区为武后称述符命，可笑也。"

若摒去其僧侣的身份，中古高僧本身也是重要的知识人。他们中间有的精通阴阳术数，有的精通诗词歌赋，有的擅长商业组织，有的在各个政治集团之间纵横捭阖，有的甚至本身就是当时重要的历史记录者。道宣、道世（？—683）等佛教高僧撰写了大量记录南北朝后期到唐代前期历史事件的佛教史籍，比如《续高僧传》《广弘明集》等，内容丰富。这些历史书写有的时候带有较强的宗教色彩，用现代理性主义的观念看，是属于荒诞不经的内容。但正是因为如此，此类文献反而有别于经过政治审查的官修史书，保存了大量的被传统政治史研究所忽略的信息。他们在进行书写的时候，并不认为自己从事的是"文学创作"——"文学"的帽子是我们后来用现代学科追加上去的，只不过他们对故事情节的再现不可避免地受到了本身知识背景和社会角色的影响。

中古时代，佛教僧侣不但是宗教教徒，还是知识分子、政治人物。佛教寺院构成了中古社会的一部分，佛教知识分子是知识精英的一部分。中古时代政治文化和社会生活的一大特色，是思想世界和知识世界依然深受宗教意识的影响，物质文明和思想世界都在佛光的照耀之下。宗教知识分子在政治生活，尤其是政治宣传中，扮演着举足轻重的角色。权力政治结构在佛教信仰世界的反映，产生了佛教寺院、特定学派、特定僧团与特定政治集团存在密切关联性的情况。寺院和僧团地位的升降，与政治人物的命运起伏紧密相关，组成了当时信仰与政治世界复杂图景的一部分。

第四章　贞观群臣传

隋唐之际，多种文化交融，心胸开阔，诞生了一大批人物性格鲜明的历史人物。这些人的事迹，也得以流传后世，成为我国文化文学的重要组成部分。他们在历史波涛中的抉择和命运，很能反映当时的历史氛围。通俗文化对民众的影响力，甚至超过史籍的记载。比如《说唐》一类的小说，已经塑造了秦琼、尉迟敬德、徐茂公（李勣）等形象，甚至和正史中的原型差别较大。回到历史现场，努力看看他们本来的样子，或许有点意义①。

① 张耐冬：《太原功臣与唐初政治》，北京：中国社会科学出版社，2018 年。

一、魏徵：一生选错边的成功者

为人熟知的魏徵（580—643）跟唐太宗之间是一种君明臣直的关系，君主贤明，臣下敢于直谏；而真实的魏徵可能跟文学或者官方史书中的魏徵略有区别。比如魏徵的政治判断力并不强，一生中几乎每次政治抉择和选边都站到了失败者的一边，但是这并不影响他的身后名。历史是各种记忆竞争后的结果。关于魏徵的记忆像基因一样，生命力更强的部分塑造了他今天的形象。在后世的记忆里，有关魏徵的故事成为政治资产，不断被后代的政治人物拿出来使用，成为一种象征。

魏徵是巨鹿曲城人。他的父亲在北齐做过县令，并非高门大族，但也不是平民子弟。"少孤贫，落拓有大志，不事生业，出家为道士。好读书，多所通涉，见天下渐乱，尤属意纵横之说。"[1]魏徵出生的时候，他的父亲早已去世，因此他少年时代的生活比较穷困。但魏徵也不想经营家里的产业，他有更大的志向。曾经当过道士但是很快就还俗了，特别喜欢读书。看到天下大乱，魏徵觉得一展抱负的时候来了，希望能找到明主投靠。隋末战争中，魏徵先辅佐李密，在李密帐下担任记室参军，是李密非常信任的秘书。他对李密的事情非常熟悉，这也反映在他为自己这位旧主所作的传记上。在魏徵看来，李密

---

[1] 《旧唐书》卷 71《魏徵传》，第 2545 页。

是跟项羽一样的英雄，最后不能夺取天下，实在是天命不在他那边。李密战败后，魏徵跟随李密入关投降李唐，但是长期不被重用，他就主动请缨，去劝说据守黎阳的李勣投降了唐朝。但是不久，窦建德攻陷黎阳，俘虏了魏徵，魏徵又在窦建德那里担任起居舍人。到武德四年（621），秦王李世民擒获窦建德，魏徵再次归顺唐朝，为太子李建成所尊崇，担任东宫的太子洗马，成为李建成的核心幕僚。

魏徵为李建成出了很多主意，希望他早点下手除掉李世民。玄武门之变后，太宗责备他离间兄弟感情。魏徵说："皇太子若从徵言，必无今日之祸。"[①]唐太宗不但没有降罪，反而拔擢他为谏议大夫，让他前往关东安抚李建成和李元吉旧部。他在关东碰到了正被押送进京的原东宫千牛李志安、齐王护军李思行等人。魏徵将他们释放，对原先的东宫、齐王府势力采取宽大的政策，为安定局势做了贡献，太宗为此很高兴。

魏徵前后转换了五次阵营，为不同的主人服务，但是并没有遭到当时舆论的谴责，没有人认为他不忠。这不是因为他个人的魅力，而是当时思想氛围并不强调为君主尽忠而死。唐初的文臣武将，大多都有多次转换阵营的经历。比如李勣，也有全军覆没和被俘的经历，但是回来之后依然被任用，并继续担任军事统帅，这是大唐的风度所在。若在后世，李勣被俘后恐怕很难再担任军事指挥；魏徵会被认为是五姓家奴，舆论会认为他应该死节。

> 太宗新即位，励精政道，数引徵入卧内，访以得失。徵雅有经国之才，性又抗直，无所屈挠。太宗与之言，未尝不欣然纳受。徵亦喜逢知己之主，思竭其用，知无不言。[②]

---

① 《旧唐书》卷71《魏徵传》，第2546页。

② 《旧唐书》卷71《魏徵传》，第2547页。

图19 阎立本绘《步辇图》。宋朝摹本，现藏于故宫博物院。描述的是贞观十四年（640）吐蕃松赞干布派遣使者禄东赞到长安朝见唐太宗的场景。

贞观三年（629），魏徵迁秘书监，参预朝政。七年（633），代王珪为侍中。史料里记载因为身体的原因，他很快就辞职了，以后一般是以虚衔参知政事的身份参与朝政。此外，魏徵所接受的训练更多来自儒家的道德礼节，他并非法律专家。

魏徵所做的另外一件比较重要的事情，是参与修撰前朝的历史和本朝的国史。

> 有诏遣令狐德棻、岑文本撰《周史》，孔颖达、许敬宗撰《隋史》，姚思廉撰《梁》《陈史》，李百药撰《齐史》。徵受诏总加撰定，多所损益，荐在简正。《隋史》序论，皆徵所作，《梁》、《陈》、《齐》各为总论，时称良史。史成，加左光禄大夫，进封郑国公。[1]

贞观十七年（643）魏徵去世，时年六十四。太宗亲自前往魏徵家中吊唁，恸哭不止，下令五日不早朝，并追封魏徵为司空、相州都督，赐谥号文贞。太宗对群臣说："夫以铜为镜，可以正衣冠；以古为镜，可以知兴替；以人为镜，可以明得失。朕常保此三镜，以防己过。今

---

① 《旧唐书》卷71《魏徵传》，第2549—2550页。

魏徵殂逝，遂亡一镜矣！"^①太子李承乾也为魏徵举哀。

魏徵以极言进谏的形象留存在《贞观政要》中。据《贞观政要》记载统计，魏徵向太宗面陈谏议有五十次，呈送太宗的奏疏有十一件，一生的谏诤多达"数十余万言"^②。魏徵对唐太宗常常是面折廷诤，有时弄得他面红耳赤，甚至下不了台。一次罢朝后，太宗曾余怒未息地说："会须杀此田舍翁。"又说魏徵"每廷辱我"^③。

贞观十四年（640），唐军耗费大量资源终于攻灭高昌，把唐朝的势力深入中亚。太宗准备把高昌变成郡县，正式纳入中原版图。但是魏徵反对，认为应该保留高昌国。这一建议被唐太宗坚决拒绝，当年九月，唐朝以高昌为西州，并设置安西都护府于交河城。整体而言，魏徵的政治态度是以静为本，与民休息，这正好符合了李唐建立初期的政治、经济形势，对国家的复苏起到了重要的作用。不过他极力反对唐朝发动对高句丽、高昌军事行动，这一意见后来随着唐朝国力的增长最终被放弃。涉及军国大事，太宗几乎没有听过他的建议。魏徵对唐朝的对外政策所持态度，也引起了一些重臣的不满。贞观十八年（644），唐太宗决定对高句丽发动战争。这时候魏徵已经死了，新太子李治的师傅李勣站出来批评魏徵之前反对开战的意见，表态支持对高句丽的战争："间者薛延陀入寇，陛下欲发兵穷讨，魏徵谏而止，使至今为患。向用陛下之策，北鄙安矣。"^④李勣代表了唐朝军方的态度，李世民马上认同，也表态说这是魏徵的过错。但这场战争打得并不顺利，唐太宗又想起魏徵，说："魏徵若在，不使我有是行也。"^⑤

① 《旧唐书》卷 71《魏徵传》，第 2561 页。

② 《新唐书》卷 97《魏徵传》，第 3885 页。

③ 《资治通鉴》卷 194《唐纪十》，第 6096 页。

④ 《资治通鉴》卷 197《唐纪十三》，第 6207 页。

⑤ 《资治通鉴》卷 198《唐纪十四》，第 6230 页。

于是命人乘驿马疾行至京城，用猪和羊祭祀魏徵，又将魏徵的妻子儿女召到太宗所在之处，由太宗亲自慰劳、赏赐。

魏徵作为太子李承乾的老师，生前极力维护太子的地位，曾经密荐中书侍郎杜正伦及吏部尚书侯君集有宰相之材。魏徵死后，李承乾政变失败，杜正伦以罪黜，侯君集犯逆伏诛，太宗开始怀疑魏徵纠集朋党。而且魏徵把自己向唐太宗进谏的言论整理后，送给史官起居郎褚遂良，这让太宗更不高兴。之前本许诺把衡山公主嫁给魏徵长子魏叔玉，太宗也手诏停婚，甚至下令砸毁了给魏徵所立的墓碑。这块碑至今都趴在地上，碑文丝毫没有流传到后世。贞观二十三年（649），唐太宗去世后，敕书中配享的功臣中也没有魏徵。魏徵配享太宗庙，是半个世纪以后的唐中宗时代才开始的。从这种种迹象看，唐太宗到死都没有原谅魏徵。

二、"房谋杜断"的真相

提到贞观之治，我们都会想到"房谋杜断"。房玄龄和杜如晦是辅佐唐太宗开启贞观之治的宰相。但实际上房玄龄和杜如晦在唐太宗时期并没有长期掌权，房玄龄执政的时间比较长，而杜如晦在贞观四年（630）就去世了。

房玄龄（578—648），临淄人。"玄龄"是他的字，他的名字叫房乔。房玄龄"幼聪敏，博览经史，工草隶，善属文，十八岁，本州举进士"[1]。"善属文"是说他非常擅长写文书。在隋朝，他做过一些低级官职。李唐军队进入关中后，房玄龄"杖策谒于军门"[2]，投奔了李世民，得到了温彦博的推荐，很快获得秦王李世民的信任，从此一路追随，在秦王府十余年，成为李世民的核心幕僚和秘书。"贼寇每平，众人竞求珍玩，玄龄独先收人物，致之幕府。及有谋臣猛将，皆与之潜相申结，各尽其死力"[3]，为李世民招揽了大量人才。

房玄龄和敢于直谏的魏徵不太一样，主要是以实干家的形象出现。"常典管记，每军书表奏，驻马立成，文约理赡，初无稿草。"[4]

---

① 《旧唐书》卷 66《房玄龄传》，第 2459 页。

② 《旧唐书》卷 66《房玄龄传》，第 2460 页。

③ 《旧唐书》卷 66《房玄龄传》，第 2460 页。

④ 《旧唐书》卷 66《房玄龄传》，第 2460 页。

玄武门之变后，论功行赏，房玄龄和长孙无忌、杜如晦、尉迟敬德、侯君集五人为第一，加封邢国公，赐实封千三百户。太宗朝，房玄龄执政的时间非常长，是贞观朝任期最长的宰相，太宗即位就取代萧瑀担任中书令，后来担任尚书左仆射一直到贞观十六年（642）。他是实际的执政大臣，"任总百司"①，可以说是仅次于长孙无忌的权势人物。十八年（644），其画像与司徒长孙无忌等的画像一起被放入凌烟阁。《旧唐书》有赞曰："才兼藻翰，思入机神。当官励节，奉上忘身。"②可以说房玄龄是一位明达吏事的"良相"。

贞观朝的很多制度和人事任命，都跟房玄龄有关，甚至在退居二线以后，他对人事任命仍然有影响力。贞观二十一年（647），"太宗幸翠微宫，授司农卿李纬为民部尚书。玄龄时在京城留守，有人自京师来者，太宗问曰：'玄龄闻李纬拜尚书如何？'对曰：'玄龄但云李纬好髭须，更无他语。'"③房玄龄没有评价李纬胜不胜任，只是说他的胡子长得好。这话太宗一听就明白了，就不让李纬当民部尚书了，改授其为洛州刺史。

房玄龄做宰相十五年，据说他集古今圣贤家诫，书于屏风，希望能够保持家风，告诫子孙"保身成名"。但可惜的是，房玄龄去世之后不久，他的家族就不断卷入政治风波。房玄龄的葬礼可谓哀荣备至。唐太宗和太子李治都亲自到病榻前向他告别，当场封其子房遗爱为右卫中郎将、房遗则任中散大夫，目的是让房玄龄在死前就看到任命。房玄龄死后也获得了陪葬昭陵的政治待遇，高宗嗣位后，诏令其配享太宗庙庭。

根据《旧唐书》的记载，房玄龄的爵位由其长子房遗直继承，女

---

① 《旧唐书》卷 66《房玄龄传》，第 2461 页。

② 《旧唐书》卷 66《房玄龄传》，第 2463 页。

③ 《旧唐书》卷 66《房玄龄传》，第 2464 页。

图 20　唐孔雀冠击鼓骑马女俑。金乡县主墓出土，现藏西安博物院。金乡县主是唐高
　　　　祖李渊的孙女、滕王李元婴之第三女，一直活到唐玄宗开元年间。唐代女性地
　　　　位较高，婚姻、生活较为自由。女俑头戴孔雀帽，面容骄傲自信，身穿男性白
　　　　色圆领窄袖紧身长袍。（动脉影　摄）

儿则做了韩王妃。高宗即位，对房家还是多有照顾：房遗直做到礼部
尚书的高位；他的弟弟房遗爱多次担任武职，并娶了唐太宗的女儿高
阳公主。太宗非常娇惯高阳公主，"与诸主婿礼秩绝异"①。高阳公主嫉
妒心重，想把房玄龄的爵位从房遗直那里夺过来，"永徽中诬告遗直
无礼于己"②。高宗让长孙无忌审理，没想到长孙无忌把这件事做成了
谋逆案，裁决高阳公主和房遗爱谋反。这件事非常吊诡，像滚雪球一
样，牵涉的人越来越多。凡是长孙无忌认为威胁比较大的人全被卷了
进去。最后处决了房遗爱，公主赐自尽，诸子配流岭表。房遗直因父
亲的功劳被宽宥，除名为庶人。

----

① 《旧唐书》卷 66《房遗爱传》，第 2467 页。

② 《旧唐书》卷 66《房遗爱传》，第 2467 页。

到了宋代，这个故事变得越发离奇。《新唐书》和《资治通鉴》在记载中加入了新的故事：

> 会御史劾盗，得浮屠辩机金宝神枕，自言主所赐。初，浮屠庐主之封地，会主与遗爱猎，见而悦之，具帐其庐，与之乱，更以二女子从遗爱，私饷亿计。至是，浮屠诛死，杀奴婢十余。①

说高阳公主和高僧辩机私通，高阳公主送给辩机的金宝神枕被人偷走后事发，太宗杀死了辩机云云。宋代以后，高阳公主和辩机的不伦之恋成为铁板钉钉的正史，也是高阳公主化为淫荡形象的开始。

宋人的这些记载，不知道依据的是什么资料。《旧唐书》和宋代的《太平御览》都没有记载这个事情。房玄龄去世时，唐太宗跟高阳公主的关系还很好，两人不像已经闹翻的样子，而且直到永徽三年（652），高阳公主在政治上并未倒台，甚至名字还出现在房玄龄的墓碑上。另一方面，在唐代的佛教文献里，辩机作为玄奘的重要弟子也是被高度赞扬的。辩机（619—649）是浙江金华人，十五岁出家，帮助玄奘翻译经文，撰成《大唐西域记》一书。《大唐西域记》卷末的《记赞》云："辩机远承轻举之胤，少怀高蹈之节。"②道宣的《续高僧传》也对他评价很高，很多流传下来的敦煌写经上还有辩机的名字，到贞观晚期，辩机似乎并没有受到影响。种种迹象显示，辩机的事或许是后来的伪造。《新唐书》的作者欧阳修等，以及《资治通鉴》的作者司马光，一直持强烈的反佛立场，比如欧阳修将《旧唐书》中有

---

① 《新唐书》卷 83《诸帝公主》，第 3648 页。《资治通鉴》卷 199《唐纪十五》，第 6279 页亦载。

② 《大唐西域记校注》卷 12，第 1049 页。

关佛教的内容进行了大量阉割。而且大家都非常喜欢这些有关男女的情爱风月故事，因此这个故事就像文化基因一样，流传得比较广。

无论如何，房玄龄家族在他死后不久就从高层跌落了。房玄龄配享太宗庙庭的政治待遇也在高宗时被取消。

杜如晦（585—630）与房玄龄齐名。他名叫如晦，字克明，京兆杜陵人，祖父做过隋朝的工部尚书，算是关陇集团的中下等贵族。"如晦少聪悟，好谈文史。遂补滏阳尉，寻弃官而归。"[1] 等到李唐大军攻克长安，李世民就将其延揽进入秦王府，担任兵曹参军。房玄龄对他评价很高，认为李世民如果要经营四方，必须任用杜如晦。杜如晦似乎参与军事事务较多，曾跟随秦王征薛仁杲、刘武周、王世充、窦建德，参谋帷幄，"时军国多事，剖断如流，深为时辈所服"[2]。在战争当中，杜如晦好像参谋长一样，善于决断军国大事，每次选择都能让大家非常佩服。跟房玄龄一样，杜如晦也是玄武门之变的核心人物。太宗即位后，杜如晦迁兵部尚书，进封蔡国公，赐实封千三百户。"三年（629），代长孙无忌为尚书右仆射，仍知选事，与房玄龄共掌朝政。至于台阁规模及典章文物，皆二人所定，甚获当代之誉，谈良相者，至今称房、杜焉。"[3]

贞观四年（630），杜如晦病重，太宗亲自去他家中探望，流泪不止，当面提拔他的儿子杜构为尚舍奉御。杜如晦去世时年仅46岁。

但是杜家也很快就因为政治起伏退出了政治舞台。杜如晦的儿子杜荷跟他很像，临危不惧，敢打敢干。他娶的是城阳公主，因为参与李承乾的政变被处决。他的哥哥杜构连坐，被免官流放岭南而死。杜如晦的弟弟杜楚客隐居嵩山，后被召回长安担任给事中。杜楚客后来

---

① 《旧唐书》卷66《杜如晦传》，第2468页。

② 《旧唐书》卷66《杜如晦传》，第2468页。

③ 《旧唐书》卷66《杜如晦传》，第2468页。

又担任蒲州刺史，"甚有能名"[1]，之后再次进入中央，担任工部尚书、魏王府长史，成为魏王李泰的重要支持者。李泰倒台后，杜楚客"以其兄有佐命功，免死，废于家"[2]。

杜如晦的叔父杜淹也是重要政治人物。隋朝时他官至御史中丞，后来担任天策府兵曹参军、文学馆学士。武德八年，庆州总管杨文干作乱，牵连东宫，高祖归罪于杜淹及王珪、韦挺等，几人一同被流放至越嶲。太宗知道杜淹无罪，赠给他黄金三百两。太宗即位后，任命杜淹为御史大夫，后来又让他担任吏部尚书，参议朝政。杜淹上表推荐过四十余人，其中很多人后来都非常有名。他虽担任重要职务，却"无清洁之誉"[3]，又跟长孙无忌关系不好，为时论所讥。

房玄龄、杜如晦的家族虽然辉煌一时，但是稍有不慎就从云端跌落，迅速从政治舞台上消失，这是残酷政治的常态。

① 《旧唐书》卷 66《杜如晦传》，第 2470 页。

② 《旧唐书》卷 66《杜如晦传》，第 2470 页。

③ 《旧唐书》卷 66《杜淹传》，第 2472 页。

三、秦琼和尉迟敬德：不该扯在一起的一对门神

在中国的民间文化中，过年要贴门神，秦琼和尉迟敬德是最为大家所知的一对组合。在戏剧、小说中，秦琼的排位在尉迟敬德前面。实际的历史中，尉迟敬德的地位要比秦琼高很多，尉迟敬德对唐朝和唐太宗的贡献也比秦琼大得多。这就是为什么凌烟阁二十四功臣里，尉迟敬德很靠前而秦琼排在末尾。尉迟敬德的临战表现好像也更加突出一点。如果看史籍中的记载，武力值最高的隋唐战将至少应该包括尉迟敬德。尉迟敬德和秦琼的出身背景也完全不同，前者是朔州善阳人，更接近关陇系统，后者是山东历城人，是典型的山东豪杰。而且尉迟敬德是鲜卑人，与隋朝大将尉迟迥祖上可能为一支。

尉迟敬德（585—658），大业末年从军于高阳，讨捕群贼，以武勇著称，累授朝散大夫。刘武周反隋，尉迟敬德参加了他的阵营，和宋金刚南下击败唐军永安王李孝基部，俘虏了独孤怀恩、唐俭等人。武德三年（620），秦王李世民率军讨伐刘武周，和尉迟敬德及宋金刚大战于介休。这场战斗秦琼也参加了。战斗的结果是唐军大胜，宋金刚逃奔突厥，而尉迟敬德收拾残军坚守介休。李世民派任城王李道宗（在通俗小说里面，他的形象被丑化成腐败无能之辈，实际上一直到唐太宗晚期，李道宗都是非常重要的军事将领）、宇文士及去劝降，尉迟敬德举城来降。太宗很欣赏他，特设私宴款待他，并任命他为右

一府统军。

这期间还发生了一段插曲，加深了李世民和尉迟敬德的关系。刘武周部投降李世民的将领都叛变了，诸将怀疑尉迟敬德也会叛变，于是将其囚禁。行台左仆射屈突通、尚书殷开山都认为尉迟敬德"勇健非常"[1]，不管叛变不叛变，现在被囚禁，他必然心中怨愤，不如杀了。太宗却选择信任尉迟敬德，"引入卧内，赐以金宝"，对他说："丈夫以意气相期，勿以小疑介意。寡人终不听谗言以害忠良，公宜体之。"[2]两人气场很契合，都不似阴柔狭隘之辈，所以意气相投，从此尉迟敬德坚定追随李世民。

在累次战斗中，尉迟敬德都展现了万军之中取上将首级的勇武。在围攻洛阳的战役中，尉迟敬德跟随李世民遭遇王世充大军。王世充骁将单雄信"领骑直趋太宗"[3]，这时候尉迟敬德跃马大呼，横刺单雄信，使之坠马，护卫李世民突出重围；又率骑兵冲击王世充军，将其击溃，俘虏了六千排槊兵。在讨伐窦建德的战役中，李世民让李勣、程知节、秦叔宝等提前埋伏，自己亲自出马挑战，引窦建德军进入伏击圈。当时，"太宗持弓矢，敬德执槊，造建德垒下大呼致师。贼众大惊扰，出兵数千骑，太宗逡巡渐却，前后射杀数人，敬德所杀亦十数人，遂引贼以入伏内。于是与勣等奋击，大破之"[4]。后尉迟敬德又跟随李世民讨伐刘黑闼，李世民被围，"敬德率壮士犯围而入，大破贼阵，太宗与江夏王道宗乘之以出"[5]。

关于尉迟敬德的战斗技能，史料有一些记载。尉迟敬德骑披甲战

---

① 《旧唐书》卷 68《尉迟敬德传》，第 2495 页。

② 《旧唐书》卷 68《尉迟敬德传》，第 2496 页。

③ 《旧唐书》卷 68《尉迟敬德传》，第 2496 页。

④ 《旧唐书》卷 68《尉迟敬德传》，第 2496 页。

⑤ 《旧唐书》卷 68《尉迟敬德传》，第 2497 页。

图 21　尉迟敬德墓志（局部）。在玄武门之变中扮演关键角色的尉迟敬德，658 年去世，陪葬昭陵。1971 年其墓被发现。根据墓志，他的名字叫"尉迟融"，字"敬德"，并不是"尉迟恭"。（本图源自董朝霞：《唐尉迟敬德墓志赏析》，《文物天地》2019 年第 2 期，第 58 页）

马，武器是槊。槊是一种长柄重型武器，分为槊锋与槊杆，槊杆约长六尺，槊锋刃长达五六十厘米，远比普通的枪和矛要长。隋唐时期，槊的兴起是配合当时越来越强大的重装骑兵，这种骑兵对步兵的杀伤力很大。在小说里，秦琼的武器是双锏，但历史上的秦琼所用的武器和尉迟敬德一样，都是马槊。李世民曾对尉迟敬德夸口说："吾执弓矢，公执槊相随，虽百万众若我何！"①史籍记载，尉迟敬德不但擅长用槊，而且善于闪避，"每单骑入贼阵，贼槊攒刺，终不能伤，又能

---

① 《资治通鉴》卷 189《唐纪五》，第 5910 页。

夺取贼槊，还以刺之"①。齐王李元吉也擅长用槊，跟尉迟敬德比试武艺，元吉"执槊跃马"刺之，但"敬德俄顷三夺其槊"②。

尉迟敬德是李世民玄武门政变的核心人物。李建成和李元吉曾试图收买尉迟敬德，"赠以金银器物一车"③，被他拒绝了。玄武门之变前夜，众人商议决策。尉迟敬德说，如果秦王不发动政变，他就"奔逃亡命，不能交手受戮"④，还说长孙无忌也会跟他一起逃走。又说："在外勇士八百余人，今悉入宫，控弦被甲，事势已就，王何得辞！"⑤最终让李世民下定主意发动政变。政变中，尉迟敬德射杀李元吉，挟持唐高祖李渊，持李建成和李元吉的首级驱散原来的东宫和齐王府兵将。最后论功，"敬德与长孙无忌为第一，各赐绢万匹"⑥。

贞观元年（627），拜右武候大将军，赐爵吴国公。尉迟敬德自负有大功，老是跟长孙无忌、房玄龄、杜如晦这些人闹，"面折廷辩"，于是"与执政不平"⑦。一次在庆善宫参加宴席，他看到一个人（很可能就是长孙无忌、房玄龄、杜如晦中的一个）的座位排在他前面，怒曰："汝有何功，合坐我上？"⑧任城王李道宗坐在他后面，就去劝他。尉迟敬德一拳打在李道宗眼睛上，差点把李道宗的眼睛打瞎，太宗很不高兴。宰执大臣们既怕他也讨厌他。贞观三年（629），尉迟敬德就被赶出长安，出任襄州都督。此后，他一直在地方当官：贞观八年

---

① 《旧唐书》卷 68《尉迟敬德传》，第 2496 页。

② 《旧唐书》卷 68《尉迟敬德传》，第 2496 页。

③ 《旧唐书》卷 68《尉迟敬德传》，第 2497 页。

④ 《旧唐书》卷 68《尉迟敬德传》，第 2498 页。

⑤ 《旧唐书》卷 68《尉迟敬德传》，第 2498 页。

⑥ 《旧唐书》卷 68《尉迟敬德传》，第 2499 页。

⑦ 《旧唐书》卷 68《尉迟敬德传》，第 2499 页。

⑧ 《旧唐书》卷 68《尉迟敬德传》，第 2500 页。

（634），迁转到同州当刺史；贞观十一年（637），又任命为宣州刺史，改封鄂国公；一直到贞观十七年（643）请求退休。太宗征伐高句丽，尉迟敬德担任左一马军总管，从破高句丽于驻跸山。这也是他的最后一战，战争结束后再次退休。

尉迟敬德虽然耿直，得罪了不少人，但也有其圆融的地方。《朝野佥载》记载，吏部尚书唐俭与太宗下棋，俩人争执不下，吵了起来。太宗恼怒，让尉迟敬德第二天在朝堂上作证，说唐俭当时对自己"怨言指斥"[①]。到了第二天对质的时候，尉迟敬德说没听到，化解了一场不大不小的危机。他的孙女都嫁给了门第相当的人家，比如胡国公秦琼之子秦彦道、右相许敬宗之子等，所以许敬宗在给尉迟敬德写传记时，将太宗赐给长孙无忌的《威凤赋》改写为赐给尉迟敬德。尉迟敬德晚年非常相信神仙方术，每天炼制丹药，服食云母粉。生活也很豪奢，不与外人来往。显庆三年（658）去世，年74岁。"高宗为之举哀，废朝三日，令京官五品以上及朝集使赴宅哭，册赠司徒、并州都督，谥曰忠武，赐东园秘器，陪葬于昭陵。"[②]

尉迟敬德是鲜卑人，他的夫人苏娬（589—613）是京兆始平人，也是鲜卑族，很早就去世了，留下一个儿子尉迟宝琳。尉迟宝琳（609—662）继承了他的鄂国公爵位，官至卫尉卿。在尉迟敬德去世三年后，尉迟宝琳也死了，去世后也陪葬昭陵。史料中有卫尉卿尉迟宝琳胁人为妾的记载。当时侍御史刘藏器弹劾他，而尉迟宝琳跟高宗的关系很好，这让高宗很为难，一会儿答应刘藏器的弹劾，一会儿又接受尉迟宝琳私底下的请托。最后高宗下不来台，就勉强接受了刘藏器的建议，让尉迟宝琳将妾归还人家。

---

① （唐）张鷟撰，赵守俨点校：《朝野佥载》补辑，北京：中华书局，1979 年，第 176 页。

② 《旧唐书》卷 68《尉迟敬德传》，第 2500 页。

跟小说中的秦琼有那么多故事不同，历史上的秦琼略显平淡，甚至跟大开大阖的尉迟敬德的一生相比，秦琼的故事都显得单调。

秦琼是山东豪杰出身，最初参加隋朝军队，为隋将来护儿信任。后来又跟随隋将张须陀平定叛乱者，展现出军事才能。张须陀在荥阳跟李密作战，败死。秦琼跟随裴仁基投降了李密，李密"以为帐内骠骑，待之甚厚"①。后来在李密与宇文化及的战争中，李密中箭坠马，是秦琼护持他突出重围。李密失败后，秦琼又投靠王世充，"署龙骧大将军。叔宝薄世充之多诈，因其出抗官军，至于九曲，与程咬金、吴黑闼、牛进达等数十骑西驰百许步，下马拜世充曰：'虽蒙殊礼，不能仰事，请从此辞。'"②王世充也不敢去追，于是秦琼投降李唐。需要注意的是，秦琼投靠的是李唐，不是李世民。后来高祖李渊让他做秦王府的军将，秦琼才加入了秦王府。

在李世民讨伐尉迟敬德的战斗中，秦琼"从征于美良川，破尉迟敬德，功最居多。高祖遣使赐以金瓶，劳之曰：'卿不顾妻子，远来投我，又立功效。朕肉可为卿用者，当割以赐卿，况子女玉帛乎？卿当勉之。'"③秦叔宝受到了唐高祖的特殊礼遇，在平定王世充之后，唐高祖直接赐爵翼国公，赐黄金百斤、帛七千段。当时秦王府阵营的文臣武将没人有这样的待遇，房玄龄也还只是低级官员。所以从某种意义上说，秦叔宝跟秦王李世民的关系是让人疑虑的。在玄武门政变当中，秦琼并不是核心人物，只是个跟随者。

秦琼之孙秦怀道的墓志记载，他曾夸赞其祖父道："祖叔宝，隋龙骧将军，从高祖神尧帝擒尉迟敬德。"④秦怀道一生也就做过县令这

① 《旧唐书》卷 68 《秦叔宝传》，第 2501 页。

② 《旧唐书》卷 68 《秦叔宝传》，第 2502 页。

③ 《旧唐书》卷 68 《秦叔宝传》，第 2502 页。

④ 胡戟、荣新江编：《大唐西市博物馆藏墓志》，北京：北京大学出版社，2012 年，第 719 页。

样的低级官员，去世的时候已经是光宅元年（是年九月改元，684），这时候尉迟家的第二代都已经去世二十多年了。他这么夸口，大概也没人能说什么。从墓志来看，秦琼的后代还是感激高祖的。

秦琼的武力值也很高，"叔宝每从太宗征伐，敌中有骁将锐卒，炫耀人马，出入来去者，太宗颇怒之，辄命叔宝往取。叔宝应命，跃马负枪而进，必刺之万众之中"①。玄武门政变之后，秦琼被封为左武卫大将军，食实封七百户。此后秦琼经常生病，于贞观十二年（638）去世。太宗特意派工匠在他的墓前竖立石人石马像，来彰显他的战功。

《旧唐书》评价，"敬德夺槊陷阵，鼓勇王师"，"叔宝善用马槊，拔贼垒则以寡敌众，可谓勇矣"，"皆所谓猛将谋臣，知机识变。有唐之盛，斯实赖焉"②。话说得很诚恳，李唐有如今的基业，实在是有赖于猛将谋臣，没有他们就没有当日大唐之盛。

---

① 《旧唐书》卷 68《秦叔宝传》，第 2502 页。

② 《旧唐书》卷 68"史臣曰"，第 2508 页。

四、李靖：大唐战神的生存智慧

李靖的出名得益于《封神榜》，民间将李靖神化为托塔天王、哪吒的父亲，在许多地方都设有祭祀供位。而李靖之所以能够在民间有这么大的名声，跟他在军事上的卓越成就脱不开干系。他可谓大唐战神，在当时就没有争议地被认为是最优秀的军事将领。其实早在唐朝中晚期，李靖就已经被神化了。比如唐末五代的著名道士杜光庭所撰的《虬髯客传》[①]，写的就是李靖和红拂女的爱情。在故事里，李靖只是布衣书生，拜见当时的权臣杨素，为其所轻，但杨素府上的歌姬红拂女为之倾慕，于是晚上去找李靖，两人私奔，在途中遇见一位奇士虬髯客。虬髯客见到李世民，觉得李世民更有争夺天下的能力，于是就把自己的资源还有关于兵法的书都传给了李靖，然后销声匿迹了。李靖因为得了兵法，成为一代战神，在唐朝建立的过程当中立下了汗马功劳。李靖、红拂女、虬髯客三人也被后人称为"风尘三侠"，相关的文学作品和影视作品很多。

李靖是雍州三原人。他并非普通人家出身，是关陇贵胄子弟。祖父李崇义是北魏殷州刺史，父亲李诠曾任隋赵郡守。李家信佛，所以给李靖兄弟们取的名字多跟佛教有关，李靖的大哥叫李药王，李靖本

---

① （宋）李昉等编：《太平广记》卷193《豪侠一》，北京：中华书局，1961年，第1445—1448页。

名叫李药师。有人说，金庸在《射雕英雄传》中将东邪取名"黄药师"，就是受到李靖名字的启发。李靖的舅舅韩擒虎是隋朝数一数二的名将，隋灭陈之战中，韩擒虎是主要将领之一，所以李靖的基本军事知识可能来源于舅舅。韩擒虎"号为名将，每与论兵，未尝不称善"①，认为李靖将来可以与孙武、吴起这样的名将相比。李靖"姿貌瑰伟，少有文武材略"②，而且自我期许很高，经常说："大丈夫若遇主逢时，必当立功立事，以取富贵。"③

年轻时的李靖也得到了当时权贵的赞叹，比如左仆射杨素、吏部尚书牛弘"皆善之"，杨素甚至拍着自己的座位跟李靖说："卿终当坐此。"④意思是说，李靖将来也会像自己一样成为宰相。所以杜光庭撰写的《虬髯客传》里说李靖只是个布衣书生，不被杨素看重，是违背历史事实的。杨素是隋朝的权臣，生性豪奢，家中美女成群，李靖夫人是否出身于杨家也未可知。有人说，红拂女名字叫张出尘，今浙江湖州人，就是李靖的夫人。在当时还有很多类似的记载。中唐人刘𫗧《隋唐嘉话》中记录了这样一个故事，李百药（唐贞观朝大臣）年轻时曾勾搭上一位杨素的宠妾，而且被杨素当场抓获。杨素说："闻汝善为文，可作诗自叙。称吾意，当免汝死。"⑤李百药是著名才子，写的文章令杨素很满意，就成全了李百药和那个宠妾，而且还送了很多钱。如果这个故事不可靠的话，那么开元年间的韦述《两京新记》也记载了一个类似的故事，就是我们常说的"破镜重圆"的

① 《旧唐书》卷 67《李靖传》，第 2475 页。

② 《旧唐书》卷 67《李靖传》，第 2475 页。

③ 《旧唐书》卷 67《李靖传》，第 2475 页。

④ 《旧唐书》卷 67《李靖传》，第 2475 页。

⑤ （唐）刘𫗧撰，程毅中点校：《隋唐嘉话》（上），第 6 页。

典故①。陈后主的妹妹乐昌公主与丈夫太子舍人徐德言在陈亡后预感将要面临离散，两人将铜镜一分为二，希望能够以此为信物再相认。乐昌公主进入杨素府中，后来跟徐德言重逢，杨素成全了他们。韦述是唐前期有史才的人，记载相当可信。

杨素、韩擒虎、史万岁、贺若弼并称为隋朝四大名将，李靖能够得到其中多位的赞赏，可知其少年得志，而且在军事修养上有家学传统，其军事谋略并非一朝一夕得来。李靖擅长突袭，强调兵贵神速，敢于率领少量精兵突袭对方中枢，平生几乎没有败仗。

大业末，李靖担任隋朝的马邑郡丞，得知李渊将起兵，赶紧去江都告发，结果长安道路堵塞，没有走成。李渊攻克京城后要杀他，李靖大呼："公起义兵，本为天下除暴乱，不欲就大事，而以私怨斩壮士乎！"②这个场景有点像汉代韩信的故事。李渊很欣赏他的勇气，李世民也帮忙求情，于是就放了李靖。此后李靖加入李唐阵营，协助李孝恭平定南方。武德四年（621）八月，李唐集中兵力于夔州，准备进攻割据江陵的萧铣。当时江水泛涨，三峡路险，萧铣认为唐军不会这时候进军。九月，李靖率军以迅雷不及掩耳之势进兵至江陵，攻破萧铣。之后安抚南方广大地区，共得九十六州，六十余万户。武德六年（623），辅公祐在丹阳造反，李靖率轻兵进攻丹阳，击破辅公祐，江南悉平。

武德八年（625），突厥入侵。李靖统率一万江淮兵到北方抵御突厥。当时各路唐军都失利，只有李靖没有受到损失。唐高祖李渊也称赞道："古之名将韩、白、卫、霍，岂能及也！"③贞观二年（628），

---

① （唐）韦述撰，辛德勇点校：《两京新记辑校》卷3，北京，中华书局，2020年，第99页。

② 《旧唐书》卷67《李靖传》，第2475页。

③ 《旧唐书》卷67《李靖传》，第2478页。

图22 北齐辫发骑俑。徐显秀墓出土，现藏山西博物院。鲜卑有辫发习俗，有人认为披发是突厥人的典型特征，目前尚无法确定此俑所属民族。（动脉影 摄）

李靖以刑部尚书兼检校中书令，第二年转任兵部尚书，此后开始主持对东突厥的战争。贞观三年（629）冬，李靖亲率骁骑三千，自马邑出其不意，直趋恶阳岭，击败突厥。四年（630）春，李靖进击定襄，俘获隋齐王杨暕之子杨政道及炀帝萧后，将他们送回京师，颉利可汗只身逃脱。太宗赞叹："昔李陵提步卒五千，不免身降匈奴，尚得书名竹帛。卿以三千轻骑深入虏庭，克复定襄，威振北狄，古今所未有，足报往年渭水之役。"[①]贞观四年（630）二月，唐太宗派遣鸿胪卿唐俭、将军安修仁去接洽颉利可汗投降事宜，而李靖和李勣不顾唐朝使者仍在突厥军中，再次闪击。李靖率一万精骑，带了二十天口粮，突袭突厥大营，直到距离大营十五里时，才被突厥发现。这一仗彻底击垮了东突厥汗国。稍后颉利可汗被俘，唐朝国威在北亚达到极盛。李靖通过几场短时间的战役，就灭亡了曾经在北亚耀武扬威的强权，在人类战争史上非常罕见。

过了几年，吐谷浑入侵。李靖以年老之躯，再次出征，以西海道行军大总管身份，统率兵部尚书任城王李道宗、凉州都督李大亮等大破吐谷浑，吐谷浑之众杀其可汗来降。

---

① 《旧唐书》卷67《李靖传》，第2479页。

到了贞观后期，唐太宗准备讨伐高句丽，此时李靖已经七十多岁。太宗对他说："公南平吴会，北清沙漠，西定慕容，唯东有高丽未服，公意如何？"[1]李靖本打算参与这次战争，奈何走到半路身体实在不行了，最后没有成行。李世民进军至驻跸山，高句丽倾国出动，内部空虚。李道宗请求率五千精兵奇袭平壤，李世民当时未答应，事后问李靖，李靖说应该听李道宗的建议，也许就把平壤打下来了。

不论是太宗，还是大将军李靖，都可以说是文武双全的。当时的宰相王珪评价李靖："兼资文武，出将入相，臣不如李靖。"[2]李靖除了作为军事统帅，还多次担任宰相。贞观四年至八年（630—634）他代替杜如晦出任宰相，和房玄龄共管尚书省。李靖一生著有多部兵法，大都失传，后人辑有《唐太宗李卫公问对》，在北宋时期列入《武经七书》，为古代兵学的代表著作。

"了却君王天下事，赢得生前身后名"，很多名将文臣能做到前半句，但是做不到后半句。李靖在波谲云诡的政坛能够功成身退，也是有自己的生存智慧。以他那么高的功劳，难免会有功高震主之嫌，光我们从史籍中读到的，就有多次政治打压。武德四年（621），李靖灭突厥，立下汗马功劳，刚回到京城就被御史大夫温彦博弹劾军无纲纪，导致掳掠的奇珍异宝都散入乱兵之手，太宗对李靖大加责让。李靖性沉厚，每次与当时的宰相讨论政事，都十分谦逊，好像不善言辞。贞观八年（634），李靖就自动请求退居二线，自此没有再参与重要工作，除非政府需要，临时抽调参与一些大事，比如平定吐谷浑。讨伐吐谷浑胜利归来，就有利州刺史高甑生、广州都督府长史唐奉义控告李靖谋反。从此李靖"阖门自守，杜绝宾客，虽亲戚不得妄进"[3]。

---

① 《旧唐书》卷 67《李靖传》，第 2481 页。

② 《旧唐书》卷 70《王珪传》，第 2529 页。

③ 《旧唐书》卷 67《李靖传》，第 2481 页。

贞观十四年（640），李靖妻子去世，有诏，坟茔制度依汉卫、霍故事；筑阙象突厥内铁山、吐谷浑内积石山形，以旌殊绩。贞观二十三年（649），李靖薨于家，年七十九。其子李德謇袭爵位，官至将作少匠。李德謇因之前跟太子李承乾关系好，被流放到岭南，后来太宗看在李靖面子上改流放吴郡。

李靖家似乎有长寿基因，他的弟弟李客师活到了九十多岁。李客师也有战功，官至右武卫将军，封丹阳郡公。他退休之后整天打猎，"四时从禽，无暂止息"[①]。李客师在昆明池南边有一个房子，"自京城之外，西际澧水，鸟兽皆识之，每出则鸟鹊随逐而噪"[②]，时人称他"鸟贼"。李客师的孙子李令问参加了后来唐玄宗李隆基的政变，因为有功被封宋国公。李令问跟李隆基在年轻时关系就好，经常一起玩，所以被唐玄宗拔擢，但是他跟李靖一样，"虽特承恩宠，未尝干预时政，深为物论所称"[③]。李令问喜欢吃，对吃很讲究，甚至会亲自宰杀。当时很多信佛的人批评他杀生，他也不在乎。李令问完全继承了他祖上的风格，做事很认真，但不参与政治，明哲保身。

---

① 《旧唐书》卷 67《李客师传》，第 2481 页。

② 《旧唐书》卷 67《李客师传》，第 2481 页。

③ 《旧唐书》卷 67《李令问传》，第 2481 页。

五、凌烟阁二十四功臣

中国历史上，很多朝代为了褒扬和追忆开国、中兴的功臣，专门将其画像供奉在某处，比如西汉的麒麟阁（霍光、苏武等十一功臣）、东汉云台阁（邓禹、冯异等云台二十八将）、宋代昭勋阁、清代紫光阁（数百人）等，但最有名的还是唐太宗建立的凌烟阁。贞观十七年（643）二月戊申，唐太宗追忆往昔，将为大唐建立和巩固做出贡献的二十四位功臣的形象绘制下来，供奉在凌烟阁。供奉凌烟阁之举并不是太宗的发明，在北周时就已有类似的做法，庾信《周柱国大将军纥干弘神道碑》云："天子画凌烟之阁，言念功臣。"[1]太宗之后，凌烟阁成为建功立业跻身功臣的象征，李贺《南园十三首》诗云："男儿何不带吴钩，收取关山五十州。请君暂上凌烟阁，若个书生万户侯。"[2]

凌烟阁二十四功臣包括：赵公长孙无忌、赵郡元王李孝恭、莱成公杜如晦、郑文贞公魏徵、梁公房玄龄、申公高士廉、鄂公尉迟敬德、卫公李靖、宋公萧瑀、褒忠壮公段志玄、夔公刘弘基、蒋忠公屈突通、郧节公殷开山、谯襄公柴绍、邳襄公长孙顺德、郧公张亮、陈公侯君集、郯襄公张公谨、卢公程知节、永兴文懿公虞世南、渝襄公

<hr />

[1]（北周）庾信撰，（清）倪璠注：《庾子山集注》，北京：中华书局，1980年，第843页。

[2]（唐）李贺撰，（清）王琦等注：《李贺诗歌集注》，上海：上海人民出版社，1977年，第87页。

刘政会、莒公唐俭、英公李勣、胡壮公秦叔宝。这二十四人的排名在各种记载中都一致。赵国公长孙无忌排第一，他是贞观朝的第一权臣。赵郡元王李孝恭的爵位是赵郡王，因为绘制凌烟阁画像的时候他已去世，谥号为"元"，所以被称为"赵郡元王"。莱成公杜如晦也是同理。分析一下这二十四功臣的组成，能看出当时的政治权力结构。

程咬金大家比较熟悉，在《说唐》里面他以三板斧著称。其实他的武器是马槊，不是斧子。他还有一个比较文雅的名字，叫程知节。跟秦琼一样，程知节是山东豪杰出身，是今天的山东东阿人。他的墓志在 1986 年出土，提供了很多信息。他"少骁勇，善用马槊"①，隋朝崩溃后，他聚众几百人，保护乡里；后来投靠李密，是李密的核心将领。当时李密"于军中简勇士尤异者八千人，隶四骠骑，分为左右以自卫，号为内军"，认为"此八千人可当百万"②，程知节就是内军的将领之一。王世充和李密作战，程知节在战斗中被王世充的骑兵"刺槊洞过"③，居然没死，反而回身折断长槊，将对方杀死。李密战败后，程知节先投降了王世充，后来跟秦琼一群人逃走投奔了李唐。

加入唐军后，程知节"授秦王府左三统军。破宋金刚，擒窦建德，降王世充，并领左一马军总管。每阵先登，以功封宿国公"④。李建成忌惮他，跑到高祖那里告状，程知节遂被赶到康州（治今广东德庆）做刺史。实际上他没有离开长安，还对太宗说："大王手臂今并翦除，身必不久。知节以死不去，愿速自全。"⑤六月四日，程知节跟随太宗讨伐李建成、李元吉。事后被封为太子右卫率，后又升为右武

---

① 《旧唐书》卷 68《程知节传》，第 2503 页。

② 《旧唐书》卷 68《程知节传》，第 2503 页。

③ 《旧唐书》卷 68《程知节传》，第 2503 页。

④ 《旧唐书》卷 68《程知节传》，第 2503—2504 页。

⑤ 《旧唐书》卷 68《程知节传》，第 2503 页。

卫大将军，赐实封七百户。此后程知节一直在中央和外地当官，先后担任泸州都督、左领军大将军。贞观十七年（643），唐太宗和太子李承乾的关系恶化，唐太宗任命他担任左屯卫大将军，检校北门屯营，加封镇军大将军。在这样敏感的时间点，唐太宗选择让程知节负责玄武门的安全，可见对他非常信任。

从史料记载看，程知节并没有独立领兵的经验。到晚年他有了这个机会，但是表现不佳。高宗显庆二年（657），程知节以葱山道行军大总管身份讨伐阿史那贺鲁。唐军到了怛笃城，有数千家胡人开门投降，程知节屠城而去，贺鲁遂即远遁。大军班师回朝后，程知节被免官，后来又被授岐州刺史，然后退休。麟德二年（665）程知节卒，追赠骠骑大将军、益州大都督，陪葬昭陵。他的孙子程伯献（？—738）作为唐朝的忠臣，反对武则天称帝，积极参加了705年的神龙政变，"交说将相之间"①，拥戴唐中宗复辟。他为人比较耿直，唐中宗上台后，因为韦皇后也很强势，他又反对韦皇后专权，被流放到海南。最后命运还是眷顾了这个有原则的人。唐睿宗上台后，程伯献因为政治上过硬，获得拔擢。而且他有个好朋友，叫高力士，所以官运亨通，做到右卫大将军。

侯君集和张亮是凌烟阁功臣里被太宗处决的两位。

侯君集是豳州三水人，以武勇著称，从开始就跟随李世民打天下。玄武门之变中，侯君集起了很大作用，是五位最重要的功臣之一。《旧唐书》也说，"建成、元吉之诛也，君集之策居多"②。太宗即位，封他为左卫将军，以功进封潞国公，赐邑千户，不久又升为右卫大将军。贞观四年（630），侯君集升为兵部尚书，参议朝政，后来又跟随李靖平定吐谷浑。侯君集也是出将入相的代表，"典选举，定考

---

① 吴钢主编：《全唐文补遗》（第三辑），《程伯献墓志》，第 65 页。

② 《旧唐书》卷 69《侯君集传》，第 2509 页。

图 23　高昌故城

课，出为将领，入参朝政，并有时誉"①。侯君集最荣耀的时刻，就是他统率唐军长途奔袭，一举灭掉高昌。当时高昌王麹文泰认为，"唐国去此七千里，涉碛阔二千里，地无水草，冬风冻寒，夏风如焚。风之所吹，行人多死，当行百人不能得至，安能致大军乎？"②侯君集出其不意，围城且制作抛车——有点类似投石机，"其所当者无不糜碎，或张毡被，用障抛石，城上守陴者不复得立"③，又制作十丈高楼，俯视城内，有行人及飞石所中处，就马上汇报，最后攻灭高昌。

　　但是侯君集回来之后，并没有得到褒奖，反而被弹劾。贞观十七年（643），侯君集回到京城后，唐太宗下诏将其投入监狱，后又释放。当时张亮也被排挤，到洛阳去做都督了。其实这是唐太宗惯用的驭人

① 《旧唐书》卷 69《侯君集传》，第 2510 页。

② 《旧唐书》卷 69《侯君集传》，第 2510 页。

③ 《旧唐书》卷 69《侯君集传》，第 2511 页。

图 24　姜行本纪功碑拓片。原碑在贞观
　　　　十四年（640）立于今天新疆巴里
　　　　坤，现藏新疆博物馆。姜行本是
　　　　侯君集远征高昌的副手之一。碑
　　　　文中指责高昌首鼠两端，阻塞西
　　　　域交通，于是太宗派遣侯君集为大
　　　　总管，薛万钧、姜行本为副总管进
　　　　行讨伐，并且歌颂侯君集"运筹
　　　　帷幄"，以中军铁骑彻底摧毁高昌
　　　　的抵抗，"自秦汉出师未有如斯之
　　　　盛也"。

之术，李靖每次打胜仗回来也是这个待遇。只不过李靖的情商比较高，能忍，但是侯君集忍不了。侯君集在路上碰到张亮，说："郁郁殊不可活，公能反乎？当与公反耳！"[1]结果张亮去李世民那里告发他。虽然李世民没有立即发作，但是这也埋下了祸根。侯君集的女婿贺兰楚石为东宫千牛，李承乾通过这个关系联络上侯君集。侯君集和左屯卫中郎将李安俨都投靠了太子。李安俨之前是李建成的部下，李建成在玄武门被杀，李安俨为之力战，唐太宗认为他忠诚，就让他辅佐东宫。

李承乾政变失败后，侯君集被抓，女婿贺兰楚石倒戈一击，出来指证他。太宗说："我不欲令刀笔吏辱公，故自鞫验耳。"李世民问大臣们，侯君集有功，我不想杀他，你们答应吗？大臣们心领神会，争先恐后说不同意。太宗对侯君集说："与公长诀矣，而今而后，但见公遗像耳！"[2]歔欷下泣。在临死之前，侯君集跟太宗请求，希望看在他的功劳上，能留个儿子继承香火。太宗答应了，赦免了他的夫人和一个儿子，将他们流放岭南。

在处死侯君集之后，张亮很快也倒了霉。相比侯君集，张亮的死亡显得更加冤枉。

张亮，郑州荥阳人。因为他政治上倒台，所以官方史书的描写偏负面，比如"倜傥有大节，外敦厚而内怀诡诈，人莫之知"[3]。他是房玄龄和李勣推荐给太宗的——他们都出身山东，此后很长时间，张亮都是太宗的心腹。玄武门之变中，太宗委派张亮到洛阳，"阴引山东豪杰以俟变，多出金帛，恣其所用"[4]。晚年张亮跟随唐太宗讨伐高句丽，为沧海道行军大总管，自东莱渡海，攻破沙卑城。进兵建安城下

---

[1] 《旧唐书》卷 69《侯君集传》，第 2513 页。

[2] 《旧唐书》卷 69《侯君集传》，第 2514 页。

[3] 《旧唐书》卷 69《张亮传》，第 2514 页。

[4] 《旧唐书》卷 69《张亮传》，第 2514 页。

时，高句丽突然袭击，唐军惊慌。《旧唐书》说，张亮一向胆小，计无所出，坐在椅子上，眼睛直直的，说不出话，而一同打仗的郝处俊却镇定自若。贞观二十年（646），有人告发张亮谋反，证据是他有义儿五百人。太宗将其逮捕询问，张亮说自己没有谋反之心，并且陈述了自己跟随太宗的功劳，但是李世民还是杀了他。当时将作少匠李道裕说了公道话，认为没有证据能证明张亮谋反。太宗也知道李道裕说的对，后来还任命他担任刑部侍郎，承认当时李道裕说张亮"反形未具"[1]是对的。

凌烟阁二十四功臣在贞观十七年（643）正式公布的时候，已经去世了一半，包括李孝恭、杜如晦、魏徵、段志玄、屈突通、殷开山、柴绍、长孙顺德、张公谨、虞世南、刘政会、秦叔宝。在活着的长孙无忌、房玄龄、高士廉、尉迟敬德、李靖、萧瑀、刘弘基、张亮、侯君集、程知节、唐俭、李勣这十二人中，其实真正还有政治活力的，只有长孙无忌、张亮、侯君集、李勣。这四个人政治性比较强，威胁比较大。尤其在唐太宗晚年时，唐军中能带兵打仗的开国功臣，除了李勣就是张亮了。但是长孙无忌是太宗的大舅子，李勣是太子李治的老师，其他两人就只能被剪除。

这二十四个人基本是按政治地位排序的，追认的优于现任的。但这也正是功臣们累积的功劳、权力的大小与唐太宗关系亲疏的反映，且太宗朝的各个山头都尽量要有代表。宗室外戚有五位：长孙无忌、李孝恭、高士廉、长孙顺德、柴绍。其他宗室子弟如任城王李道宗（太宗晚年认为他是唐军三大名将之一）也很有功劳，但是没有入选。柴绍是临汾人，"任侠闻于关中"[2]，娶的是高祖的女儿平阳公主。李渊围攻京城时，平阳公主引精兵万余与太宗军会于渭北，营中号曰"娘

---

① 《旧唐书》卷 69《张亮传》，第 2516 页。

② 《旧唐书》卷 58《柴绍传》，第 2314 页。

子军"。平阳公主去世时太宗破例安排军乐鼓吹，以旌殊绩。

另外，二十四功臣里大部分人都直接或者间接参与过玄武门政变。长孙无忌、杜如晦、房玄龄、高士廉、尉迟敬德、段志玄、刘弘基、屈突通、长孙顺德、张亮、侯君集、张公谨、程知节、虞世南、唐俭这十五位，都有痕迹参与了或者支持了玄武门之变，占了很高的比例。秦琼有没有参加玄武门之变，史料记载不统一。唐高祖统治时期，秦琼就已经封国公，地位远在贞观第一权臣长孙无忌之上，却排在二十四功臣最末。

如果把唐朝建立的过程拆解来看的话，除了玄武门之变和主持贞观政府运作，还应包括太原元从、关东之战、平定河北、平定江南、攻灭突厥和吐谷浑等重要环节。平定江南的代表就是李孝恭和李靖。"自大业末，群雄竞起，皆为太宗所平，谋臣猛将并在麾下，罕有别立勋庸者，唯孝恭著方面之功，声名甚盛。"①河北原先的功臣比如罗艺等，因追随李建成，已经在贞观初期被铲除，所以没有代表。

按地域来看的话，基本上原先北周系统和山东势力最大，北齐系统和江左只有零星代表。江左的代表包括萧瑀、虞世南两人，都是边缘人物。北齐系统的代表包括高士廉、刘政会、唐俭等。然而北齐灭亡很早，他们都是北齐第二代，早已融入关陇贵族集团。比如高士廉就是长孙无忌的舅舅；殷开山是江左入关的第二代，也可以归类于关陇集团。

如果按照广义的关陇集团和山东出身来分，在这二十四人中两者旗鼓相当。前者以长孙无忌为首；后者包括房玄龄、魏徵、张亮、张公谨、程知节、李勣、秦叔宝等人，前期以房玄龄为首，后期以李勣为首。

---

① 《旧唐书》卷 60《河间王孝恭传》，第 2349 页。

多说一点

《旧唐书》和《新唐书》的优劣

《旧唐书》成书于后晋开运二年（945），共200卷，包括《本纪》20卷、《志》30卷、《列传》150卷。署名后晋刘昫（887—946）等撰，实际是赵莹监修。唐朝历代都修有实录，然后在实录基础上撰写国史，史官中吴兢、韦述、柳芳等人最为知名。后晋高祖天福六年（941），石敬瑭命修唐史，由当时的宰相赵莹负责监修。其前半"全用实录、国史旧本"，史料一是来自实录，二是唐人所修国史，一般认为较具有唐人观念。

最初此书不叫"旧唐书"而叫"唐书"。宋仁宗时命宋祁和欧阳修重新编撰《唐书》，于1060年"布书于天下"，以致后晋所修《唐书》不再流传。直到明嘉靖十七年（1538），浙江余姚人闻人诠在苏州征借到当地人士所藏旧《唐书》，刘昫的《唐书》才又得以重新刊行。后人为区别这两种"唐书"，把后晋刘昫所著称为《旧唐书》，而将宋祁等后修的《唐书》命名为《新唐书》。

《新唐书》对《志》特别重视，新增了《旧唐书》所没有的《仪卫志》《选举志》和《兵志》。其中《兵志》是《新唐书》的首创，系统论述了唐代府兵等军事制度。北宋人认为，《新唐书》要比《旧唐书》高明。他们严厉批评《旧唐书》"纪次无法，详略失中，文采不明，事实零落"。但《旧唐书》在如实保存史料方面有巨大的贡献，而《新唐书》秉孔子修《春秋》之意，进行所谓"忠奸顺逆"的褒贬，以宋代人的代入感解读唐代历史。比如对李承乾的描述，着重于他亲近突厥文化、不是合格的中华文化的继承人。这是宋朝人将对华夷之辩的强烈感受植入唐朝的结果。

第五章

隋唐对东北亚的经营及影响

唐朝建立之初，高句丽本身也还没有从抵抗隋朝的战争中复原，新政权的建立也给高句丽改善与中原王朝的关系提供了契机。唐朝建立的第二年，高句丽就再度承认了中原王朝的宗主权并承担象征性的纳贡义务——当然只是一种口头承认。隋朝在从高句丽撤军的过程当中，由于自然条件，有大量人员被俘。为了改善关系，高句丽此后遣返了约一万名中原王朝战俘。不过显然高句丽并不敢大意，一面示好的同时，一面沿着辽河西岸花了大约十年的时间构建了一条坚固的防线，以防备唐朝的入侵。这条防线上有许多坚固的堡垒，在后来的战争中被证明是非常有效的防御工事。高句丽实际上也是以农耕定居为主的文明体，组织严密，并非如突厥一样不稳定，正因为如此，隋唐两朝对高句丽的战争持续了七十年。这场战争牵动着整个东亚的局势和历史的走向①。

① 王小甫主编：《盛唐时代与东北亚政局》，上海：上海辞书出版社，2003 年。

一、隋朝对高句丽的战争

在隋唐帝国建立之前，中国内部纷纷扰扰，已经没有力量去干预周边事务，丧失了东亚世界中心的地位。到了隋唐帝国建立之后，中原王朝的优势地位得到恢复。但这个恢复过程并不和平，而是通过一系列战争达成的。

在隋唐帝国开启之前，高句丽就已经在东北亚地区形成了一个强大的区域性霸权，并通过干预中国内地的统一战争、联络突厥、控制契丹等形式对新兴的隋唐政权构成挑战。从某种程度上说，中国对高句丽的战争就像是罗马和迦太基人为争夺地中海西部的霸权而引发的战争。罗马经过公元前 264—前 241 年、前 218—前 201 年、前 149—前 146 年三次布匿战争，最终攻灭迦太基，夺取了对地中海沿岸的最终控制权。隋唐时代，从隋文帝 598 年发动对高句丽的战争开始，经过隋炀帝的三次征伐、唐太宗的多次东征，一直到高宗统治时期才最终将其攻灭。总章元年（668）九月，唐朝年迈的老将李勣经过长达一个多月的围城，攻陷了高句丽的首都平壤，将这一称霸东北亚一个世纪的区域强权彻底消灭。经过这场战争，唐帝国彻底树立了在东北亚政治、文化等领域的主导地位。由于日本的参战和惨败，也迫使日本国内发生了重要变革，此后一千年间，日本再没有做入侵亚洲大陆的尝试。

北朝后期，北周攻灭北齐。然而北齐宗室高保宁据守营州，拒绝投降。营州是北齐镇抚高句丽、契丹、库莫奚等的要地，战略地位十分重要。宣政元年（578），原先逃亡突厥的北齐范阳王高绍义引突厥军队南下，并企图依靠北齐遗臣占据范阳，遭到北周的反击，未能得逞。大象二年（581），高绍义被北周使臣贺若谊执送回国，但是高保宁仍坚守营州对抗北周。在杨坚夺取北周皇权建立隋朝后，高保宁依然坚守营州直到开皇三年（583）被杀为止。高保宁对抗北周和隋朝的战争，得到了高句丽的大力支持。高句丽王亲自统率军队，救援高保宁，大规模地卷入中原王朝内战。可以说，早在隋朝建立之初，高句丽西联突厥，控制契丹等东北诸族，保护高保宁，俨然已是隋朝的心腹大患。隋文帝在檄书里历数高句丽的罪愆，最重要的有两条，第一是未尽臣节，第二就是"驱逼靺鞨，固禁契丹"①，也就是说高句丽对契丹、靺鞨有控制能力。在隋朝统一的过程中，高句丽与突厥、南朝的陈联合起来，对抗隋朝。突厥文的隋朝贵族阙特勤碑显示，突厥强盛时常常与高句丽结好及聘使往来。这一切，都让隋唐帝国的统治者感到芒刺在背。

隋唐帝国是继汉帝国之后重新统一的王朝，隋唐两代都强烈认同自己是汉朝的继承者。在讨论对外政策时，大臣们屡屡提到要恢复汉朝的疆域。这种民族主义的雄心，使新成立的隋朝在建立之初，就开始了收复汉朝领土的计划。疆域的拓展在南方进行得比较顺利，隋文帝将中原王朝的势力拓展到今天的河内一带，其进一步深入占婆的行动虽然失败了，但是在其以北的越南地区则完全归中国管辖，始终是隋唐帝国的一部分，直到939年越南独立。但在文化上，独立后的这一部分领土也依然继承汉文化的某些元素，统治精英也深受中国文学影响，崇尚汉字。隋朝在西方征服了吐谷浑，在东方征服了流求，但是在东北亚的拓展方面遭到了巨大的挫折。这一地区被强大和组织完

---

① 《隋书》卷81《高丽传》，第2041页。

图 25　十三郡太守来朝图。朝鲜德兴里高句丽墓葬壁画，壁画上半部分描绘的是星座和瑞兽仙禽。

善的高句丽控制。高句丽不是普通的小政权，也不是游牧民族，其实高句丽是农耕文明。考古发现显示，高句丽与中原王朝的格局非常相似。实际上，当时中国面对的邻国只有高句丽才称得上是一个有定居人口的、稳定的和组织完善的国家，除此之外都是一些组织松散的游牧部落民族，它们的文化发展阶段明显地落后于中国。隋唐时期的军队在对高句丽作战的时候，面临着非常大的困难。高句丽非常善于防守，也修城墙，有非常多的堡垒；而唐军善于野战，不善于攻城。

七世纪初期，高句丽占据今天中国东北东部和朝鲜半岛的北部，首都就在现在的平壤。朝鲜半岛的南部分为百济和新罗，分别位于半岛的西南和东南部。开皇十八年（598），隋文帝命汉王杨谅为统帅，以三十万兵力对高句丽发动进攻，但是因为瘟疫流行等原因没有成功。高句丽虽然表面上表示了臣服，但是在此之后又联合东突厥，操纵靺鞨、契丹渡过辽河不断骚扰中原，契丹在大业元年（605）甚至入侵了河北，被击败后退回。这一切使中原王朝清晰地认识到高句丽将是刚刚统一的帝国的潜在威胁。尤其是河北地区长期存在的分离情绪远未消失，而隋朝的中心却偏在西北。正是在这种情况下，继承隋文帝皇位的隋炀帝也继承了其父亲攻灭高句丽的事业。

大业三年（607），隋炀帝会见东突厥启民可汗，居然在那里碰到了高句丽派到突厥的使者。高句丽和突厥的这种合谋针对大隋的举动激怒了隋炀帝。他警告高句丽使节，让其传话给高句丽统治者要求其臣服，并且拉拢启民可汗站在自己一方。无论如何，在突厥王庭见到高句丽使节的事件，坚定了隋炀帝对高句丽发动战争的决心。为了保证战争的顺利进行，隋炀帝首先将大运河往北延伸，将中国的心脏地区和幽州连接在一起，以方便物资的运输。大业五年（609），各种军事准备都已经展开，大军集结在涿郡，即今天北京地区。但是一场发生在关东地区的水灾打乱了计划，真正的进攻在大业八年（612）才开始。隋炀帝亲自率领大军从陆地进攻，水军则从海上进攻。著名的建筑家宇文恺顺利地在辽河上架起了桥梁，但是隋军在渡河之后遭到了辽河东岸诸城的顽强抵抗，迅速攻占高句丽首都的计划落空。到了夏末，大雨使得军事行动无法继续，八月，隋炀帝撤军回到了洛阳。

大业九年（613）正月，隋炀帝再次发动对高句丽的远征。对外的战争虽然打着维护帝国安全和恢复中华固有领土的旗号，但是因为国家和民众的负担增加，国内的局势受到了影响，叛乱的次数显著增加。此时内政和外交的连环性体现了出来。当隋炀帝的大军渡过辽河展开进攻的时候，在后方负责后勤供应的礼部尚书杨玄感（杨素之子）发动了叛乱。由于叛乱中心靠近帝国的东都洛阳，隋炀帝不得不派遣宇文述从东北战场返回镇压叛乱。杨玄感战败被杀，隋炀帝的第二次远征也宣告失败。杨玄感阵营中的骨干分子李密后来成为反隋的重要领袖。杨玄感的叛乱是内部关系高度紧张的反映，此时隋炀帝要做的应该是安抚国内各阶层，尤其是旧的关陇贵族，但是他依然固执地发动了第三次对高句丽的战争，最终使自己陷入万劫不复的境地。隋炀帝还是太过于执着了，他不像唐太宗——发动一次战争，取得了有限成果，在自然条件等方面已经显示出对自己不利的情况下，果断止损，率领大军回国，结束了对高句丽的作战。

我们不能简单地说隋炀帝的政策不对——他开凿大运河，是基于连接分裂了三百年的南北中国的考虑；他营建的东都，在接下来的唐朝成为重要的政治中心，也是唐帝国控制关东地区的重要堡垒；他发动的对高句丽的战争，在隋朝灭亡之后被唐太宗和唐高宗继承。不过隋炀帝推行这些政策的节奏太急，老百姓的负担太重，而且引起了统治阶级中的很多成员的不满。尤其是隋炀帝偏向南方文化的做法，导致北周—隋系的旧贵族和大臣离心离德，最终在短暂的时间内就将富强的大隋帝国葬送了。

大业十年（614），隋炀帝决意第三次征伐高句丽，完全不顾王朝已经露出溃败之相——也许他是希望通过对外战争的胜利重新树立自己的权威，进而达到安内的目的。从历法上说，隋炀帝是上元甲子年（604）即位，从上台之始就被赋予了特殊的政治意义。即便天下大乱，群雄并起，隋朝著名的术数家，同时也是隋炀帝重要政治顾问的太史令袁充依然极力为隋炀帝辩护，认为隋炀帝上符天命，其统治"永无所虑"①。在隋炀帝决议第三次讨伐高句丽后，大臣们没人敢提意见。固执的炀帝为自己持续发动战争辩护，并且建立道场，为战死的兵将追福。这一次进展较为顺利，隋军没有再跟沿途的高句丽军队纠缠，直扑平壤，下半年高句丽王就主动求降。隋军有将领要求直接攻破平壤，但是被隋炀帝拒绝，他希望高句丽王能主动到隋廷表示敬意。结果可想而知，高句丽王并未前来。当隋炀帝要发动第四次对高句丽的战争时，国内的局势已彻底溃败，他不得不放弃了恢复汉朝光辉事业的愿望，将重心转移到国内，然而国内的政治局势此时已急转直下，数年后隋朝灭亡。

抛开有关战争性质的各说各话，隋炀帝对高句丽的战争，实际上是从开皇十八年至总章元年（598—668），隋唐帝国对高句丽王国长达七十年的战争的一部分。隋炀帝失败的原因，除了国内并不稳固的统一之外，从战略战术上看，当时的东北亚易守难攻——夏季有倾盆大雨，雨季一过严冬就降临，真正能作战的时间只有四月到七月雨季开始之前。而且当时的技术手段也限制了军事进攻的效率，高句丽沿着辽河河口的安市城（在今辽宁海城市东南营城子）往北连接坚固的城镇，只要坚持到严冬的降临，就会迫使隋朝大军撤退。实际上，一直到唐高宗时代，唐军在朝鲜半岛后方登陆开辟第二战场之前，隋唐帝国的大军都在鸭绿江边望洋兴叹，并未取得决定性的胜利。

---

① 《隋书》卷 69《袁充传》，第 1808 页。

二、唐前期东北亚政局的嬗变

高句丽和唐朝相安无事一直持续到唐太宗统治后期。贞观十五年（641），唐朝经过了贞观之治十几年的休养生息，百姓慢慢恢复生产，国力渐渐强盛，太宗下定决心对高句丽动武。唐朝对于情报工作非常重视，就像太宗将大唐帝国的势力拓展到中亚腹地之前让玄奘撰写《大唐西域记》一样，太宗很可能在贞观十五年之前就开始为战争做准备。一方面，靠近高句丽地区的唐朝地方官员会向太宗定期汇报高句丽的国内动向，比如营州都督；另一方面，唐太宗也派使臣去高句丽窥探形势。他派遣职方郎中陈大德收集有关高句丽军事防御的情报，同时开始制造舆论说高句丽在汉武帝时就是中国的一部分。

陈大德每到高句丽一个地方，就要去看山川形胜，还拿了很多的礼物贿赂地方长官。他说："吾雅好山水，此有胜处，吾欲观之。"当地人拿了他的好处，就非常高兴地带他到处去看，可谓"无所不至"。陈大德在高句丽也看到很多中原人，那些人对他说自己家在某郡，隋末从军，没于高丽，娶了高丽女子，跟高丽人交错而居的中原人都快占到一半了。那些人问陈大德，我们的亲戚还好吗？陈大德骗他们说都无恙。实际上中原经过内战，很多人早就家破人亡了。那些人非常激动，看到陈大德后都非常想念家乡，痛哭流涕，遍于郊野。陈大德回国上奏说："其国闻高昌亡，大惧，馆候之勤，加于常数。"侯君集在贞观十四年（640）攻灭了高昌，这让高句丽非常害怕，所以接待陈大德非常殷勤。太宗说："高丽本四郡地耳，吾发卒数万攻辽东，彼必倾国救之。别遣舟师出东莱，自海道趋平壤，水陆合势，取之不难。但山东州县凋瘵未复，吾不欲劳之耳。"[①] 如此看来，唐太宗似乎在 641 年之前就开始有布局，但当时整个关东地区民生仍然没有恢复，使唐太宗不得不谨慎推行对高句丽作战的计划。

到了第二年，高句丽的内乱为唐太宗发动战争提供了一个契机。这一年高句丽的大臣渊盖苏文（603—666）发动政变杀死了当时高句丽的统治者荣留王，改立其侄宝藏王为君主，自己担任大莫离支（即宰相），独揽大权。营州都督张俭上奏："盖苏文状貌雄伟，意气豪逸，身佩五刀，左右莫敢仰视。每上下马，常令贵人、武将伏地而履之。"[②] 渊盖苏文对唐朝向来不友好，也正是他负责修建辽河防线防备唐军，很显然，他当权后高句丽和唐朝的关系开始急转直下。

图26 撒马尔罕阿夫拉西阿卜（Afrasiab）粟特国王大使厅壁画。其中高句丽使者（左二为突厥使臣，中间为吐蕃使臣，右二为高句丽使臣）头戴鸟羽冠，佩带环头大刀，这也是高句丽贵族的典型特征。这幅壁画的年代大约是 655 年前后，有学者认为此时高句丽权臣渊盖苏文为牵制唐朝而联络粟特地区。根据文献记载，高句丽与突厥等都有联系，已经成为欧亚东部一个区域性强权，"强盛不受制"。

---

① 《资治通鉴》卷 196《唐纪十二》，第 6169 页。

② 《资治通鉴》卷 196《唐纪十二》，第 6181 页。

到了贞观十七年（643），不论是外部因素还是对内政的考虑，都迫使太宗决心步隋朝的后尘——攻灭高句丽。在外部，高句丽作为地区霸权的影响持续增加，它联合百济在几条战线上攻击对唐朝友好的新罗，切断了新罗贡使前往长安的路线。当太宗试图用外交手段劝阻高句丽攻击新罗时，高句丽拘押了唐朝的使节。实际上如果唐朝不进行干预的话，高句丽有可能会统一朝鲜半岛，到时候会有一个更加强大的区域强权站在唐帝国的门口，而从东北进入华北平原几乎无险可守。唐帝国在东北亚最首要的目标，是要保持各政权的分裂，更加要防范高句丽与契丹、突厥、靺鞨、日本的联合。就内部而言，唐朝刚刚经历了一场惊心动魄的宫廷政变，原先的太子李承乾因为造反的缘故被废黜，魏王李泰也被逐出长安，晋王李治被立为太子。或许在太宗看来，李治并不如自己那么英武，担心他不能驾驭自己死后的局面，那么在生前剪除李唐帝国潜在的敌人就变成了一个看似理智的选择。

　　太宗的战争计划遭到了很多大臣的反对，其中就包括长孙无忌和褚遂良，但是大将李勣坚决支持。有了李勣的支持，太宗决定启动战争计划。贞观十八年（644）秋，唐朝大军开始往东北开拔，数百艘海船担任运送军粮的任务。稍后太宗自己也前往洛阳——洛阳比长安更适合指挥战争，隋炀帝和稍后的高宗在对高句丽作战时都把前往洛阳作为第一个步骤。在安史之乱前的数百年间，洛阳是帝国维护核心区域的军事堡垒。后来唐朝对洛阳的轻视造成的惨重后果，也佐证了唐帝国东西两京互为犄角的战略意义。高句丽跟突厥等游牧民族不同，擅长以坚城防守，所以后勤供应对战争胜利与否非常关键，太宗对这一点有清晰的认识。前宜州刺史郑元璹已致仕，太宗因为他曾跟随隋炀帝伐高句丽，诏他询问，郑元璹说："辽东道远，粮运艰阻；东夷善守城，攻之不可猝下。"太宗说："今日非隋之比，公但听之。"[①]

---

① 《资治通鉴》卷 197《唐纪十三》，第 6213 页。

唐太宗还是有信心能够取胜的。

在洛阳，太宗正式对高句丽宣战，宣战诏书将渊盖苏文作为主要攻击对象，将其描述为弑君者，其对新罗的侵略也被唐朝当作发动战争的理由。太宗更宣称"辽东本中国之地，隋氏四出师而不能得；朕今东征，欲为中国报子弟之仇"①，来鼓舞人心。唐朝人的爱国主义也表达得非常有血性。唐太宗对高句丽作战，有很多老百姓愿意私装从军，这些人因为家人曾经战死在高句丽，一心想要报仇。

太宗在贞观十九年（645）春天抵达东北前线，这时进入了最好的进攻的季节——雨季没有来，而天气也变得温暖。唐军兵分两路，太宗和李勣率唐军主力直扑辽东，而另一唐军名将张亮则率四万多唐军乘坐五百多艘船只从海路袭击高句丽的首都平壤——"以刑部尚书张亮为平壤道行军大总管，帅江、淮、岭、硖兵四万，长安、洛阳募士三千，战舰五百艘，自莱州泛海趋平壤；又以太子詹事、左卫率李世勣为辽东道行军大总管，帅步骑六万及兰、河二州降胡趣辽东，两军合势并进。"②唐军的这次进攻比之前的隋朝军队取得了更大的进展，李勣攻下盖牟城（今辽宁抚顺），进攻辽东城（今辽宁辽阳）。张亮袭取卑沙城（今辽宁省大连市金州区东），曜兵鸭绿江上。到了五月份，唐军修筑了一条横穿辽河沼泽的堤道，攻克了高句丽重镇辽东城，而之前隋军从未攻克该城。虽然取得了重大的成果，但是唐朝大军在战略上还是犯了保守主义错误。当时任城王李道宗也是唐军的重要将领，李道宗跟李世民建议，希望能给他五千精兵突袭平壤。但唐太宗拒绝了他的建议，没有及时直扑平壤，而是纠结于辽阳西南的安市城，结果在坚城之下两个月毫无进展。唐军善于野战，极不善于攻城。当时有记载说唐朝军队在高句丽的地盘上安营扎寨，连警戒都

---

① 《资治通鉴》卷 197《唐纪十三》，第 6217 页。

② 《资治通鉴》卷 197《唐纪十三》，第 6215 页。

不做，不挖沟，不筑墙，士兵们在别人的地盘上走来走去就像在自己家一样——因为战斗能力太强了，高句丽根本不敢派兵在开阔的地方野战。

虽然击败了高丽大将萨延寿、高惠真率领的援军，迫使其投降，但是唐军还是未能在适宜作战的时节内攻下安市城，只好在严冬到来之前撤军。唐太宗懂得及时止损——如果再晚一点撤军，将真的有灭顶之灾。唐军撤离的时候十分艰难。因为辽东早寒，"草枯水冻"——草也没有，水也没有，马就等着饿死了。唐太宗先走，让李勣、江夏王李道宗率步骑四万殿后，回到辽东接着渡辽水。辽水有200里的沼泽，车马不通，唐太宗命令长孙无忌率一万人用草把道路给填起来；水深的地方就干脆把车赶进去，踩着车走，唐太宗自己也参加了劳动，十月才终于回到了出发地。这时又遇上暴风雪，很多士卒被冻死，太宗下令在道路两旁点起火，等到大军过来，让大家烤烤衣服。唐军撤走时，安市城守军"皆屏迹不出。城主登城拜辞，上嘉其固守，赐缣百匹，以励事君"[1]。在这场艰难的战争中，唐军的敌人除了高句丽的军队之外，还有东北恶劣的天气和自然条件。

此次征伐高句丽，攻下玄菟、横山、盖牟、磨米、辽东、白岩、卑沙、麦谷、银山、后黄十城，辽、盖、岩三州七万人加入唐朝户籍。在新城、建安、驻跸这三场大战中，斩首四万余级，二千多人战死，损失战马十之七八。太宗虽然在军事上取得了一些成果，包括攻占坚城，斩杀大量高句丽生力军，但是最终没有达到灭亡高句丽的战略目标。这次战役中，任城王李道宗仍骁勇善战，另有一些新的将领崭露头角，尤其是薛仁贵。太宗对薛仁贵说："朕诸将皆老，思得新进骁勇者将之，无如卿者；朕不喜得辽东，喜得卿也。"[2]

---

① 《资治通鉴》卷198《唐纪十四》，第6230页。

② 《资治通鉴》卷198《唐纪十四》，第6231页。

唐朝撤军后，高句丽更加傲慢，重新入侵新罗。百济也乘机袭取新罗二十余城，并且在其后数年中与唐中断往来。太宗则不断发动小规模进袭，以图让高句丽疲于应对，耽误农时，削弱其经济基础。贞观二十一年至二十二年间（647—648），太宗都曾派遣数万唐军侵扰高句丽。贞观二十二年（648），薛万彻带领三万唐军乘坐战船进入鸭绿江，在今天辽宁丹东附近大败高句丽军。但是这些局部的军事胜利并不能改变整个局势。太宗在生命的最后两年，依然将消灭高句丽作为自己最重要的任务，计划在贞观二十三年（649）以三十万大军彻底灭亡高句丽，但因太宗的突然去世，这一计划并未得到实施。

三、高句丽、百济的灭亡和日本的战败

夹在唐太宗和武则天两个光辉形象中间，而且在其死后李唐的政权沦入他人之手，高宗的形象向来被史书描述为平庸懦弱。不过，这显然并非事实，至少不是真相的全部。不论如何低估高宗的统治，有一点无法否认——在他的统治之下，唐朝的外交和军事取得了辉煌的胜利，唐朝的领土扩张和军事征服达到了一个顶峰。中国的影响深入到中亚腹地，也正是在这一时期，唐帝国在东亚摧毁了强大的高句丽和它的盟友百济，并且彻底摧毁了日本干预大陆政治事务的野心。[①]反而是在稍后的武则天统治时期，不但突厥复兴，唐朝在东北亚方向也遭到了惨重的失败，完全无法跟高宗时代的盛景相比。

高宗即位初年，出于稳定国内政治局势的需要，对高句丽、百济不断联合靺鞨等攻击唐朝盟国新罗的行为采取绥靖政策，希望以外交手段调解。654 年，新罗女王金真德卒，诏立其弟金春秋为新罗王。金春秋是坚定的亲唐派。

在调解无效的情况下，唐朝军队发动了对高句丽的攻击，企图围魏救赵，减缓新罗的压力。但是这一策略并无效果。655 年，高句丽

[①] 参看［加］王贞平：《多极亚洲中的唐朝》第二章《在朝鲜半岛再造往日的辉煌：唐与高句丽、新罗、百济、渤海国》，上海：上海文化出版社，2020 年，第 61—106 页；拜根兴：《七世纪中叶唐与新罗关系研究》，北京：中国社会科学出版社，2003 年。

图 27　百济金铜大香炉。现藏韩国国立扶余博物馆。高 61.4 厘米，直径 19 厘米，重
　　　11.8 千克，出土于韩国忠清南道扶余郡一座古寺，约制作于六世纪，展现了相
　　　当辉煌的文明程度。

与百济、靺鞨连兵，入侵新罗北境，攻下了三十三城。新罗王金春秋遣使求援。二月，高宗遣营州都督程名振、左卫中郎将苏定方发兵攻打高句丽。营州都督是唐朝靠近高句丽边境的最高行政长官。这时苏定方只是左卫中郎将，级别并不高，后来他靠在战争当中不断积累经验，成了唐军最重要的统帅之一。五月，"名振等渡辽水，高丽见其兵少，开门渡贵端水逆战。名振等奋击，大破之，杀获千余人，焚其外郭及村落而还"①。程名振等人取得了一些战绩，烧毁高句丽边境的村落后，就撤军回来了。

---

① 《资治通鉴》卷 199《唐纪十五》，第 6287 页。

高句丽靠近亚洲大陆的部分易守难攻，隋文帝、炀帝、唐太宗屡屡发动攻击都没有达到效果。于是唐军采取了新的战略——从朝鲜半岛后方登陆，这种策略似乎非常像美军在一千三百年后在仁川的登陆。高宗劝谕百济国王扶余义慈的诏书中还声称"朕将发契丹诸国，度辽深入。王可思之，无后悔"[1]，结果唐军并没有从辽东方向进攻，而是泛海偷袭。显庆五年（660），唐高宗任命左武卫大将军苏定方为神丘道行军大总管，率领数万大军从山东半岛渡海，但是这次的打击目标不是高句丽，而是百济。这次攻击非常突然、有效，达到了闪击的效果，百济军队来不及狙击唐军的登陆，在熊津口遭到了惨败。在迅速消灭百济军主力之后，唐军直扑百济都城泗沘（今韩国大田西），不到十天，唐军就将百济灭国，百济王扶余义慈父子以及百济豪酋

图28　定林寺五层石塔。位于韩国忠清南道扶余郡，原为百济王朝都城泗沘城。显庆
　　　五年（660），唐军灭百济，在定林寺五层石塔上刻写了平定百济的内容。

---

① 《新唐书》卷 220《百济传》，第 6199 页。

图 29 《大唐平百济国碑铭》拓片。现藏韩国国立中央博物馆。记载了苏定方率军灭亡百济的情形。碑文将苏定方和历史上的韩信、霍去病相比，其中歌颂苏定方，"使持节神邱嵎夷马韩熊津□一十四道大总管、左武卫大将军、上柱国、邢国公苏定方，叠远构于曾城，派长澜于委水，叶英图于武帐，标秀气于文昌，架李霍而不追，俯彭韩而高视。赵云一身之胆，勇冠三军；关羽万人之敌，声雄百代。"另外根据碑文，唐军俘获百济国王、太子、诸王、大首领等七百余人，收三十七州三百五十县，二十四万户，六百二十万人。

五十八人，全部押送长安。可以说，唐军的渡海闪击让百济猝不及防，一周多的时间内其三十七郡、三百城都落入唐军和新罗之手。从立国到亡国，百济经历了将近七百年的时间，历经历史沧桑而不倒，居然十天之内就被唐军灭亡。

百济亡国之后，唐朝在其旧地设置了熊津、马韩等五个都督府，择其酋长管治。唐朝为了纪念这次军事胜利，在现在的韩国忠清南道扶余郡南二里建立了一座纪功碑，铭文为《大唐平百济国碑铭》。之后唐朝大军撤回大陆，仅留下刘仁愿以数千人镇守百济府城。百济王室和贵族被带到长安，大量百济的遗民在唐朝做官，包括黑齿常之等后来成为唐军的重要将领。扶余义慈病死后，唐廷施恩，赠卫尉卿，允许其旧臣临丧，安葬在洛阳东吴孙皓和陈朝陈叔宝墓的旁边——他们都是分裂政权的末代君主。

唐军攻灭百济的速度太快，百济很多地方尚未来得及反应，战争就结束了，这样也带来了隐患——征服并不稳固。在苏定方大军撤退之后，百济王扶余义慈的堂弟扶余福信和僧人道琛率众据周留城复叛，并派遣使者前往日本，迎接在那里当人质的百济王子扶余丰回国即位。有了扶余丰做号召，百济各部纷纷响应，百济的叛军将刘仁愿的唐军团团围困在熊津府城内。

从百济灭亡开始，其复国运动就轰轰烈烈地开展了三年之久。唐军在百济被困之时，主力在大将苏定方的指挥下在辽东展开了对高句丽的大规模进攻，七月就已经攻至平壤城下，又一次久攻不下，只好撤军。检校带方州刺史刘仁轨自请留守，高宗此时有些担心战争旷日持久，会引发国内危机，便诏令刘仁轨"一城不可独固"[①]，带领所部兵将撤退到新罗，新罗如果接纳则屯守当地，如果不接纳，就渡海回国。刘仁轨则指出，既然高宗想吞灭高句丽，就要先诛百济，现在平壤大军回国，百济叛军又起，如果就此撤退，则百济不日就会复国，一切就前功尽弃了。于是刘仁轨带领所部唐军和新罗兵奔赴朝鲜半岛南部救援被围困的刘仁愿，而此时一个新的力量出现在了朝鲜半岛角逐的战场，这就是日本。

日本的出现让局势变得更加复杂。百济与日本一直保持着良好的关系。中国的汉字、佛教、制陶技术和其他文化都通过百济传入日本。大量的日本皇族和学者也来到百济进行教育和文化交流，许多百济王族和贵族成员还与日本皇族通婚，日本有名的桓武天皇就有百济王室的血统。同时，百济得到了日本的物资和军事援助。

日本一方面将百济王子扶余丰送回百济，领导对唐军的抵抗运动，一方面也在积极筹备，直接进行军事干预。日本齐明天皇在显庆五年（660）就跟太子中大兄从内地的飞鸟京来到沿海的难波城，次

---

① 《旧唐书》卷 84 《刘仁轨传》，第 2790 页。

年一月，又将最高指挥部迁到九州西岸，在跟百济隔海相望的盘濑设置了行宫。七月，齐明天皇去世，中大兄即位为天智天皇；八月，天智天皇下令组成援助百济的远征军；九月，派遣五千日军护送百济王子扶余丰返国即王位。

唐朝这边也密切留意形势的发展，除了刘仁轨和刘仁愿的军队外，唐朝在龙朔三年（663）再次增派右威卫将军孙仁师率一支唐军增援，受困之中的唐军军心大振。之前唐军已经在围困之中攻克了真砚城，打通了跟新罗的粮道。而百济一方则发生了内讧，扶余丰猜忌福信并且杀了他，百济内部力量遭到削弱。六月，日军毛野稚子等部近三万人登陆并夺取了沙鼻歧、奴江二城，成功切断了唐军和新罗的联系。孙仁师部唐军抵达后，唐军确定了直接攻击百济抵抗势力中心周留城的战略计划。刘仁愿和孙仁师以及新罗王金法敏率军从陆路进攻；刘仁轨、杜爽则率领唐水军并新罗水军由熊津江入白江口，溯江而上，从水上进攻。唐新联军将周留城外的军事据点一一拔除，百济和日军损失惨重。

周留城虽然三面被围，但是水路仍畅通，日军从海上沿着白江进行增援。八月二十七日，刘仁轨所部唐军与从海上抵达的日军在白江口遭遇，双方兵力相差不大，日军万余人，唐军七千人，日军舰船数百艘，而唐军一百七十艘。但是唐朝军队专业化、技术化水平很高，武器装备远超日军；而且唐军每年都在作战，很多是老兵，非日军可比，战斗结果可想而知。连续四战，日军损失了四百多艘战船，遭到大败，日军将领秦田来津等战死，百济王子夫余丰脱身逃往高句丽。

白江口战役结束后，百济复国无望，周留城中人见大势已去，开城投降。日军为避免更大的损失，撤军回国，"相谓之曰：'州柔（即周留）降矣，事无奈何。百济之名绝于今日，丘墓之所，岂可复往？'"①

---

① 《日本书纪》卷 27《天命开别天皇》。

这是中日第一次大规模的战争，唐朝军队非常专业化，而且军器、作战理论、后勤保障等方面都是日军不能相比的，此后大约一千年中，日本没有再尝试将势力扩展到亚洲大陆上来。百济灭亡之后，百济王族禅广（善光）留日，其子孙在日本传承百济王统。这次战败也或多或少刺激了日本，对日本国内的改革以及跟中国更多的文化交流起到了促进作用，在此后两百年中日本不断有高僧学者来到大陆学习唐朝文化。

对唐朝而言，百济的灭亡是为了最终灭亡高句丽所做的准备。百济灭亡之后，从战略上说，高句丽已经陷入了南北两线作战的泥淖，而唐军不必再穿过辽东漫长泥泞的陆路，可以更加容易地发动进攻。

乾封元年（666），泉男生（原名"渊男生"，避唐高祖李渊讳而改）继为高句丽莫离支，高句丽统治阶级发生内乱，泉男生走保国内城（今吉林集安），其子泉献诚向唐求援。唐王朝乘机以李勣为辽东道行军大总管，率众出击高句丽，新罗的一支大军从南面配合进攻。侍御史贾言忠奉旨出使辽东，返回京城后高宗向他询问那里的军事情况，贾言忠说："高丽必平。"高宗问："卿何以知之？"贾言忠回答："隋炀帝东征而不克者，人心离怨故也；先帝东征而不克者，高丽未有衅（破绽）也。今高藏（高句丽国王）微弱，权臣擅命，盖苏文死，男建（渊盖苏文次子）兄弟内相攻夺，男生倾心内附，为我乡导，彼之情伪，靡不知之。以陛下明圣，国家富强，将士尽力，以乘高丽之乱，其势必克，不俟再举矣。且高丽连年饥馑，妖异屡降，人心危骇，其亡可翘足待也。"高宗又问："辽东诸将孰贤？"贾言忠回答："薛仁贵勇冠三军；庞同善虽不善斗，而持军严整；高侃勤俭自处，忠果有谋；契苾何力沉毅能断，虽颇忌前，而有统御之才；然夙夜小心，忘身忧国，皆莫及李勣也。"[①]高宗听后非常高兴。

---

① 《资治通鉴》卷201《唐纪十七》，第6354页。

李勣攻陷高句丽西边要塞新城，打开了通往平壤的大门。总章元年（668），左武卫将军薛仁贵进兵金山，与高句丽大战，击败高句丽主力军，斩首五万余级。然后薛仁贵率精兵三千奔袭扶余城（在今吉林省松原市一带），杀伤敌方万余人，攻下扶余城。九月，唐朝的一系列胜利达到顶点。经过长达一个多月的围城，李勣攻陷高句丽首都平壤，带着二十万俘虏（其中包括高句丽国王）返回中国，并把高句丽国王带到太宗墓前祭奠。唐朝在平壤设安东都护府，分高句丽五部为九都督府、四十二州。唐朝对高句丽的战争虽然取得了胜利，达到了战略目的，但是并没有具体的计划要把高句丽郡县化，让其变成唐朝的一部分。所以唐朝在朝鲜半岛的统治并没有持续太久，仪凤元年（676），就被迫把安东都护府撤到辽东（今辽宁辽阳）。此时武则天正忙于政治斗争，无暇理会朝鲜局势，放任新罗逐渐吞食百济和高句丽的旧地。

四、遗民、遣唐使和文化交流

高句丽和百济灭亡之后，其大量遗民进入大唐，大唐以海纳百川的精神容纳了这些遗民，并接纳他们中的精英在帝国的政治、军事、公共工程等领域担任重要的职务。唐朝文化的开放与包容，哪怕是对敌国的遗民也同样提供机会，只要足够努力、足够幸运，他们仍然能够跻身到统治阶级上层。出身高句丽、百济的唐朝名将就有泉献诚、高仙芝、黑齿常之等，其中高仙芝更是在玄宗时代领导了唐朝军队对中亚的远征，为捍卫大唐帝国的边疆做出了重要的贡献。高句丽遗民高足酉在武则天上台后扮演了重要角色，参与了修建天枢的工程；百济遗民沙叱忠义长期在唐朝军队担任重要职务，不但频繁参与了对外作战，而且也参与了太子李重俊发动的政变；在玄宗政变上台以及开元早期政局中地位显赫的王毛仲也是高句丽人。另一方面，遗民也给唐代文化增加了新的元素，给大唐气象增添了新的亮色。唐朝宰相杨再思以擅长高句丽舞著称，而李白更有赞美高句丽文化的诗歌。种族、文化的多样性，是大唐成为当时世界上最伟大的文明体的重要原因。开放性是中国文明能够持续这么多年屹立不倒，连绵不断生长的重要原因。一种文明不一定要强调它多有个性，最重要的是它要有开放性——可以吸纳优秀的成分并不断地重组。文明从来不是一成不变的，要有不断的革新和变化，只有对外开放兼对内改革，文明才有活力，才能持续下去。

高句丽、百济灭亡之后，新罗王金法敏逐渐统一了朝鲜半岛。新罗大体上跟唐朝保持良好的关系。新罗接受唐朝制度、文化极为广泛，其官制、都城建制都模仿唐朝，唐朝的文化典籍、佛教、唐诗也成为新罗文化的一部分，白居易的诗歌在新罗流传很广，新罗国学也以儒家经典作为考试的项目，因此新罗也号称君子之国。新罗贵族屡屡派遣子弟来唐朝留学，开成五年（840），仅一批回国的新罗留学生和其他人员就有一百零五人。有的新罗人在唐应科举，考试及第，其中如崔致远十二岁入唐，十八岁中进士，他的《桂苑笔耕集》直到现在还在中韩两国流传。唐朝时期中国的天文、历法和医书传入朝鲜半岛，朝鲜半岛的绘画、雕塑和音乐也受到中国的影响。现存韩国庆州石窟庵的石佛和菩萨像，与唐朝的石刻造像在风格上十分相近。汉晋之间，佛教来自西域，月氏、于阗、龟兹为其时重镇。此后，多有中国僧人冒万苦西行求法，得佛教之真传，中土也逐渐成为传法之中心。中国成为佛教的世界中心后，佛教东传之路并没有止步，又从中国传到了朝鲜半岛和日本。唐朝的高僧以佛教为载体把中国的文化传到东亚邻国，高句丽、日本遂常来中土求法，以唐代最为兴盛。其实早在南北朝时，就有新罗僧人来华求法，比如圆光先后经历南朝到隋朝，最后回到自己国家传法；隋代时有昙育等来到中土。虽然也有新罗僧人加入西行求法的队伍，比如义净记载的新罗僧人慧业、阿离耶跋摩、玄太、玄恪、慧轮等都曾在印度学习，但是朝鲜半岛的佛法主要仍传自中土：新罗僧人玄光曾跟随南岳慧思学习；玄奘的弟子中有众多新罗僧人，比如圆测、元晓、顺憬等；跟元晓一起来到长安的义湘曾跟随智俨学习，深得华严学的精髓；另有慈藏在贞观十二年（638）来到唐朝，贞观十七年（643）携《藏经》一部回国。到了唐代中后期，禅宗、密宗也逐渐传入朝鲜半岛。

九世纪中叶，朝鲜半岛居民在大唐沿海及内地经商。其商人所至，北起登州、莱州，南到江南，今山东、江苏海滨，并常常航行到日本。登州城有新罗馆，楚州、泗州有新罗坊，新罗坊就是新罗侨民聚居的地方。侨居中国的朝鲜半岛居民有的经营水运，有的务农力作，他们对中国东部沿海的经济、文化发展都有所贡献。现在中国仍然有非常多韩国留学生和韩国商人。唐朝后期，由于中国水手掌握了季候风的规律，中日之间的海上交通也日益发达。中国商船可以直航日本，新罗的船只也时时往来于中国、朝鲜半岛和日本之间。由于新罗与唐朝民间交往密切，甚至产生了像张保皋（790—846）这样纵横东海的人物。张保皋出生于新罗清海镇（今韩国全罗南道莞岛）的一个平民家庭，曾在唐朝徐州任"武宁军小将"，擅长战技。张保皋以兵力扫荡海盗，确保新罗的安全与制海权，打击贩卖新罗人口到大陆为奴的活动，使清海镇成为新罗的贸易要地，被封为"清海镇大使"。张保皋还在今天的山东荣成修建了赤山法华院。日本高僧圆仁随遣唐使藤原常嗣等一行西渡求法时，自 839 年起先后三次客居赤山法华院，得当地官吏、居民和法华院僧侣之助，西去五台山、长安等地求法巡礼。这些事迹均记录在圆仁所写《入唐求法巡礼行记》一书中。随着势力的增长，张保皋试图干预新罗朝政，结果在内斗中死去。晚唐诗人杜牧写有《张保皋传》，赞扬张保皋的功绩。

在中国佛法的传布途径中，最为重要的一环是日本，至今佛教在日本依然非常昌盛。日本佛教最早或由百济传入，佛法在日本初兴，由于对西来宗教的态度不同，朝臣贵族开始分裂，引发两党政争，以至于在 585 年敏达天皇下敕禁止佛教，两年后用明天皇解禁。推古天皇元年（593），圣德太子摄政，奖励佛法，调和日本本土宗教、儒家和佛教三派，日本佛教由此奠定。推古天皇十五年（607），圣德太子遣小野妹子等人入隋，之后日本敕遣僧人入华学佛运动正式展开。到了唐代，日本僧人来华求法达到顶峰。举凡庙宇建筑、僧伽组织等，均取法于唐人。如日本国分寺之设立，就是模仿隋文帝分舍利建塔；日本东大寺之大佛，也是取法唐白马阪大像；奈良时代（710—794）

的古京六宗，全是传自中土。齐明天皇时（655—662），日本僧人道昭入唐受教于玄奘，其后又有日本僧人智通、智达跟随玄奘、窥基学习；华严法藏的弟子中也有日本僧人审祥。

平安朝入唐求法之风极盛，日本僧人归国携去经典极多，为一特色。被称为"入唐八大家"的日本僧人，都带回了大量佛教典籍。比如最澄带回二百三十部四百六十卷，多系天台章疏；空海则带回二百十六部四百六十一卷，多系密宗典籍；其他如常晓、圆行、圆仁、惠运、圆珍、宗睿等也都带回大量佛教典籍。桓武天皇迁都平安京，与旧京贵族势力和佛教宗派拉开距离，同时也大力资助僧人往中土求取新的佛法。在这种背景下，最澄于贞元二十年（804）来到唐土，回去之后提倡天台圆顿之旨，批评南都六宗。最澄在日本佛教史上地位非常重要，号传教大师。与最澄并称的，是著名的日本僧人空

图 30　空海像。现藏日本东京国立博物馆。

海，他与最澄一起来到唐朝，但是学习的方向不同。空海在长安青龙寺跟随慧果学习，慧果授以金刚界、胎藏界两部大法，兼从天竺般若三藏（唐时密教僧人、翻译家）学习悉昙文。空海回国后大力宣扬密宗，被称为弘法大师，在高野山创金刚峰寺，至今都是日本真言宗最有名的道场。自空海和最澄入唐求法之后，日本佛教的局面发生了革命性的变化。空海更赋予了日本皇权新的意涵，在日本政治和思想上也扮演了重要的角色。

必须指出的是，佛法东传，一方面是因为日本积极的迎取，另一方面则是因为随着佛教在中国的衰落，佛教高僧有强烈的危机意识和末法精神，希望能够把佛光传播到新的土地上去。东渡传法的中国僧人中最有名的是鉴真（688—763），他曾前后七次东渡日本，跟随的僧人多达十余位，最终于天宝十三载（754）到达日本，那时他已双目失明，年近七旬了。日本人号之为东征和尚。日本有本书叫《唐大和尚东征记》，"山川异域，风月同天"就出自鉴真的故事。鉴真把戒律传到日本，同时还把佛寺建筑、佛像雕塑的艺术也介绍了过去。日本现存的唐招提寺及卢舍那佛，就是鉴真及其弟子在天平宝字三年（759）创建的。

除了佛教，日本的政治、思想、文化、建筑、历法等方面都受到了唐朝的影响和塑造。日本在相当长的时期内直接行用中国历法，如《元嘉历》《麟德历》《大衍历》和《宣明历》等。整个唐代，日本前后共派遣了十九次遣唐使，都挑选博通经史、娴习文艺和熟悉唐朝情况的人担任，玄宗开元二十年（732）多治比广成一行竟多达五百九十四人。遣唐使的随行人员中还有一些医师、阴阳师、乐师等，他们是为了进一步深造和求解疑难而被派来中国。遣唐使、留学生、学问僧带来彩帛、香药、珍宝等，带回乐器、书籍、经卷、佛像等。日本人非常善于学习，著名的"大化改新"就是在高向玄理等留学生的协助下进行的，所颁行的班田制、租庸调制简直就是受唐朝的直接影响，日本东京至今还有调布市。其后形成的从中央到地方的完整官制系统也大体依照唐制而成。武则天长安三年（703），日本朝臣真人（相当于唐朝户部尚书）粟田来唐，武则天宴于麟德殿。玄宗初年，粟田再次来唐，"尽市文籍，泛海而还"[1]。其副使朝臣仲满，"慕中国之风，因留不去，改姓名为朝衡，仕历左补阙、仪王友"[2]。朝衡又作晁衡，本名阿倍仲麻吕，居唐朝京师数十年，与诗人王维、李白交往颇深，王维、李白都有诗作赠别晁衡。日本人还利用草体汉字表示声音，创造了平假名；利用楷体汉字偏旁表示声音，创造了片假

图31 井真成墓志拓片。墓志现藏西北大学博物馆。井真成（699—734），日本人，奈良时期被派遣到唐朝学习，与阿倍仲麻吕（晁衡）是同学。其最后留在唐朝，直至去世。在这篇墓志中第一次出现了"日本"二字。

---

[1] 《旧唐书》卷199《日本传》，第5341页。

[2] 《旧唐书》卷199《日本传》，第5341页。

名；这种字母一直沿用到今天。日本正仓院现存的文具、衣饰、屏风、乐器等唐代文物，见证了唐代中国和日本的文化交流。在唐代，中国在日本的影响达到顶点；唐末时，中国已依靠这种影响力把日本牢固地纳入其文化圈内。

大量的中国典籍、文物保留在日本，随着这些典籍在中国本土的散佚，日本保留的这些文化遗产对研究中国具有的重要价值逐渐凸显。比如藏在日本的大量古代佛教写经，可以弥补很多对中国佛教的记忆；中国古代的阴阳五行术数类的书籍，在本土遭到禁毁，但是其文本和某些条目、思想元素在日本保存下来。这些文化遗产不但是理解日本古代文化的珍贵资料，同时也对理解整个东亚世界有学术意义。毕竟，在整个唐代，东亚世界实际上沐浴在同一个文明之中，虽然样式稍有不同，但是精神非常相类。

多说一点

《日本书纪》等史料对理解中国历史有帮助吗？

　　《日本书纪》是日本正史之始，本名《日本纪》，与《古事记》合称为"记纪"。全书 30 卷，为编年体，另有系谱一卷。在《日本书纪》之前，日本并无文本性的史书。《日本书纪》受中国传统文化影响非常深刻，用阴阳谶纬学说重构了日本的历史。《日本书纪·神武天皇本纪》记载，神武天皇于辛酉之年（前 660）即位。根据那珂通世（1851—1908）的研究，这是依照"辛酉革命、甲子革令"理论推算出来的。谶纬学说认为，每经过 21 个辛酉年，革命的力量会特别巨大，神武天皇元年实际上正是自推古天皇九年（601）往前推的第 21 个辛酉年（前 660）。郑玄所谓"天道不远，三五而反。六甲为一元，四六、二六交相乘。七元有三变，三七相乘。廿一元为一蔀，合千三百廿年"。601 年，圣德太子开始摄政，将最能象征革故鼎新的辛酉年定为了日本开国之期。《日本书纪》中对隋唐早期的东亚文化交流也多有记载。

第六章　被低估的高宗时代

在高宗的统治时期，唐朝全面进入上升期。对外，攻灭高句丽、百济，把日本排除在东亚大陆政治之外；经营中亚领地，树立唐朝的权威地位，保障丝路贸易的繁荣；大唐使臣王玄策甚至攻灭了中天竺。内部，经济繁荣，政治局势稳定。但是夹在唐太宗和武则天两个光彩夺目的人物之间，高宗的贡献和作为往往被遮蔽了。

一、李勣：从草莽英雄到太子之师

李勣（594—669）作为与李靖齐名的唐前期名将，其政治性比李靖要强很多。尤其是到了晚年，他作为晋王李治的王府长史，长期辅佐李治，被深深卷入太宗后期与高宗前期的政治斗争中。

李勣比李世民大四岁，曹州离狐（今山东东明）人，隋末徙居滑州之卫南（今属河南滑县），属于典型的山东豪杰。他本名徐世勣，字茂公。在小说里他被称为徐茂公，形象有点像诸葛亮或刘伯温——摇羽毛扇那一类的军师型人物，但在真实的历史中他是一方统帅。李勣和李靖的出身完全不同。李靖是将门子弟，小时候往来的是杨素、牛弘这样的高官权贵；而李勣出身低微，但是有钱，属于富而不贵。据史载，李勣小时候"家多僮仆，积粟数千钟，与其父盖皆好惠施，拯济贫乏，不问亲疏"①，这种侠义之心可以说贯穿其一生。他这样自评："我年十二三时为亡赖贼，逢人则杀。十四五为难当贼，有所不惬则杀人。十七八为佳贼，临陈乃杀之。二十为大将，用兵以救人死。"②"二十为大将"并不算夸张，李世民二十岁时已经统帅一方军马了。《旧唐书》史臣比较李勣和李靖两人时也说："近代称为名将者，英、卫二公，诚烟阁之最。英公振彭、黥之迹，自拔草莽，常

---

① 《旧唐书》卷 67《李勣传》，第 2483 页。

② 《资治通鉴》卷 201《唐纪十七》，第 6361 页。

能以义藩身，与物无忤，遂得功名始终。……卫公将家子，绰有渭阳之风。临戎出师，凛然威断。位重能避，功成益谦。铭之鼎钟，何惭耿、邓。美哉！"①还是强调了李勣慷慨好施的个性。

隋末内战中，李勣是瓦岗寨的重要将领，最初跟随翟让击败齐郡通守张须陀，后与王伯当推举李密为主。李密以奇计败王世充于洛水之上，又攻克黎阳，开仓赈济灾民，由此壮大。李密和翟让内讧时误伤了李勣，此后一直心不自安，留下了心结。后来李密被王世充击败，而李勣军力仍在，固守黎阳。于是就有人劝说李密前往黎阳，但是李密心存疑虑，最后选择投降李唐。此时李密原来的地盘——东至于海，南至于江，西至汝州，北至魏郡——都被李勣掌控了。后来李勣也投靠了李唐，他把百姓的户籍都整理成册，派人送到长安交给李密，让李密自己献给李唐。此举让李渊等人非常赏识，诏授李勣为黎阳总管、上柱国、莱国公，不久又封他为右武候大将军，改封曹国公，赐姓李氏。李密死后，李勣上表唐高祖请求收葬李密，"勣服衰绖，与旧僚吏将士葬密于黎山之南，坟高七仞，释服而散，朝野义之"②。

李勣后辅佐李世民讨伐王世充、窦建德，论功行赏，太宗为上将，李勣为下将，与太宗俱服金甲，乘戎辂，告捷于太庙，完成凯旋仪式。李勣又从太宗破刘黑闼、徐圆朗，累迁左监门大将军。武德九年（626），李世民发动玄武门政变，李勣保持中立。太宗即位后，拜李勣并州都督。此后李勣离开首都长安，长期在并州经营，开始跟晋王李治关系密切。当时高宗为晋王，遥领并州大都督，授李勣光禄大夫，行并州大都督府长史。李勣在并州一共工作了十六年，令行禁止，号为称职。贞观十五年（641），李勣被任命为兵部尚书，还没来

---

① 《旧唐书》卷67"史臣曰"，第2493页。

② 《旧唐书》卷67《李勣传》，第2484页。

得及到京城上任就去了战场，大破薛延陀。当时李勣突发重病，药方说要须灰，太宗就自己剪了胡须给李勣和药。李勣非常感动，顿首见血，泣以恳谢，唐太宗说："吾为社稷计耳，不烦深谢。"[①] 李勣最重要的身份是晋王李治的长史，在李治当上太子之后更担任了太子詹事兼左卫率的职务，是李治的头号家臣。太宗曾对他说："我儿新登储贰，卿旧长史，今以宫事相委，故有此授。"[②] "朕将属以幼孤，思之无越卿者。公往不遗于李密，今岂负于朕哉！"[③]

贞观十八年（644），在李勣的支持下，唐太宗亲征高句丽，李勣担任辽东道行军大总管。贞观二十二年（648），李勣担任太常卿、同中书门下三品。旬日，复除太子詹事。二十三年（649），唐太宗病危，跟李治说："汝于李勣无恩，我今将责出之。我死后，汝当授以仆射，即荷汝恩，必致其死力。"[④] 就把李勣贬为叠州（治今甘肃迭部县）都督。高宗即位，当月就将李勣召回，并封他为洛州刺史，很快又加封开府仪同三司，令同中书门下参掌机密，没过多久又任命李勣为尚书左仆射。永徽元年（650），李勣抗表求解仆射，仍令以开府仪同三司依旧知政事。四年（653），册拜司空。

李勣也是两次入选凌烟阁的功臣。贞观十七年（643），太宗已经做过一次；高宗上台，又命人画像，并且亲自撰写赞辞。高宗对李勣是超规格礼遇。显庆三年（658），李勣跟随唐高宗去洛阳，在路上得了病，高宗亲自到病床边去探访。麟德初年，唐高宗决定东封泰山，尽管李勣年纪很大了，还是由他来当封禅大使主持大事。李勣的老家在滑州，他的姐姐早寡，住在他家旧宅，皇后武则天亲自登门拜访他

① 《旧唐书》卷 67《李勣传》，第 2486 页。

② 《旧唐书》卷 67《李勣传》，第 2486 页。

③ 《旧唐书》卷 67《李勣传》，第 2486 页。

④ 《旧唐书》卷 67《李勣传》，第 2487 页。

图32 三梁进德冠。李勣墓出土,现藏昭陵博物馆。此帽为御赐之物。李勣临终时说:"惟加朝服一付,死倘有知,望着此服以见先帝。"进德冠分为三梁、两梁、一梁,三品以上的官员才能用三梁。此三梁进德冠用鎏金铜叶和皮革制成,顶部有三道鎏金铜梁。

的姐姐,送她衣服,封她为东平郡君。还有一次,李勣坠马伤了脚,唐高宗特别紧张,把自己的御马赐给了李勣。

李勣在暮年以高龄征讨高句丽,几个月内攻克平壤城,俘虏了高句丽王高藏和贵族泉男建、泉男产,把高句丽的多座城并为州县,整军凯旋,达到了人生第二个高峰。

李勣与军中文士关系密切,留下很多趣谈。比如担任他辽东道总管记室的元万顷。将军郭待封率水军奔袭平壤,李勣让冯师本运送粮草。但是冯师本因为船坏了,没能如期抵达。郭待封军中饥窘,想写信给李勣求援,又怕信落到高句丽手里,让敌军知其虚实,就作了一首离合诗送给李勣。李勣一看,大怒,说:"军事方急,何以诗为?必斩之!"① 元万顷为李勣解释了诗的含义,李勣派人重新送粮食给郭

① 《资治通鉴》卷 201《唐纪十七》,第 6353 页。

待封。这其实就是早期的密码了。元万顷作《檄高丽文》，文中有一句"不知守鸭绿之险"，说高句丽真是蠢，不知守鸭绿江之险。泉男建报曰："谨闻命矣！"①立马移兵死守鸭绿津，结果唐军渡江就遭遇了困难。因为泄露军事机密，高宗把元万顷流放到了岭南。元万顷后来有机会重返朝廷，是武则天北门学士的重要成员，武则天临朝，担任凤阁侍郎，因为跟李勣的孙子徐敬业关系好，后来徐敬业起兵反武则天，元万顷遂被流放岭南而死。

郭正一曾担任李勣征辽管记，李勣凯旋回国后曾说："此段行，我录郭正一可笑事，虽满十卷，犹未能尽。"②尽管如此，跟随李勣的这段经历，对郭正一的仕途很有帮助。后来郭正一迁中书侍郎、同中书门下平章事，封颍川县男。而且他执政时间很长，明习故事，文辞诏敕，多出其手，可以说是高宗时期的重要宰相。武则天上台后被杀。郭正一最"可笑"的事情，被同时代人张鷟记载在《朝野佥载》里：

中书舍人郭正一破平壤，得一高丽婢，名玉素，极姝艳，令专知财物库。正一夜须浆水粥，非玉素煮之不可。玉素乃毒之而进，正一急曰："此婢药我！"索土浆、甘草服解之，良久乃止。觅婢不得，并失金银器物十余事。录奏，敕令长安、万年捉，不良（唐代官府征用有前科的人担任负责缉捕的小吏）脊烂求贼（此句指不良慑于完不成搜捕任务会遭到杖脊之刑，因此苦苦追寻案犯），鼎沸三日不获。不良主帅魏昶有策略，取舍人家奴，选年少端正者三人，布衫笼头至卫。缚卫士四人，问十日内已来，何人觅舍人家。卫

① 《旧唐书》卷190《元万顷传》，第5011页。

② （唐）刘𫗧撰，程毅中点校：《隋唐嘉话》，第60页。

士云："有投化高丽留书，遣付舍人捉马奴，书见在。"检云"金城坊中有一空宅"，更无语。不良往金城坊空宅，并搜之。至一宅，封锁正密，打锁破开之，婢及高丽并在其中。拷问，乃是投化高丽共捉马奴藏之，奉敕斩于东市。[①]

这个故事在张鷟看来很好笑，但如果从高句丽人的角度看，或许就是一个爱国或爱情故事。

李勣从平壤回国当年就病重去世，享年七十六岁，为唐高宗耗尽最后一丝力气，鞠躬尽瘁，死而后已。此时，高宗已从十几岁的少年成长为青年君主——在某种意义上，高宗是李勣看着长大的。李勣死后哀荣备至。高宗为之举哀，辍朝七日，赠太尉、扬州大都督，谥曰贞武，给东园秘器，陪葬昭陵。下葬的那一天，高宗亲自来到未央古城，在城楼上为他设祭，远远地看到送葬的队伍和运送遗体的柳车，失声痛哭。皇太子亲自跟着送葬队伍到目的地去，文武百官也都送到固城西北。李勣的坟仿照汉朝卫青、霍去病的规格，被做成了阴山、铁山、乌德鞬山的形状，来表彰他击破突厥、薛延陀、高句丽之功。

李勣神道碑是现存唯一一座皇帝御制御书的石碑。此碑碑头篆刻"大唐故司空上柱国赠太尉英贞武公碑"，全碑32行，3 200多字，书法行云流水、一气呵成。就碑的规模来说，此碑高665厘米，下宽180厘米，厚54厘米。与尉迟敬德碑比较一下，就知道李勣的待遇如何——尉迟敬德碑高445厘米，下宽150厘米，厚53厘米。要知道，在凌烟阁功臣排序中尉迟敬德可是排在李勣前面的，但是尉迟敬德碑比李勣碑低了两米多，高度只有前者的三分之二。

李勣慷慨大方，为人豪气，朋友众多。他把战胜后所得的金帛全都给了将士。魏徵、高季辅、杜正伦、郭孝恪等都喜欢去他家玩，在

---

① （唐）张鷟撰，赵守俨点校：《朝野佥载》卷5，第108页。

卧室里跟他畅谈，大家说闲话可以谈到疲倦。唐代人很看重面相，李勣选将首先选面相丰厚的，有人问他缘故，他说："薄命之人，不足与成功名。"[①] 他推荐过很多人，包括戴胄，其中多人都做到了宰相，因此当时人都认为李勣有知人之鉴。平王世充的时候，曾经一起在瓦岗寨的故友单雄信被依例处死，李勣百般求情不成，在临刑的最后一刻，李勣对着单雄信大哭，在自己大腿上割了一块肉，让单雄信吃，说："生死永诀，此肉同归于土矣。"[②] 临死前他不愿意看医生，说："我山东一田夫耳，攀附明主，滥居富贵，位极三台，年将八十，岂非命乎？修短必是有期，宁容浪就医人求活！"在回光返照的时候说："我似得小差，可置酒以申宴乐。"[③] 于是堂上奏女妓，檐下列子孙。等到他死后，闻者莫不凄怆。

李勣活得比他儿子还久，他的孙子徐敬业接续家族事业。当武则天想篡夺李唐皇位的时候，徐敬业举兵叛乱，以失败告终。某种意义上说，李勣家族也算是对李唐尽忠职守了。

---

① 《新唐书》卷 93《李勣传》，第 3821 页。

② 《旧唐书》卷 67《李勣传》，第 2489 页。

③ 《旧唐书》卷 67《李勣传》，第 2489 页。

二、长孙无忌倒台和高宗亲政

高宗前期的两场政治风波都与权臣长孙无忌有关。太宗去世后，长孙无忌作为顾命大臣，和褚遂良共同辅佐高宗。在高宗统治前期，太宗朝的文臣武将都纷纷凋零，但长孙无忌依旧健硕，他的资历在当时已无人能比，可谓权倾朝野。在中国古代的政治权力结构下，权臣是很难当的，在古代的政治哲学中，要想保全自己，往往需要温和持中的态度。当权力达到顶峰时，权臣要么取代皇帝建立新的王朝，比如杨坚代北周而建隋；要么在政治斗争中落败，被重新夺回权力的君主赶出政治中心。后者的结局非常惨，常常是身死家灭，比如长孙无忌从权倾朝野到被流放不过十年时间，真可谓诸法无常。

高宗在历史上的形象一向以软弱著称，只不过是一种假象。高宗即位时不过二十岁出头，却能在短短几年之后就扳倒了权臣长孙无忌；在他比太宗还长十年的统治期间，唐朝对外战争更加顺利，灭掉了唐太宗没能攻灭的高句丽；对内统治平稳，从高宗上台到去世的三十多年间，史书记载很简单，甚至有的年份没有什么内容——这不是帝王的平庸，而是普通人民之福。大家往往认为高宗是被武则天蒙蔽，才导致长孙无忌这样的忠臣被赶出朝廷甚至最后死于非命。但在这件事背后，高宗真的像小白兔一样无辜吗？事实并非如此，高宗才是长孙无忌倒台的主导者。

李治生于贞观二年（628），五年（631）被封为晋王，七年（633）

遥授并州大都督。贞观十七年（643），皇太子李承乾被废，魏王李泰亦以罪黜，太宗与长孙无忌、房玄龄、李勣等计议，立晋王为皇太子。贞观二十三年（649），太宗崩，李治即皇帝位，时年二十二。当时朝廷大权都在顾命大臣长孙无忌和褚遂良手中，而褚遂良依附于长孙无忌，可谓亦步亦趋。此时高宗最重要的旧部、唐朝名将李勣已被赶出京城，到叠州（今甘肃迭部县）去做都督。

从高宗上台后紧凑地发布的人事任命也可以看出他在努力保持权力的制衡。六月辛巳日，高宗任命叠州都督、英国公李勣为特进、检校洛州刺史，于洛阳宫留守；两天后，又诏令司徒、扬州都督、赵国公长孙无忌为太尉兼检校中书令，知尚书门下二省事；过了几天，又任命特进、英国公李勣为开府仪同三司、同中书门下三品。这样，李勣在半个月内从叠州都督跃升权力中枢，在此时的唐朝的中枢决策部门内，论资历，只有李勣可以跟长孙无忌相提并论。

以往的研究通常把长孙无忌等人视为"关陇集团"的代表，而与之对立的李勣则被描述为"山东豪杰"；实际上，李勣最重要的身份是李治的头号家臣。除了李勣，反对长孙无忌的李义府也是李治的晋王府和东宫旧部。

图 33　唐彩绘持锄男俑。现藏美国大都会博物馆。

李义府在李治为晋王时就侍奉其左右，在李治当太子之后，立刻被擢升为太子舍人加崇贤馆直学士。与其说他们反对长孙无忌，不如说他们在支持自己的府主李治①。

李治的晋王府和东宫旧部还包括许敬宗。许敬宗是杭州新城（今杭州富阳）人，父亲是隋朝礼部侍郎许善心。许敬宗幼善属文，举秀才。江都之难时，他的父亲被宇文化及所害，许敬宗辗转流亡，后来投靠了李密，李密让他当元帅府记室，与魏徵同为管记。因为很有才华，太宗也知道了他这号人物，召他到秦王府任学士。贞观八年（634），许敬宗担任著作郎，兼修国史，不久就升为中书舍人。贞观十年（636），文德皇后去世，百官缞绖。在这种庄严的场合，许敬宗因见率更令欧阳询状貌丑异而哈哈大笑，被御史弹劾，贬为洪州都督府司马，一直等到高宗成为皇太子，才被召回任太子右庶子。贞观十九年（645），太宗亲伐高句丽，皇太子在定州监国，由许敬宗与高士廉辅佐太子，共知机要。太宗大破高句丽于驻跸山，许敬宗立于马前受旨草诏书，词采甚丽，太宗大为赞赏。后来许敬宗和李义府都做了宰相。

高宗即位之初，位置并不稳固，而且天公不作美，连续发生了地震。贞观二十三年（649）八月，在今天山西地区发生剧烈地震，"河东地震，晋州尤甚，坏庐舍，压死者五千余人"②。有地震专家对这次地震做了细致的分析，认为当时的地震烈度可达 9 度，震级可达 7 级。主震发生之后，当地还发生了若干次余震，余震持续两年多，而最后一次可能属于晚期强余震。当时的震中是在今天的临汾。这场地震发生在太宗去世、高宗即位的同一年，地点又在李治作皇子时的本封之地晋州，这在当时是非常严重的事情，预示着对天子权威的挑

---

① 孟宪实：《论李勣与废王立武》，《中华文史论丛》2019 年第 1 期，第 269—292 页。

② 《旧唐书》卷 4《高宗本纪》，第 67 页。

战，给高宗造成了很大困扰和尴尬。

> 高宗顾谓侍臣曰："朕政教不明，使晋州之地，屡有震动。"侍中张行成曰："天，阳也；地，阴也。阳，君象；阴，臣象。君宜转动，臣宜安静。今晋州地震，弥旬不休，臣将恐女谒用事，大臣阴谋。且晋州，陛下本封，今地屡震，尤彰其应。伏愿深思远虑，以杜其萌。"①

张行成认为，地震发生在晋州，正是上天对高宗的告诫，并且引用中古时代流行的地震为阴胜阳、下谋上的征兆这一观点，提醒高宗预防"女谒用事，大臣阴谋"。

永徽四年（653），长孙无忌利用房遗爱谋反案清除了原先的魏王党，也巩固了自己权臣的地位。宗室里面包括唐太宗第三子、深有威望的吴王李恪，有资历的荆王李元景以及三位驸马均被赐死；名将中薛万彻等伏诛，江夏王李道宗、执失思力等被流放，当时有分量的贵戚武将几乎都被清洗。吴王李恪的家族在武则天上台后坚定地站在武则天一边，他的儿子成王李千里是少数没有被武则天诛杀的皇室子弟。这是高宗登基后第一次政治风波。

这时的高宗在其亲舅长孙无忌等人的裹挟下，根本无法发挥作为君主的权威，几乎所有的大事都要经过这些顾命大臣的同意，甚至包括立谁为太子。永徽三年（652），长孙无忌等人"固请"立李忠为皇太子，这是高宗不能忍受的。

武则天的崛起，正好为这两大政治势力决战提供了一个契机。高宗想封自己喜欢而又有才干的武则天为皇后，但是这类大事没有长孙无忌的同意无法做成。为了讨好长孙无忌，高宗甚至携武则天亲自登

---

① 《旧唐书》卷37《五行志》，第1347页。

门拜访，寻求支持，但是遭到了拒绝。武则天的母亲、出自隋杨宗室的杨氏登门拜访也没能打动同为西北军事贵族的长孙无忌。礼部尚书许敬宗又屡次去劝请，长孙无忌很不给面子，甚至大声呵斥他。

永徽六年（655）九月，尚书右仆射、河南郡公褚遂良进谏，反对高宗立武昭仪为后，这次争执更加激化了高宗和顾命大臣长孙无忌、褚遂良、韩瑗等人之间的矛盾。在这种情况下，深具威望的李勣对高宗说："此陛下家事，何必更问外人！"[1]许敬宗在朝堂对大臣们讲："田舍翁积得十斛麦，尚欲换却旧老妇。况天子富有四海，立一皇后，有何不可？关诸人何事，妄生异议。"[2]在李勣等旧部支持下，李治强硬地立武则天为皇后，并且将褚遂良贬逐，十月便废王皇后为庶人，立武则天为皇后。十一月，高宗又追赠武则天的父亲、故工部尚书、应国公、赠并州都督武士彠为司空；十二月，遣礼部尚书、高阳县男许敬宗每日待诏于武德殿西门。随着永徽六年武则天被立为皇后，高宗的突围出现了豁口，历史的走向发生了巨大的转折。

更立皇后风波平息后，武则天的儿子李弘被立为皇太子，李治的旧部李义府等人被任命为宰相，而长孙无忌等权臣开始被排斥出统治集团。很多人会以为李义府和许敬宗是奸臣，其实在这种情形下，高宗能够依赖的只有自己做晋王和太子时的旧僚佐们。对高宗来说他们才是忠臣，是最值得信任的人。

显庆四年（659），许敬宗已经跻身宰相队伍，就找了个理由控告长孙无忌，称有个叫李巢的监察御史好像要跟长孙无忌谋反。高宗让许敬宗去审理这件案子。许敬宗说长孙无忌谋反证据确凿，这时高宗说了一番话："我家不幸，亲戚中频有恶事。高阳公主与朕同气，往年遂与房遗爱谋反，今阿舅复作恶心。近亲如此，使我惭见

① 《资治通鉴》卷 199《唐纪十五》，第 6291 页。

② 《唐会要》卷 3，第 24 页。

万姓。"①随后夺去了长孙无忌的官爵，将他流放到黔州。长孙无忌的儿子秘书监、驸马都尉长孙冲等一道除名，流放到岭外。同年秋七月，普州刺史李义府被任命为吏部尚书，同中书门下三品。许敬宗与李义府联手，派遣大理正袁公瑜去黔州重新审理长孙无忌的谋反案，结果袁公瑜逼迫长孙无忌自缢而死，还抄了他的家。长孙无忌既有大功，而死非其罪，天下哀之。很多年后，上元元年（674），优诏追复长孙无忌官爵，特令长孙无忌之孙长孙延主齐献公之祀。

我们看到，在支持高宗、扳倒长孙无忌的过程中，都是高宗的旧部在扮演重要角色。高宗和自己旧部的关系是比较融洽的，比如薛元超（623—685）。在薛元超小时候，唐太宗就特别喜欢他，因此他从小就跟李治关系很好。薛元超二十一岁就担任李治的太子通事舍人。高宗即位后，二十六岁的薛元超担任中书舍人、弘文馆学士兼修国史，与上官仪同入阁供奉，后来做到了宰相。在他的墓志中记述了高宗跟他的一段聊天。高宗回顾人间盛衰之事，不觉凄然，对他说："我在东宫做太子的时候胡子还没长出来，你就开始辅佐我了，你那时候也没现在的长胡子。转眼三十多年过去了，原来的那些良臣名将并作灰土，现在只剩下了你跟我了。"②那些高宗心目中的良臣名将，至少应该包括李勣吧，也应该包括许敬宗。

<hr>

① 《旧唐书》卷 65《长孙无忌传》，第 2455 页。

② 原文为"昔我在春宫，髭犹未出，卿初事我，须亦未长，倏忽光阴卅余载。昔日良臣名将，并成灰土，惟我与卿白首相见"。吴钢主编：《全唐文补遗》（第一辑），《薛元超墓志》，西安：三秦出版社，1994 年，第 71 页。

三、武则天与高宗的恋情及登上政治舞台

从一个在波谲云诡的宫廷中幸存下来的小女孩，到二十多岁得到高宗的爱情而跻身政治舞台，武则天的人生经历是千百年来大家津津乐道的话题。以前有一种观点，认为武则天代表了庶族地主的利益对关陇贵族的垄断地位的挑战。但实际上，武则天不仅认同关陇贵族，还对自己出身关陇非常自豪。她并非出身普通家庭，她的家庭环境从开始就奠定了她将来跻身政治舞台的基础。她走过的路，读过的书，爱过的人，都最终反映在她后来长达五十多年的政治生涯中。

武则天是并州文水人，武家属于山西地方的望族。父亲叫武士彟，做过木材商人，隋末在隋朝军队担任鹰扬府队正这样的低级军官。唐高祖李渊跟他有些交情，在太原起兵前多次到访武士彟家，"行军于汾、晋，每休止其家"[③]。武士彟跟随李渊于太原起兵，属于太原元从功臣，为唐朝建立立下功勋。唐朝建立以后，他先后担任过工部尚书、荆州都督、利州（今四川广元）都督等重要职务，后被封为应国公。因为武士彟曾在利州做都督，所以一直有观点认为武则天出生于四川广元。武士彟"才器详敏，少有大节，及长，深沉多大略，每读书，见扶主立忠之事，未尝不三复研寻，尝以慷

---

③ 《旧唐书》卷 58《武士彟传》，第 2316 页。

慨扬名为志"①。武则天的文采很好，可能就是受武士彟好读书的影响。

武士彟在妻子去世后，经高祖李渊牵线，续娶了杨家的女儿——这个女儿出嫁时已经四十岁出头了——就是武则天的母亲。杨氏出自隋杨皇室的支脉，为隋朝大臣杨达的女儿②。杨氏活到九十二岁才去世（这一基因可能延续到了武则天身上，她活到八十二岁，如果不是被政变影响了健康，可能活得更久）。武则天当上皇帝建立武周政权后，为其母亲立碑，有《大周无上孝明高皇后碑铭（并序）》（又称《望风台碑记》）传世。在碑文中，杨氏是一个博学、聪明有大志的女性形象："明诗习礼""阅史披图""学标天纵"，很有见识和格调。

> 尝题一简，密记贞心。置以缄縢，藏之屋壁，云"当使恶无闻于九族，善有布于四方"，指此立身，期之必遂。后因修宅，匠者得之，恭王见而叹曰："此隆家之女矣。"③

称赞她的恭王就是武则天的外公杨达。杨达在隋朝担任过工部尚书、吏部尚书等重要职务。隋炀帝营建东都洛阳，杨达是重要的主持者。垂拱二年（686），武则天追封他为郑恭王。杨达和哥哥杨雄都是隋文帝的族子。隋文帝建立隋朝后，封杨雄为广平王、右卫大将军。隋炀帝进封他为观王，担任雍州牧、司徒等职务。杨雄和杨达都参与了隋炀帝对高句丽的远征，而且都在大业八年（611）病死于途

---

① 《册府元龟》卷 772《总录部·志节》，北京：中华书局影宋本，1988 年，第 2790 页。

② 孟宪实：《武则天研究》第一章《武则天的出生地与故乡》，成都：四川人民出版社，2019 年，第 15—36 页；[美] 罗汉（N. Henry Rothschild）著，冯立君、葛玉梅译：《武曌：中国唯一的女皇帝》，北京：社会科学文献出版社，2018 年。

③ （清）董诰等编：《全唐文》卷 239《大周无上孝明高皇后碑铭》，北京，中华书局，1983 年，第 2419 页。

中。杨雄的长子杨恭仁是武则天母亲的堂兄，也是唐初重要的宰执大臣，唐高祖时期担任过吏部尚书、左卫大将军，封观国公；李世民上台后，拜雍州牧，加左光禄大夫，行扬州大府都督长史。贞观五年（631），杨恭仁升为洛州都督，此后一直担任此官职直到贞观十三年（639）去世。

由此可见，武则天出身并不普通，亲戚中有亲王、有宰相，甚至和隋杨皇室、李唐皇室血脉相连。她对洛阳有感情，也是其来有自：她的外公杨达就是当年主持营建东都洛阳的人，堂舅杨恭仁在贞观年间担任洛阳最高军政长官八年。

贞观十年（636），唐太宗李世民的长孙皇后去世，因此有一次增补后宫妃嫔的机会。有资格入宫的，一定是贵族家的女儿，而且要符合唐太宗的要求。按照当时的说法，要有"才貌"——有才，还要长得漂亮。这次增补的不止一位，至少从史料中，我们知道有两位：一位是徐惠，湖州人，非常有才华，她的外甥徐坚是后来有名的文人；另外一位就是武则天，唐太宗给她取名"武媚"。如果对比一下徐惠和武媚的话，就会发现武媚在太宗后宫发展得很不成功。入宫时，徐惠十一岁，武媚十三岁，两人年龄相仿，但武则天一直到唐太宗去世，还只是一个五品的才人，而徐惠已经晋升为贤妃，是正一品。

可以说，唐太宗明显更喜欢徐妃，而武则天则需要太宗的"欣赏"，她晚年跟大臣吹嘘时讲了一个故事："太宗有名马狮子骢，肥逸无能调驭者。朕为宫女侍侧，言于太宗曰：'妾能制之，然需三物：一铁鞭，二铁楇，三匕首。铁鞭击之不服，则以楇挝其首，又不服，则以匕首刺其喉。'太宗壮朕之志。"任何人都不可能让每个人都喜欢，武则天虽然没能收获太宗的青眼，但幸运地得到了高宗的爱慕。

武则天比高宗李治大四岁。长孙皇后死的时候，李治才八九岁，就住在宫中，很有可能在那时就已经碰到过十来岁的武则天。贞观

图34 唐鎏金花卉鸂鶒纹银耳杯。西安何家村唐代窖藏出土,现藏陕西历史博物馆。
(松松發文物资料君 摄)

二十年(646)以后,高宗就住在太宗隔壁的东宫,很多传统史料都暗示,他们在当时就有了男女关系——"时上在东宫,因入侍,悦之"①。唐高宗对武则天的感情并不是一天产生的,也可能有一部分恋母情结。

贞观二十三年(649),唐太宗去世。按照惯例,无子的妃嫔出家为尼,住在感业寺。在唐代,短暂的出家不足为奇,很多公主都有出过家的经历。其间武则天非常想念李治,写下了《如意娘》:"看朱成碧思纷纷,憔悴支离为忆君。不信比来长下泪,开箱验取石榴裙。"②这首诗写得奇绝而且感情真挚。大意是:我想你想得快色盲了,红的都看成绿的了。你若不信,看看我石榴裙的泪痕。李白有一首《长相思》:"忆君迢迢隔青天,昔日横波目,今作流泪泉。不信妾肠断,归来看取明镜前。"③相比之下,李白这首诗的韵味都显得略逊一筹。

① 《唐会要》卷3,第23页。

② 《全唐诗》卷5《如意娘》,第58—59页。

③ (唐)李白著,(清)王琦注:《李太白全集》,北京:中华书局,1977年,第359页。

永徽元年（650）五月，李治在感业寺再次遇见了武则天，"武氏泣"，"上亦潸然"[1]。这时候李治的皇后王氏正跟萧良娣争宠，很多史料暗示，是王皇后把武则天召回宫中，希望武则天能够分一部分萧良娣的恩宠。不过她低估了武则天的实力，也低估了二十七岁的武则天对李治的影响力。很快，形势就变为王皇后和萧良娣合起来对付武则天了，"良娣、王皇后协心谋之，递相谮毁"[2]。至于武则天什么时候回的宫，众说纷纭，比如司马光认为是654年。事实明确的是，武则天的第一个儿子李弘出生于652年。武则天和李治的复合，很可能早在651年就发生了。

最后武则天击败了王皇后和萧良娣，在永徽六年（655）成为皇后。之前高宗就已立她为宸妃——这是一个特别为武则天创立的头衔。毫无疑问，武则天是一个"素多智计，兼涉文史"[3]、"诡变不穷"[4]的人，心狠手辣、残忍且手段灵活，这些特质从她再次进入宫廷后就展示了出来。王皇后及其母亲对宫人非常傲慢，但是武则天对这些人"必款结之"[5]。甚至有的史书暗示，武则天杀死了自己刚出生的女儿，嫁祸给王皇后。但这些记载充满猜测，没法坐实。等到武则天做了皇后以后，更加残忍地对待王皇后和萧良娣，甚至截去她们的手足，投于酒瓮中，曰："令此二妪骨醉！"[6]两人数日而死。据说萧良娣曾诅咒："愿阿武为老鼠，吾作猫儿，生生扼其喉！"[7]所以官方

---

① 《唐会要》卷3，第23页。

② 《唐会要》卷3，第24页。

③ 《旧唐书》卷6《则天皇后本纪》，第115页。

④ 《新唐书》卷76《后妃上》，第3474页。

⑤ 《新唐书》卷76《后妃上》，第3474页。

⑥ 《旧唐书》卷51《后妃上》，第2170页。

⑦ 《旧唐书》卷51《后妃上》，第2170页。

史书记载武则天下诏六宫不许养猫。

武则天的心狠让她在皇权体制里如鱼得水，但最为重要的是，她得到了李治一如既往的信任甚至纵容。她的权力来自李治，她也是李治一生中最信任的人。李治做了三十多年皇帝，始终没有转移过对武则天的信任，也没有别的女人能够挑战武则天的地位。高宗去世后，武则天写了一篇感情真挚的悼念文字，长达五千多字，而且明确表示自己死后要跟李治合葬。其实如果武则天只活五六十岁，就没有后面篡夺李唐建立周朝的事情了。问题是她活了八十多岁，一步步走上了皇位。武则天先后为父子两代帝王之嫔妃一事历来为大家津津乐道，这可能是因为受到游牧民族的影响，唐朝的风气比较开放。朱熹就说，"唐源流出于夷狄，故闺门失礼之事不以为异"[1]。

---

[1] （宋）黎靖德编，王星贤点校：《朱子语类》卷136《历代三》，北京：中华书局，1986年，第3245页。

四、王玄策出使天竺及中印关系的嬗变

唐朝和印度的关系，在高宗时期发生了非常大的转变。这段历史对于我们理解唐朝的政治、对外关系、思想信仰都非常重要。

在东汉后期，发生了一件大事——佛教传入中国。此后，佛教对中国的文化、思想及信仰世界造成了很大冲击，对中国人的生死观、节日，甚至日常生活都产生了难以估计的影响。中国本来的宇宙观在佛教传入后受到巨大的挑战。中国人此前一直认为自己处于世界的中心，而印度传来的新知识则认为印度处于中心而中国是边鄙之地。在佛教的宇宙观中，总共有四大部洲，人类住在南瞻部洲（《西游记》中的孙悟空住在东胜神洲），而南瞻部洲的中心在中印度。中国在南瞻部洲的东北方，叫摩诃支那国。到了近代，因为日本人不愿意称中国为"中国"，便用"支那"代替，这个词就变成贬义了。在最初佛教传入中国的时候，"支那"这个词并没有那么明显的贬义。

五印度中的"Madhyadesa"被译为"中国"，许多早期佛教文献所谓的"中国"并非中华之中国，而是 Madhyadesa。后代之学者不了解其中的思想背景，就会犯下令人啼笑皆非的错误。比如清代四库馆臣对东晋《法显传》有关"中国"的记载进行了激烈的批评，认为"其书以天竺为中国，以中国为边地，盖释氏自尊其教，其诞谬

不足与争"①。但自魏晋南北朝到唐代，认为印度是世界的中心，而中国处在边地的这种观念非常流行。三国吴月氏优婆塞支谦译《佛说太子瑞应本起经》就已经把释迦牟尼的故乡迦毗罗（Kapilavastu）描述为天地的中央②。晋僧慧严亦认为中天竺才是世界的中心，中国不能叫"大夏"，只能称"东夏"③。这种观念一直到唐代梓州慧义寺沙门神清撰《北山录》时还被坚持，其将洛阳视为震旦的中心，而天地的中心在印度④。在唐代，关于印度和洛阳孰为世界中心，学者进行了持续争论，成为非常热门的学术问题，当时像义净、玄奘都参与到讨论里面。当然，学术问题背后不止单纯的技术问题，更有着激烈的思想、政治的交锋。谁是宇宙的中心，涉及谁的文化、政治传统更具有权威性的问题。持本土立场的学者，比如李淳风，对佛教宇宙观大加批判，他极力论证华夏居天地之中，指责佛教对天地的论述"怪诞不可知"⑤。在面对各种新来的理论体系时，唐人也没有新的知识或理论体系去与之辩解，李淳风的观点已经代表了中国本土官方最高层次的知识分子对宇宙观的认识，但他也只能说佛教的宇宙观"怪诞不可知"。唐人在当时世界上应该是知识最为丰富、思想体系最复杂的，但认知还是很有限，不可能知道地球是圆的。不要觉得古人很荒诞很愚昧，他们也只是代表了他们那个时代的知识储备和逻辑思维罢了。

以印度为世界的中心这种观点流行后，中国人，尤其是佛教徒产

---

① （清）永瑢等撰：《四库全书总目》卷 71《史部·地理类》，北京：中华书局，1965 年，第 630 页。

② （三国吴）支谦译：《佛说太子瑞应本起经》，《大正新修大藏经》第 3 册，第 473 页中。

③ （唐）道宣撰：《释迦氏谱》，载《大正新修大藏经》第 50 册，第 87 页下。

④ （唐）神清著，（宋）慧宝注，（宋）德珪注解，富世平校注：《北山录校注》卷 10，北京：中华书局，2014 年，第 762 页。

⑤ （唐）杜佑撰：《通典》卷 185《边防一》，第 4979 页。

生了一种身处边缘的焦虑感和文化上的自卑感。当中国人和佛教徒这两种身份认同发生冲突的时候该怎么办？在唐代及其以前，中国僧人选择了不远万里，冒着生命危险去天竺求取佛经。法显、玄奘、义净等高僧无不对此作出贡献，因为他们都在内心深处为自己生在边地而焦虑。跟法显一起去印度求法的僧人，很多都留在了印度不回来。一方面，当时的中国正处于魏晋南北朝时期，国内战乱，生灵涂炭，而印度相对来说处于和平时期；另一方面，很多佛教徒觉得印度佛教文化水准更高。这些僧人到了印度之后，都千方百计去佛经里提到的圣地朝圣，比如佛祖讲经的耆阇崛山（Gdhrakūa）。耆阇崛山又名伊沙堀、揭梨驮罗鸠胝、姞栗陀罗矩吒，在中印度摩伽陀国王舍城之东北。耆阇崛山在当时高僧心目中的地位非常高，法显、玄奘都曾到此山朝圣。高宗上元二年（675）至则天光宅元年（684），义净住那烂陀寺，十载求经，曾与无行同游鹫岭（即耆阇崛山），又在王舍城赋诗述怀，写下了《杂言》《在西国怀王舍城》等诗，其中《杂言》即作于耆阇崛山，其词有云："观化祇山顶，流睇古王城"，"七宝仙台亡旧迹，四彩天花绝雨声"[1]。此外，当玄奘归国时，其在印度的师友也劝说他留下，最主要的理由就是印度是佛土，而中国处于边地。

统一的唐朝是一种世界主义文明，它以一种开放融合的心态，形成了一种超乎民族主义之上的自豪感，这使得唐朝人很容易就能打破种种以前在思想上的禁锢。唐代及其以前的朝代，对印度充满了美好的想象，但印度作为佛教母国的印象，在一个大唐使臣到达天竺之后被彻底打碎——这种变化甚至影响了佛教在中国本土化的进程。这个使臣就是王玄策。

太宗贞观十五年（641），中印度摩伽陀国戒日王派遣使节到达唐

廷，唐朝与天竺开始官方交往。唐朝派遣云骑尉梁怀璥出使中天竺，受到了戒日王的热情接待。梁怀璥的官衔比较低，可能是来往中印之间的商人，只是挂个官衔充当使节。两年后，唐朝正式派遣朝散大夫、行卫尉寺丞、上护军李义表担任使节访问摩伽陀国。李义表的副手王玄策之前没有从事过外交工作，而是在今天广西地方担任县令。此后王玄策数次出使印度，著有《西域行传》一书。今天此书的部分内容可见于道世的《法苑珠林》，如其卷二四引《西域行传》记载的尼泊尔著名的阿耆婆弥池，比玄奘《大唐西域记》卷七的记载详细。同年十二月，李义表和王玄策到达摩伽陀国，贞观十九年（645）正月二十七日抵达王舍城。王玄策等人登上耆阇崛山，并且勒石为铭，其辞有云："大唐出震，膺图龙飞。光宅率土，恩覃四夷。化高三五，德迈轩羲。高悬玉镜，垂拱无为。"[1] 在佛祖讲法处勒石纪念，言辞却用"出震""龙飞""光宅"等带有中国本土天人感应思想的字眼，也算是一种文化的交流。

返回长安之后，李义表向李世民报告说，东天竺不流行佛教，当地君主对中原的道教很感兴趣，请求将《老子》翻译成梵文带到印度。当时佛教在印度已经衰落了，李世民一听很高兴，觉得是文化输出的好时机。贞观二十年（646）七月，李世民诏命玄奘翻译《道德经》。这件事确实是做了，但翻译好的《道德经》有没有拿到印度去，在印度有没有流行过就不知道了。

贞观二十一年（647），此时已经升任右卫率府长史的王玄策担任使节再次出使摩伽陀国，其副手是蒋师仁。这次他们选择穿越吐蕃和泥婆罗进入印度——吐蕃的松赞干布已经跟唐朝结亲，交通也打开了。但是在王玄策使团抵达摩伽陀国时，戒日王去世了，大臣阿罗那

---

[1] （唐）道世撰，周叔迦、苏晋仁校注：《法苑珠林校注》卷29，北京：中华书局，2003 年，第 911 页。

顺篡位。不知出于何种考虑，阿罗那顺袭击了使团，王玄策和蒋师仁逃到吐蕃，向松赞干布求援。松赞干布出于扩张势力的考虑，派出一千二百名吐蕃士兵，而跟吐蕃关系良好的泥婆罗因为更靠近印度，所以派出了七千人。"玄策与副使蒋师仁率二国兵进至中天竺国城，连战三日，大破之，斩首三千余级，赴水溺死者且万人，阿罗那顺弃城而遁，师仁进擒获之。虏男女万二千人，牛马三万余头匹。"[1] 王玄策随后带领俘虏，于贞观二十二年（648）回到长安，向太宗献俘，被授予朝散大夫的散官官衔。

在当时唐朝的君臣看来，攻灭中印度不是一件大事，甚至都没有给王玄策更高的奖励。当时王玄策只有三十岁出头，此次扬威域外并没有给他带来政治上的升迁。实际上王玄策的个人仕途并不顺利，一个重要的原因是他虽有大功，但是总在关键的时候站错队。比如在龙

图 35 唐摩竭纹金花银盘。内蒙古自治区赤峰市喀喇沁旗哈达沟门窖藏出土，现藏内蒙古博物院。（动脉影 摄）

---

[1]《旧唐书》卷 198《西戎传》，第 5309 页。

朔二年（662）高宗召开的关于佛教僧尼是否应拜君亲的讨论中，王玄策反对拜君亲，而且引用自己在印度的见闻加以论证。最后朝廷的决议跟他的意见相反，要求僧尼致拜君亲。

唐太宗之死也很可能与王玄策出使西域有关。贞观二十三年（649）五月，太宗突然去世，根据史料判断，很可能是因服食丹药中毒而亡[1]。在此前一年，王玄策借吐蕃兵大破中印度，所携俘虏中有一个叫那罗迩娑婆（或作那骡尔裟寐，Narayamavamin）的婆罗门僧，自称两百岁，可造长生药。于是太宗让他为自己造延年之药，吃过之后未见奇效，反而加剧了病情，最终病死。太宗服食婆罗门僧所合之药而死，此系丑闻，所以朝廷也未追究[2]。不过王玄策则可能因为推荐那罗迩娑婆导致皇帝死亡而受到牵连，尽管他出使天竺建立了功勋，这可能是他仕途一直蹒跚不前的另一个原因。高宗也曾请胡僧卢伽阿溢多合长年药，但是在高宗服食之前被宰相郝处俊阻止，郝处俊即援引太宗被长年药毒死之事劝诫高宗。所谓"卢伽阿溢多"，是路伽耶陀（Lokayata）的异译，应该是顺世论的信徒，跟密宗有密切关系，后来密宗流行中国，其来有自。太宗、高宗等中土君主持续派人往天竺取长生药，构成了古代中印文明交流的一道独特风景。高僧玄照西行求法路上，就曾在北印度撞见唐朝使臣引印度术士前往唐朝[3]。

不管怎么说，王玄策在佛土的军事胜利，还是增强了中国人的文化自信心。贞观二十二年（648），也就是在王玄策带领俘虏回到长安的这一年，玄奘翻译完成一百卷《瑜伽师地论》，唐太宗亲自撰

---

[1] 王永平：《试释唐代诸帝多饵丹药之谜》，《历史研究》1999 年第 4 期，第 179—182 页。

[2] 《旧唐书》卷 84《郝处俊传》，第 2799 页。

[3] （唐）义净撰，王邦维校注：《西域求法高僧传》卷上，北京：中华书局，1988 年，第 10—11 页。

写序文《大唐三藏圣教序》，玄奘因此上表感谢，在谢表中，玄奘毫不犹豫地将太宗描述为佛教的理想君主转轮王，并且歌颂他"给园（Jetavana Vihara）精舍并入提封，贝叶灵文咸归册府"①，也就是说太宗居然把佛祖讲法之地都纳入统治范围，把神圣的佛经也纳入大唐的内府。玄奘又进一步回忆了自己"往因振锡，聊谒崛山，经途万里"②的经历，歌颂太宗的伟大功德。玄奘是佛教徒，但是他也毫不掩饰自己作为中国人的自豪感。唐朝著名的学者吕才，也如玄奘一样，深受鼓舞，认为"三千法界，亦共沐于皇风"③，大唐的雄风"故令五印度国，改荒服于藁街；十八韦陀，译梵文于秘府"④。

永徽五年（654）春，印度僧人法长（Dharmavardhana）返回印度，玄奘写信给中印度摩伽陀国三藏智光法师（Jñānaprabha），信中赞颂了唐朝皇帝治国有方而又能推行佛教，有"轮王之慈"；而且唐朝佛教"亦不异室罗筏（Srāvasti，即舍卫国）誓多林（Jetavana，即祇树给孤独园，为佛陀说法处）之化"⑤——玄奘认为，这时唐朝的佛教跟印度的情形已无高下之别了。

印度高僧、酋长、商人大量来到唐朝，在政治、文化、科技等领域促进了两个伟大文明的交融。在武则天上台的过程中，天竺僧人也扮演了重要的角色；歌颂武则天的《大云经疏》和《宝雨经》里，天竺僧人和贵族占了最大的比例。在医学和天文学上，印度移民也作出

---

① （唐）慧立、（唐）彦悰撰，孙毓棠、谢方点校：《大唐大慈恩寺三藏法师传》卷6，北京：中华书局，2000年，第125页。

② （唐）慧立、（唐）彦悰撰，孙毓棠、谢方点校：《大唐大慈恩寺三藏法师传》卷6，第125页。

③ 《全唐文》卷160《因明注解立破义图序》，第1637页。

④ 《全唐文》卷160《因明注解立破义图序》，第1637页。

⑤ （唐）慧立、（唐）彦悰撰，孙毓棠、谢方点校：《大唐大慈恩寺三藏法师传》卷7，第164页。

图 36　唐都管七国人物银盒。西安交通大学无线电厂出土，现藏西安博物院。该银盒有三件套装在一起，外层银盒上题字"都管七个国"，周围刻六组人物，包括"婆罗门国""土蕃国""高丽国"等。中层为鹦鹉纹海棠形圈足银盒，内层为龟背纹银盒，内装水晶珠二颗、褐色橄榄形玛瑙珠一颗。（拿破破　摄）

了重要贡献。最典型的例子就是来自印度，定居中国的瞿昙悉达。其一家四代在唐代从事过天文工作：其父瞿昙罗曾任太史令，其子瞿昙譔曾任司天监，其孙瞿昙晏曾任司天台冬官正。瞿昙悉达不仅主持过天文仪器的修复，编纂过《开元占经》，还于开元六年（718）奉旨译成《九执历》。"九执"就是"九曜"。《九执历》是根据几部印度历法编译而成的一部历法，其引进了印度天文学中的一些先进的内容，如周天 360 度和 60 进位的圆弧度量方法，黄平象限等概念，以及太阳远地点位置、黄白交点运动周期等比中土历法精确的数据。可以说中国和印度之间的文化交流，在唐代达到了非常高的水平，这也促进了整个东方文化的进步。

多说一点

《大唐西域记》是一本什么样的书？

贞观十九年（645），玄奘携带六百五十七部佛经回到长安。此行历时十九年，行程五万里，是人类历史上一次伟大的旅行。玄奘受到了盛大欢迎。唐太宗对他非常重视。此时太宗正在谋划把大唐的势力深入中亚，锐意经营西域，需要情报。他想知道中亚、西域地区的那些国家到底是什么样的情形，有多少兵，多少粮食，多少牲口，玄奘跟他讲了不少关于印度的见闻，于是他督促玄奘将自己在西域的所见所闻撰写成书。最终玄奘口述，弟子辩机执笔，于贞观二十年（646）完成《大唐西域记》。此书文采飞动，记叙详赡，乃研究中印文化交流及中亚沿革地理之瑰宝。

第七章 将星闪耀的时代

高宗时代（649—683）的近三十五年中，唐朝的对外拓展达到了顶峰。有人说，这是因为太宗打下的基础好。这样说也不完全公平，在中国历史上，包括在世界历史上，前代打下非常好的基础，却被后代全部毁掉的例子比比皆是。高宗时期的对外战略的成功，有赖于大唐的国力强盛，同时也得益于体制上的优越。唐高宗时期，虽然大唐开国功臣凋零，但是名将众多。这些满怀尚武精神的大唐精英，抱着"宁为百夫长，胜作一书生"的胸怀，希望能在频繁的对外战争中建功立业。这些名将有的是薛仁贵、裴行俭这样的后起之秀，有的是到老才得到机会一展雄姿的老将，比如苏定方、刘仁轨。

一、苏定方："最冤枉"的大唐战神

在唐高宗时期，如果把李勣归为上一代战神的话，苏定方应该是新一代名将中战功数一数二的，即使放在世界战争史上也毫不逊色。但是在元明清以后的民间文学中，特别是戏剧、评书里，苏定方变成了丑角和反派，可以说功业被湮没，而且形象也遭到了丑化。比如清代的《说唐全传》第六十回"紫金关二王设计，淤泥河罗成捐躯"[①]，把罗成之死说成是被苏定方设计陷害。罗成是《说唐》中的一员猛将，广受大众的喜爱，但他完全是个虚构的人物。在民间文学中，罗成是罗艺的儿子，而真实的罗艺其实是李建成的支持者，玄武门之变后因造反被李世民铲除，在正史中是谋叛者的形象；但是在通俗文学中，罗艺及其子罗成都是正面的英雄。我们还是回到历史现场，看看苏定方的生平及功业[②]。

苏定方在高宗朝军事史上有多么重要，只要看看武周时期的宰相魏元忠的评价就知道了。魏元忠论唐前期诸将开拓边疆的功业云："李靖破突厥，侯君集灭高昌，苏定方开西域，李勣平辽东，虽

---

① （清）鸳湖渔叟校订，傅成、吴蒙校点：《说唐全传》，上海：上海古籍出版社，2000 年，第 472—479 页。

② 拜根兴：《七世纪中叶唐与新罗关系研究》第六章《苏定方的活动及行迹》，第 123—147 页。

奉国威灵，亦其才力所致。"① 要注意的是，其他三人都是贞观十七年（647）太宗钦定的凌烟阁功臣，而当时的苏定方还只是个中低级将领。

苏定方，名烈，以字行，冀州武邑人，属于河北豪杰。出身河北的人士因为支持李建成，在贞观时期很少有人能跻身上层。隋末大乱时，苏定方和父亲苏邕组织了一支支持隋朝的民团武装，讨伐叛乱者。苏定方"骁悍多力，胆气绝伦"②，十几岁就展现出过人的军事才能。先后破贼首张金称于郡南，手斩张金称，又破杨公卿于郡西，追奔二十余里，杀获甚众，为乡里所倚重。后来窦建德兴起，苏定方就投靠了窦建德。窦建德的部将高雅贤特别喜欢他，就收养他为义子，此后苏定方跟随高雅贤先后在窦建德和刘黑闼军中效力。后来刘黑闼、高雅贤死，苏定方归隐乡里。

苏定方大概又做了五六年农民，唐太宗上台后担任了匡道府折冲。他人生的第一个高光时刻，是跟随李靖奔袭东突厥颉利可汗在碛口的大营。苏定方率两百骑兵乘大雾突进，最先攻入突厥大营，立下奇功。回军之后苏定方晋升为左武候中郎将，级别是正四品下，已经是高阶将领了。从太宗贞观初到高宗上台的二十多年间，苏定方似乎从文献中消逝。等到永徽初年，再次看到他时，他正担任左卫中郎将，职务并未晋升。如果不是发生了后面的事情，苏定方差不多要以左卫中郎将（正四品下）的品级退休了，但命运再次眷顾了他。

显庆元年（656），西突厥的余众在阿史那贺鲁的带领下造反，他纠集了大量突厥军队，俨然要复兴西突厥汗国。左卫大将军程知节被任命为葱山道行军大总管，征讨阿史那贺鲁。苏定方作为程知节的下属，也跟随出征，担任前军总管。此时，凌烟阁功臣只剩下了李勣和

---

① 《旧唐书》卷 92《魏元忠传》，第 2497 页。

② 《旧唐书》卷 83《苏定方传》，第 2777 页。

程知节还能带兵，李勣的最后一战攻克平壤，在人生的最高光时刻死去；而程知节的最后一战打得不好。在其衬托下，苏定方的实力展现了出来。

十二月，唐军抵达鹰娑川，与突厥军队遭遇。总管苏海政与突厥军队交战，互有胜负。此时突厥别部鼠尼施等又领二万余骑续至，而苏定方正在距离程知节大军十来里的地方歇马。看到这种情形，他立刻率五百骑向突厥大军冲锋，突厥大军溃败。苏定方又追奔二十里，斩杀突厥军一千五百余人，获马两千匹，死马及所弃甲仗遍布山野，不可胜计。此时一件奇怪的事情发生了。程知节的副大总管王文度嫉妒苏定方的功劳，劝程知节将大军列为方阵，辎重居中，四面布队，因而贻误了战机。王文度说自己奉了高宗皇帝的密诏，"以知节恃勇轻敌，使文度为其节制"[①]，让程知节听他的。苏定方劝程知节把王文度抓起来，向高宗汇报，确认事实，但程知节拒绝了。唐朝大军抵达恒笃城，城中的粟特胡人宣布投诚。王文度贪恋粟特人的财宝，将粟特人全部杀死，抢了人家的资财。分赃的时候，苏定方坚决不要。等唐朝大军班师回朝，高宗将程知节、王文度都下狱，剥夺其原有的一切官爵。可以看出，唐高宗对前线的情况是掌握的。至此，程知节在最后一战中威名扫地，苏定方开始进入高宗皇帝的视野，事业突飞猛进，军事生涯迎来了高光时刻。

苏定方的伯乐的确就是高宗皇帝。第二年，高宗便擢升苏定方为行军大总管，再征阿史那贺鲁。这一战苏定方全胜。苏定方率领唐军出金山北，先击破处木昆部，然后抢先进占曳咥河（额尔齐斯河）西岸。阿史那贺鲁率领的突厥大军差不多有十万人，此时也抵达曳咥河。苏定方所率唐军算上回纥兵一共也才一万多人，人数处于绝对下风，又被突厥军从四面包围，于是苏定方让步兵占据高处，攒槊外

_____

① 《旧唐书》卷83《苏定方传》，第2778页。

图37 唐仪卫图（局部）。章
怀太子墓中壁画，现
藏陕西历史博物馆。
画中表现了唐朝将士
的风貌。

向，构成防御阵地，自己亲率唐军骑兵列阵于北原。突厥联军三次攻击唐军步兵防线，都被击退。此时，苏定方突然率骑兵反击，突厥军队全线溃败。苏定方率领军队追奔三十里，杀伤突厥人马数万，第二天整军复进，突厥联军中不断有部落投降。阿史那贺鲁退守伊丽水，双方再次大战，唐军大胜，杀获略尽。阿史那贺鲁带十余骑兵乘夜逃走，于石国被擒。苏定方此次西征，使唐朝势力深入中亚，"列其地为州县，极于西海"①。把唐朝的疆域直接就往西推进了千里，这个功劳跟唐初诸将相比也不逊色。

高宗给了苏定方极高的礼遇，专门为苏定方举行了献俘仪式，"高宗临轩，定方戎服操贺鲁以献"②。唐前期，凡大将出征，有大功，

---

① 《旧唐书》卷83《苏定方传》，第2778—2779页。

② 《旧唐书》卷83《苏定方传》，第2778页。

才能献俘，奏凯乐（《破阵乐》等四曲）。大将备军容凯歌以入的待遇，在唐代前期只有三个人享受过：第一个是平定东都后的秦王李世民，第二个就是苏定方，第三个是攻克高句丽后的李勣。从这个标准，我们就可以知道在高宗君臣心中，苏定方取得的功业到了什么样的程度。此战后高宗便拔擢苏定方为左骁卫大将军，封邢国公，又封苏定方儿子苏庆节为武邑县公。

此后，苏定方几乎百战百胜，而且都是以少胜多，取得难以想象的大胜。稍后思结阙俟斤都曼控制诸胡，拥疏勒、朱俱般、葱岭三国叛乱，高宗再次任命苏定方为安抚大使，率兵征讨。苏定方选精卒一万人、马三千匹掩袭马头川，一日一夜行三百里，早上突然出现在敌军城下。都曼大惊，率兵拒战于城门之外，遭到惨败。入夜，唐军各部抵达，将城围住。都曼自知必输无疑，便主动将自己捆起来，打开城门投降了。从此以后，葱岭以西遂定。苏定方押送俘虏返回洛阳，高宗亲临乾阳殿，苏定方献上都曼特勒，高宗加封苏定方邢州、巨鹿实封五百户。

显庆五年（660），苏定方跟随高宗去了太原。之后的几年，唐朝的战略重心转移到了朝鲜半岛，主要是对高句丽与百济作战。唐军在辽东作战不利，所以决定开辟第二战场。执行登陆的重任落到了苏定方头上。高宗任命苏定方为熊津道大总管，率师讨百济。苏定方率唐军在朝鲜半岛登陆，于熊津江口击败守军，水陆齐进，奔袭真都城；接着跟百济军主力部队决战，杀房万余人，在很短时间内就令这个拥有数百年历史的古国灭亡。百济全部平定，被划分为六州，苏定方将俘获的百济国王扶余义慈及太子扶余隆押送回洛阳。

苏定方前后灭三国，皆生擒其国君。高宗赏赐的珍宝不可胜计，他的儿子苏庆节被封为尚辇奉御，苏定方则升为左武卫大将军。"未几，定方为辽东道行军大总管，俄徙平壤道。破高丽之众于浿江，夺马邑山为营，遂围平壤。会大雪，解围还。拜凉州安集大使，以定吐蕃、吐谷浑。"① 还有藏文史料记载苏定方曾经用一千人击败吐蕃的八万大军。可以说，苏定方把当时唐朝潜在的敌人都打了一遍。他活到乾封二年（667）去世，年七十六。史料记载比较微妙，苏定方人缘可能不是很好，他去世了大臣们居然没有谁提出来要给他褒赠，"高宗闻而伤惜，谓侍臣曰：'苏定方于国有功，例合褒赠，卿等不言，遂使哀荣未及。兴言及此，不觉嗟悼。'遂下诏赠幽州都督，谥曰庄。"②

苏定方一生驰骋疆场数十年，北击颉利，西灭突厥，东平百济，南震吐蕃，纵横万里，可以说是高宗时代崛起的第一战神。但是在民间，他的形象逐渐遭到抹黑，尽管他的功绩远远超过秦琼、程咬金。

苏定方的形象遭到丑化，是到了元明清时期。在罗贯中《隋唐两朝志传》中，苏定方还不是反面人物，在后来出现的《大唐秦王词话》中，苏定方变成了刘黑闼的大将，设计让罗成马陷淤泥，被乱箭射死。到了明朝末年，褚人获编纂的影响极大的《隋唐演义》将苏定方彻底丑化，在这本书中他不但射死了罗成，还杀害了罗艺。到清朝时，像《罗通扫北》一类的小说把苏定方描述为主人公罗通的敌人，是大奸大恶的国贼，最后被罗通杀死。因为相关的戏曲、评书很多，所以苏定方就作为反派角色深入群众记忆了。

有人说，苏定方被丑化可能跟许敬宗、李义府有关，这其实是一种误解。许敬宗、李义府是唐高宗的旧部，他们并不忠于武则天——他们死后再过十几二十年武则天才会登基，他们根本不会知道武则天会当皇帝。苏定方无疑是高宗的红人，他是高宗亲自发现和培养的名将，因此他跟高宗的小圈子关系好是很正常的。这并不是他后来被丑化的原因。要知道，尉迟敬德和许敬宗还联姻呢！

---

① 《新唐书》卷 111《苏定方传》，第 4139 页。

② 《旧唐书》卷 83《苏定方传》，第 2780 页。

苏定方的丑化，归根结底，是通俗文化对历史记忆的扭曲。有的时候通俗文化对人类记忆的影响比我们以为的还要大。比如玄奘本来是个极端聪明的人，但在《西游记》中是非不分、犹犹豫豫，到了《大话西游》里更是变成了啰哩啰嗦的形象。

二、薛仁贵：因救驾被高宗赏识的名将

薛仁贵征东、薛丁山征西、薛刚反唐之类的故事广为流传，但是历史上的薛仁贵并没有那么正面和完美，他的那些英雄子孙薛丁山、薛刚，更是子虚乌有。如果要讲真实的历史，难免会破坏大家一些美好的记忆。通俗文化容易对历史记忆产生扭曲和干扰。这是非常无奈的事。有时候正儿八经的史书所记载的史料还不如一部小说给大家留下的记忆深刻。论架空历史的能力，元明清的民间艺术家天下无敌，比如《三国演义》《西游记》《隋唐演义》。如果说苏定方太冤枉，那么薛仁贵可太幸运了。对比真实的历史，苏定方与薛仁贵同为高宗倚重的名将：苏定方灭百济、平西域、败吐蕃，一生无败绩；而薛仁贵少年英雄，行至中年，先大败于大非川，再败于朝鲜半岛，损失唐军精锐无数。尤其大非川之战是唐军对外作战的第一次战略性失败，之后西突厥、新罗纷纷独立[①]，导致唐朝不得不在陇右河西布置重兵，进一步形成外重内轻的格局。薛仁贵因此被两次免死除名。可是后世跟他们俩开了一个天大的玩笑，苏定方被丑化成奸臣，薛仁贵和虚构人物薛丁山、薛刚成了大英雄[②]。要知道在真实的历史中，薛

---

① 拜根兴：《七世纪中叶唐与新罗关系研究》第八章《薛仁贵的活动和唐罗关系》，第 177—200 页。

② 祁庆富、[韩] 申敬燮：《俗文学中薛仁贵、盖苏文故事的由来及流变》，《社会科学战线》1998 年第 2 期，第 114—124 页。

仁贵的孙子薛嵩可是安史叛军的大将。现实与想象之间的差距实在太大。

薛仁贵（614—683）相对苏定方而言，是后起之秀。他是绛州龙门人，出身河东薛氏，本也算名门望族，但是到他那一代家族已经衰落，"少贫贱，以田为业"[①]。贞观末，唐太宗亲征高句丽，此时薛仁贵已经不年轻了，三十岁出头还一事无成。他的妻子柳氏很有见识，劝他去投军："夫有高世之材，要须遇时乃发。今天子自征辽东，求猛将，此难得之时，君盍图功名以自显？富贵还乡，葬未晚。"[②]于是薛仁贵投到张士贵军中，开始了自己的军旅生涯。

张士贵可谓薛仁贵职业生涯中的第一位贵人。而且从文献记载来看，张士贵对薛仁贵颇为放纵，给了他很多展示自己能力的机会，才让薛仁贵脱颖而出。但是在评书、戏曲中，张士贵莫名其妙地变成了打压薛仁贵的奸臣。中国传统的小说需要用黑白二元对立这种结构，就把张士贵描述成了一个嫉贤妒能的人。但依据两《唐书》的《张士贵传》，特别是出土的《大唐故辅国大将军荆州都督虢国公张公墓志铭并序》的记载，张士贵是唐初非常重要的将领。他在隋末战争中就已经崛起，后来投靠李唐，曾追随李世民围攻洛阳，后又参加了玄武门政变，是太宗朝重要的大臣。唐太宗即位后，张士贵被委以重任，主持了戡乱南方的工作。贞观十六年（642）十一月，唐太宗在征伐高句丽之前，就派张士贵前往前线任幽州刺史，可见非常信任。张士贵在当地维修兵器、囤积粮草、招募士兵，为未来大规模讨伐高句丽做足了准备。薛仁贵大概就是在此时投入张士贵帐下。

《张士贵墓志》记载："贞观十九年，率师渡辽，破玄菟等数城大镇，勋赏居多，拜冠军大将军、行左屯卫将军。銮驾凯旋之日，令公

---

① 《新唐书》卷 111《薛仁贵传》，第 4139 页。

② 《新唐书》卷 111《薛仁贵传》，第 4139 页。

图38 贴金彩绘文官俑。张士贵墓出土，现藏昭陵博物馆。张士贵是薛仁贵早期的贵人。（动脉影 摄）

后殿。至并州，转右屯卫大将军，仍领屯骑。"[1] 作为张士贵军中的将士，薛仁贵收获了人生第一桶金。在安市城下，唐军郎将刘君昂被高句丽军围困，薛仁贵"跃马径前，手斩贼将，悬其头于马鞍，贼皆慑伏，仁贵遂知名"[2]。为了解安市城之围，高句丽大将高延寿、高惠真率兵二十五万依山结营，与唐军决战。

> 太宗分命诸将四面击之。仁贵自恃骁勇，欲立奇功，乃异其服色，着白衣，握戟，腰鞬张弓，大呼先入，所向无前，贼尽披靡却走。大军乘之，贼乃大溃。[3]

从文献中可以读到薛仁贵那种迫切想要建功立业的心情，他穿着一身白衣，在乱军中非常扎眼，太宗远远望见，派人飞奔去问领头穿白衣的人为谁。为了鼓舞士气，太宗特别召见薛仁贵，赐给他两匹马、四十匹绢，升职为游击将军、云泉府果毅，令他担任北门长上——北

---

① 《张士贵墓志》，吴钢主编：《全唐文补遗》（第一辑），第42页。

② 《旧唐书》卷83《薛仁贵传》，第2780页。

③ 《旧唐书》卷83《薛仁贵传》，第2780页。

门长上就是担任皇宫北门的警卫工作，并赐俘虏十人。等撤军之后，太宗对他说，老将们都老了，不堪大任，"抽擢骁雄，莫如卿者。朕不喜得辽东，喜得卿也"[①]。太宗后来又任命薛仁贵担任右领军郎将，依旧任北门长上。薛仁贵的职务并不高，五品郎将，算是唐军中的中级军官，但是北门长上的职任很重要。此后，薛仁贵在玄武门守军中晃荡了五六年，也没有得到升迁的机会，但是毕竟在皇帝身边，命运再次眷顾了薛仁贵。

永徽五年（654）春，唐高宗去麟游的万年宫（仁寿宫、九成宫），当天晚上山洪暴发，冲击玄武门，宿卫者散走，纷纷逃命。薛仁贵挺身而出云："安有天子有急，辄敢惧死？"[②]他登门呼叫，惊醒

图 39　九成宫 4 号殿遗址。

① 《旧唐书》卷 83《薛仁贵传》，第 2780 页。

② 《旧唐书》卷 83《薛仁贵传》，第 2780—2781 页。

了高宗，救了高宗一命。高宗马上登至高处，洪水很快将寝宫淹没。高宗派人告诉薛仁贵："赖得卿呼，方免沦溺，始知有忠臣也。"[1] 并且赏赐他一匹马。从此，薛仁贵进入高宗的眼界之内，成为高宗信任的将领。

显庆二年（657），高宗下诏让薛仁贵担任程名振的副手，经略辽东，此役唐军破高句丽于贵端城，斩首三千级。此后在辽东战场，薛仁贵渐渐建立起名将的声誉。第二年，薛仁贵又破高句丽于横山，"仁贵匹马先入，莫不应弦而倒。高丽有善射者，于石城下射杀十余人，仁贵单骑直往冲之，其贼弓矢俱失，手不能举，便生擒之"[2]。没过多久，薛仁贵又破契丹于黑山，生擒契丹王阿卜固及诸部落首领，将他们押送回洛阳。高宗对这位自己一手拔擢的将领也非常赏识，辽东之战结束后，薛仁贵以功封河东县男。

稍后高宗又下诏让他担任郑仁泰的副手，作为铁勒道行军总管，领兵击九姓突厥于天山。临行之前，高宗特地拿出宫里的铠甲，叠五重让薛仁贵射击，以检验其神勇，薛仁贵竟射而洞穿，高宗又拿出一副坚甲赐给了他。在这一战中，诞生了三箭定天山的神话。九姓突厥骁健数十人逆来挑战，薛仁贵"发三矢，射杀三人，自余一时下马请降。……更就碛北安抚余众，擒其伪叶护兄弟三人而还。军中歌曰：'将军三箭定天山，战士长歌入汉关。'"[3] 九姓自此衰弱，不再是唐朝边境的隐患。但这一战存在巨大的瑕疵。其实郑仁泰率军前来的时候，铁勒有思结、多览葛等部已经请降，但是遭到拒绝，唐军"虏其家以赏军"[4]，于是这些部落先后跑了。"仁泰选骑万四千卷甲驰，绝

---

① 《旧唐书》卷 83《薛仁贵传》，第 2781 页。

② 《旧唐书》卷 83《薛仁贵传》，第 2781 页。

③ 《旧唐书》卷 83《薛仁贵传》，第 2781 页。

④ 《新唐书》卷 111《薛仁贵传》，第 4141 页。

大漠，至仙萼河，不见虏，粮尽还。人饥相食，比入塞，余兵才二十之一。仁贵亦取所部为妾，多纳贿遗，为有司劾奏，以功见原。"①从整体上来讲，如果对比苏定方和薛仁贵在西域的表现，毫无疑问，苏定方远在薛仁贵之上，达到的效果也完全不同。

薛仁贵的高光时刻是唐军灭高句丽之战。这应该是他第一次单独领军，且被赋予了非常重要的职责。乾封初，薛仁贵接应高句丽泉男生内附，在金山与高句丽激战，斩首五万余级，攻下其南苏、木底、苍岩三城，和泉男生会师。高宗特别兴奋，手敕劳之："金山大阵，凶党实繁。卿身先士卒，奋不顾命，左冲右击，所向无前，诸军贾勇，致斯克捷。宜善建功业，全此令名也。"②之后薛仁贵突袭扶余城，杀获万余人，扶余川四十余城投降，打开了通往平壤的大门。李勣率唐军主力围困平壤时，薛仁贵也在军中。高句丽灭国之后，薛仁贵与刘仁轨率军留守平壤，被授予右威卫大将军，封平阳郡公，兼检校安东都护。这时薛仁贵已经跻身唐朝的重要将领。

此时吐蕃崛起，其大将论钦陵率军占领了于阗、疏勒、龟兹，而后攻占焉耆以西数镇，使唐朝在西域的统治岌岌可危。咸亨元年（670），唐朝与吐蕃开战，唐朝以薛仁贵为逻娑道行军大总管，阿史那道真、郭待封为副手，集结了精锐部队五万人，这样的兵力对唐军来说已经很多了，而且副手都是名将——郭待封是唐初名将郭孝恪之子。当时唐军是非常轻敌的，朝廷上下认为可以直捣吐蕃的首都逻娑。然而，吐蕃的情况比较特殊：青藏高原本来行军就很困难，进攻的一方还会有高原反应；即使唐军再强大，以当时的交通运输条件，要想速战速决还是非常困难的。

唐朝大军行至大非川，将要发兵赶赴乌海时，薛仁贵希望郭待封

---

① 《新唐书》卷 111《薛仁贵传》，第 4141 页。

② 《旧唐书》卷 83《薛仁贵传》，第 2782 页。

率辎重部队在大非岭上建立防御阵地，自己率轻锐突袭吐蕃。唐军初期进展顺利，薛仁贵击败了部分吐蕃军队，收其牛羊万余头，进占乌海城。但是郭待封的辎重部队在乌海遭到吐蕃主力二十余万的围攻，在围攻郭待封的吐蕃军队里有大量吐谷浑人，不论是地利还是人和，唐军都处在弱势，不得已只好丢掉辎重撤退。薛仁贵退兵屯于大非川。吐蕃集中四十余万军队与唐军决战，唐军大败。薛仁贵最后和吐蕃主帅论钦陵约和，互相退兵。大非川之战是唐朝开国以来对外作战中第一次战略性惨败。唐朝被迫撤销四镇，安西都护府迁至西州。虽然后来又夺回了四镇，但此后唐朝陷入多线作战的疲累状态。因为这次大败，薛仁贵、郭待封等人都被除名。薛仁贵叹曰："今岁在庚午，星在降娄，不应有事西方，邓艾所以死于蜀，吾固知必败。"[1] 他认为战败了并不是自己的责任，因为天象本来就预示着唐军会战败。薛仁贵擅长阴阳五行、星相占卜，还专门写过书。中古时期的名将大多擅长阴阳五行，包括李靖和李勣。当时还有个专门的学问叫兵阴阳占，自有一套用于预测战争的逻辑。

从咸亨元年（670）开始，薛仁贵的好运气似乎就用完了。在东北亚，高句丽和百济灭亡后，唐朝分别设立了安东都护府和熊津都督府。原来的盟国新罗名义上是唐朝的藩属，但是随着共同敌人的消失，双方的利益发生了冲突。在唐军大败于大非川之际，新罗出动大军攻陷熊津都督府大部分领土，并且给唐军造成很大伤亡。唐高宗再次启用薛仁贵为鸡林道总管，同新罗作战，挽救岌岌可危的熊津都督府。薛仁贵写了封信给新罗王金法敏，这就是《与新罗王金法敏书》。此信的基调是寻求和解，可能当时唐朝的处境并不好。据朝鲜方面的《三国史记》记载，仪凤元年（676）十一月，新罗军与薛仁贵所率唐军战于伐伐浦，新罗军取胜，斩首四千余级。最后，新罗和唐朝的冲

---

[1]《新唐书》卷 111《薛仁贵传》，第 4142 页。

突经过外交手段解决，新罗王承认自己的藩属地位，而唐朝也默认了新罗并吞百济故地，从此，唐朝彻底失去了对朝鲜半岛南部地区的控制。很可能就是因为这次失败，薛仁贵再次被处理——这次处罚更重，被流放象州（今天广西地区），后来遇到大赦才得以返回。

但是高宗念念不忘薛仁贵的功劳。开耀元年（681），再次召见薛仁贵，高宗说：

> 往九成宫遭水，无卿已为鱼矣。卿又北伐九姓，东击高丽，汉北、辽东咸遵声教者，并卿之力也。卿虽有过，岂可相忘？有人云卿乌海城下自不击贼，致使失利，朕所恨者，唯此事耳。今西边不静，瓜、沙路绝，卿岂可高枕乡邑，不为朕指挥耶？[①]

通过高宗的话可以知道，在唐朝内部，很多人认为大非川之败是薛仁贵的责任。但高宗还是念念不忘薛仁贵的救命之恩，再次给他机会，起授薛仁贵为瓜州长史，"寻拜右领军卫将军，检校代州都督。又率兵击突厥元珍等于云州，斩首万余级，获生口二万余人、驼马牛羊三万余头。贼闻仁贵复起为将，素惮其名，皆奔散，不敢当之"[②]。薛仁贵在晚年还是挽回了一些风采。然而也是在这一年，薛仁贵就病死了，年七十岁。薛仁贵是带罪之身，两次被处分，因此死后只是追赠了左骁卫将军，级别不高。

薛仁贵的家族史可以说是非常精彩，跌宕起伏。薛仁贵的儿子薛讷也是名将。武则天统治时期，由于大量的清洗，唐军军事将领出现断层，此时的薛讷不过是蓝田县令，后来突厥复兴，入侵河北，武则

---

① 《旧唐书》卷 83《薛仁贵传》，第 2783 页。

② 《旧唐书》卷 83《薛仁贵传》，第 2783 页。

天直接拔擢他担任左武威卫将军、安东道经略，后又拜为幽州都督，兼安东都护，转并州大都督府长史，兼检校左卫大将军。薛讷因为父亲是薛仁贵，一路可以说是坐直升飞机上去的。不过经过检验证明他还是不错的，从武则天到玄宗时期，薛讷久当边镇之任，累有战功，但因开元二年（714）与契丹作战失利，只身走免，被免去一切职务。这一年八月，吐蕃大军入侵，薛讷以"白衣"（即无官之身）摄左羽林将军，为陇右防御使，攻击吐蕃，在渭源武阶驿大败吐蕃军，追至洮水，又战于长城堡，再次大败吐蕃，杀获万人，缴获羊马器械，不可胜数。这一战中，唐军将领王海宾战死，其幼子王忠嗣受到玄宗优抚，他以后会成为唐军又一代重要将领。

薛讷人如其名，沉勇寡言，临大敌而益壮。他的弟弟薛楚玉也担任过幽州大都督府长史，因不称职被张守珪取代，而张守珪就是发掘安禄山的人。薛讷、薛楚玉都曾担任幽州的军政长官，到了他们的第二代，比如薛楚玉的儿子薛嵩，已经有幽州人的自我认同了，"嵩生燕、蓟间，气豪迈，不肯事产利，以膂力骑射自将"①。安禄山叛乱时，薛嵩参加叛军，是重要将领，后来又投降唐朝，被封为高平郡王。河朔四镇之一的昭义军就是薛家创立的。恐怕薛仁贵怎么也想不到，自己的孙子居然会成为叛军的将领。

---

① 《新唐书》卷 111《薛嵩传》，第 4144 页。

三、裴行俭：开挂的人生

历史上的确有一些人，他们的人生像开挂了一样，在各个方面都显得极为耀眼。裴行俭就是如此。政治是波谲云诡的，参与其中的很多人都非常优秀，而且智商情商极高，但有的时候只是运气不好就会满盘皆输，甚至丢掉性命。而太优秀叠加太幸运，造就了裴行俭光彩夺目的人生。

裴行俭（619—682）是绛州闻喜人，和薛仁贵一样出身河东。在《隋唐演义》里，排名第三的好汉叫裴元庆，其原型就是裴行俭的兄长裴行俨（？—619）。历史上的裴行俨骁勇善战，按照《隋书》的描述，"行俨每有攻战，所当皆披靡，号为'万人敌'"[1]。裴家从北周到隋都有人在朝廷担任重要职务，裴行俭的父亲裴仁基在隋朝担任左光禄大夫。大业十三年（617），裴仁基和裴行俨投到李密阵营；李密兵败后，二人投降王世充。武德二年（619），裴氏父子试图发动政变推翻王世充，扶持隋朝的越王杨侗复辟，结果失败被杀。这一年裴行俭刚刚出生，算是烈士遗孤，他进入唐朝之后受到了优待，毕竟裴仁基是隋朝的忠臣，谥号"忠"。

裴行俭被称为"儒将之雄"，用高宗皇帝的话说，裴行俭"文武兼资"——作为文臣和武将都很杰出。裴行俭的老师是苏定方，而苏

---

[1] 《旧唐书》卷 70《裴仁基传》，第 1634 页。

定方是李靖的嫡系部将，可以说裴行俭继承的是当时唐军主流的战略战术。如果我们把唐朝的军事将领划为几代，那么李靖当然是第一代，苏定方、薛仁贵算一代，裴行俭其实已经到第三代了。军事体系本来是靠私人友谊、靠战友、靠鲜血铸造的，体系外的人想挤进去并获得认同是很难的。如果贸然安插进一个将领，即使他的官职很高，只怕也指挥不动整个军队。

裴行俭少年时凭着祖上的功勋被授为弘文生。弘文馆是唐太宗时期设置的、教育皇室子弟跟贵族子弟的机构，都由博学的文臣负责教学。贞观年间，裴行俭通过了明经科的考试——明经在当时非常难，录取率只有 5% 左右——后被封为左屯卫仓曹参军，当时左屯卫大将军就是苏定方。苏定方很赏识裴行俭，史料记载"甚奇之，尽以用兵奇术授行俭"①。裴行俭不负苏定方所望，多次击败突厥，并为大唐重置安西四镇，成为唐军重要的将领。建中三年（782），裴行俭与苏定方双双配享武庙，从唐代起就被认为是一代名将。

然而最初裴行俭的人生似乎是朝着文臣的道路走的，一个看似倒霉的事让他在军事上有了用武之地。唐高宗显庆二年（657），裴行俭担任长安令（首都长安包括长安、万年两个县，长安令品级不高——县令是正五品上，但是位置很重要），跟长孙无忌、褚遂良走得近，反对武则天当皇后，结果被袁公瑜告发，被赶出京城，到西州都督府去做长史（也是正五品上）。虽然职务并没有降，但问题是办公地点一个在首都，一个远在西域。对一般人来讲，这是沉重的政治打压，但裴行俭反而因祸得福。他在西域做得不错，一路升迁，麟德二年（665）就升任安西大都护。在西域的七八年对裴行俭的未来意义重大，他顺势跟西域当地的豪杰把关系搞得很熟，对他事业进一步发展有很大的帮助。

---

① 《旧唐书》卷 84《裴行俭传》，第 2801 页。

因为工作做得好，稍后裴行俭被调回中央，到吏部担任侍郎，从事组织人事工作。没想到他也做得有声有色，主持工作十几年，甚有能名，与李敬玄被当时人合称为"裴李"。裴行俭不仅能做具体的工作，还进行了制度创新，帮助唐朝制定一系列官员考核升迁的办法。比如首创了长名姓历榜（指对候选人进行资格审查后，根据选人条件列出名单）、引铨注（指官员的考核登表）等法，又定州县升降、官资高下，成为后来大家遵循的传统[①]。

上元三年（676），裴行俭先后担任洮州道左二军总管、秦州镇抚右军总管，防御吐蕃。此次军事行动的名义主帅是周王李显，所以裴行俭名义上也受元帅周王节度。这是裴行俭第一次带兵。仪凤二年（677），西突厥余部十姓可汗阿史那匐延都支和李遮匐扇动蕃落，联合吐蕃侵逼安西。此举对唐朝震动很大，唐廷计划讨伐他们。但打一场大规模的战争需要很多物资，还需要做好人员损伤的准备，牵一发而动全身，而这时唐朝在军队资源调度方面出现了问题，在此之前唐朝对外用兵已经遭到了挫折——薛仁贵在大非川战败后，李敬玄再败。这时裴行俭建议以护送波斯王子泥涅师回波斯复国为借口，带着军队路过上述二蕃部落，见机行事。唐高宗接受了他的建议。

在唐朝兴起的过程中，中亚和西亚也发生了非常大的变动，在全球史上比较大的事是阿拉伯帝国兴起。阿拉伯帝国随后对萨珊波斯王朝发动了战争。到了唐高宗时期，波斯萨珊王朝经过长期的战争，已被新兴的阿拉伯帝国所灭，末代君主伊嗣俟被杀。波斯残余势力在末代王子卑路斯带领下，在中亚抵抗阿拉伯入侵，并向唐朝求援。唐高宗以疾陵城（今伊朗卑路支省东北）为波斯都督府，拜卑路斯为都督。到了高宗咸亨年间（670—674），卑路斯已经坚持不住，就流亡长安，被封为右武卫将军。这位波斯末代王子最后就客死在长安。卑

---

① 参看《旧唐书》卷 84《裴行俭传》，第 2801 页。

图 40　唐镶金兽首玛瑙杯。西安何家村唐代窖藏出土，现藏陕西历史博物馆。高 6.5
厘米，长 15.6 厘米，口径 5.9 厘米。其造型为"来通"，在中亚、西亚，尤其
是萨珊波斯非常流行。（动脉影　摄）

路斯的儿子泥涅师成为名义上的波斯王朝继承人。泥涅师实际上是在
长安出生的，裴行俭此时的建议就是送他回去从事抵抗阿拉伯的运
动。很明显，唐朝的主要目的不是帮波斯复国，更不想跟阿拉伯交
战，而是想乘机灭掉那两个反叛的部落，巩固在西域的主导权——事
实上唐军只将泥涅师送到葱岭便返回了。泥涅师也确实是个英雄，他
在吐火罗地区坚持斗争二十余年，最终失败，于 708 年返回长安，后
被授予左威卫将军，客死中土。至此，在唐朝支持下的波斯复国运动
宣告失败。

　　话说回来，裴行俭带着末代波斯王泥涅师踏上西去之路。到了西
州，当地豪强前来迎接，裴行俭召豪杰子弟千余人、四镇诸蕃酋长子
弟万余人，借着打猎的名义，突然奔袭到都支部落，迫使都支投降，
然后又招降遮匐。本来需要一场大规模战争解决的政治军事危机，裴
行俭孤军深入，经途万里，兵不血刃就解决了，可以说是上兵伐谋。
高宗振奋，专门赐宴，拜其为礼部尚书，兼检校右卫大将军。这是很
少见的职务授予，高宗说："卿文武兼资，今故授卿二职。"[1]

　　调露元年（679），突厥阿史德温傅反叛，唐朝曾为安置东突厥旧

----

[1]《旧唐书》卷 84《裴行俭传》，第 2803 页。

部设单于大都督府，其下辖的二十四州全都响应，众数十万。裴行俭担任定襄道行军大总管，率军三十余万，连亘数千里讨伐。唐军之前总是被突厥军队偷袭粮车。于是裴行俭准备了三百辆粮车，每辆车里都埋伏五个壮士，每个人都拿着长刀、弓箭，又令几百个瘦弱的士兵运送粮车。这次突厥偷袭粮车时，车中壮士齐发，偷袭者被杀获殆尽，以后唐军的粮车再也没有被偷袭过。裴行俭此次征讨，再次大胜。此后他频战皆捷，前后杀虏不可胜数，突厥余众皆平。与苏定方一样，裴行俭一生当中都没打过什么败仗。

永淳元年（682），裴行俭病死，年六十四，追赠幽州都督，谥曰献。因为裴行俭第一位夫人死的比较早，在他去世的时候，与新夫人所生的儿子才四岁。高宗特地诏令皇太子派遣一位六品京官照看裴行俭的家人，直到其子孙成人。

裴行俭还是杰出的书法家。因为裴行俭善于草书，高宗曾拿来白绢百卷，令他用草书抄写《文选》一部。高宗皇帝看到裴行俭的作品后非常高兴，赐帛五百段。唐前期有四大书法家欧阳询、虞世南、褚遂良、薛稷，裴行俭其实也可以跟他们比肩。裴行俭自己评价："褚遂良非精笔佳墨，未尝辄书，不择笔墨而妍捷者，唯余及虞世南耳。"[1] 他还有专门的书法理论作品，"撰《草字杂体》数万言，并传于代"[2]。裴行俭的文笔也好，有文集二十卷，又撰《选谱》十卷。

除了文武全才、书法一流，裴行俭还精通阴阳算术，兼有人伦之鉴。《旧唐书》形容裴行俭，"行俭尤晓阴阳、算术，兼有人伦之鉴。自掌选及为大总管，凡遇贤俊，无不甄采。每制敌摧凶，必先期捷日"[3]。当时大凡名将都会研究兵阴阳占，需要观风望气、观星象来决

---

[1] 《旧唐书》卷 84《裴行俭传》，第 2802 页。

[2] 《旧唐书》卷 84《裴行俭传》，第 2805 页。

[3] 《旧唐书》卷 84《裴行俭传》，第 2805 页。

定行军的日期、进攻的方向、安营扎寨的地方等，而裴行俭的兵阴阳之术也让唐军躲过多次浩劫。比如《旧唐书》记载了裴行俭西征时躲避暴风雨的经历：

> 及军至单于之北，际晚下营，壕堑方周，遽令移就崇冈。将士皆以士众方就安堵，不可劳扰，行俭不从，更令促之。比夜，风雨暴至，前设营所水深丈余，将士莫不叹伏。[1]

裴行俭眼光极准。"时有后进杨炯、王勃、卢照邻、骆宾王并以文章见称，吏部侍郎李敬玄盛为延誉，引以示行俭，行俭曰：'才名有之，爵禄盖寡。杨应至令长，余并鲜能令终。'"[2]当然这是不是后人的附会就不知道了，不过骆宾王后来的确因参加徐敬业的叛乱而死，卢照邻则疾病缠身投河自尽。

> 是时，苏味道、王勮未知名，因调选，行俭一见，深礼异之。仍谓曰："有晚年子息，恨不见其成长。二公十数年当居衡石，愿记识此辈。"其后相继为吏部。皆如其言。[3]

苏味道、王勮后来都做到宰相。而且裴行俭不是光说说而已——苏味道和王勮的夫人都是他的女儿。裴行俭曾经提携过的偏将有程务挺、张虔勖、崔智辩、王方翼、党金毗、刘敬同、郭待封、李多祚、黑齿常之等，这些人后来都成了名将，其中官至刺史、将军者多达数十人。

---

[1] 《旧唐书》卷84《裴行俭传》，第2804页。

[2] 《旧唐书》卷84《裴行俭传》，第2805页。

[3] 《旧唐书》卷84《裴行俭传》，第2805页。

裴行俭情商极高，人缘极好。

> 初，平都支、遮匐，大获瑰宝，蕃酋将士愿观之，行俭
> 因宴设，遍出历示。有马脑盘，广二尺余，文彩殊绝。军
> 吏王休烈捧盘，历阶趋进，误蹑衣，足跌便倒，盘亦随碎。
> 休烈惊惶，叩头流血，行俭笑而谓曰："尔非故也，何至于
> 是！"更不形颜色。诏赐都支等资产金器皿三千余事，驼马
> 称是，并分给亲故并副使已下，数日便尽。①

在平定阿史那都支（西突厥处木昆部首领）和李遮匐（西突厥首
领，原姓阿史那，降唐后被赐姓李）后，唐军获得了大量的战利品，
勾起了战士们的好奇心，裴行俭设宴一一展示这批珍宝。其中有一件
玛瑙盘极其精美，军吏王休烈在捧着盘子上台阶时不小心踩到衣服下
摆而摔倒，盘子因此碎裂。王休烈非常惊慌，赶紧叩头谢罪，额头上
都磕出了鲜血。裴行俭脸色不变，笑着对他说："这也不是你的错，
不至于这样！"裴行俭获得了大量的赏赐，包括都支等人的资产、不
少骆驼马匹等，他在几天内就全分给了自己的亲信和下属。

裴行俭运气也极好。比如他因为反对武则天当皇后被赶到西域，
但是武则天似乎非常喜欢他，在裴行俭死后，武则天还让秘书监武承
嗣跑到裴行俭家中，把裴行俭的作品，包括安置军营、行阵部统、克
料胜负、甄别器能等四十六诀都收走了。韦述《两京新记》记载了裴
行俭的住宅："（延寿坊）东南隅，驸马都尉裴巽宅，高祖末，裴行
俭居之。自行俭以前，居者辄死。自俭卜居，有狂僧突入，髡其庭
中大柳树，中有豕走出，径入北邻。其家数月暴死尽，此宅清晏。"②

---

① 《旧唐书》卷 84《裴行俭传》，第 2805—2806 页。

② （唐）韦述撰，辛德勇点校：《两京新记辑校》卷 3，第 95 页。

延寿坊紧靠西市，东北紧挨皇城，"土地平敞，水木清茂，为京城之最"①。

武则天对裴行俭的继室库狄氏也特别礼遇。裴行俭最初的太太是陆氏，陆氏死后他才娶了库狄氏。这个库狄氏是个了不起的女人，长期周旋于皇宫之中，担任御正，封华阳夫人。《赠太尉裴公神道碑》云："华阳夫人库狄氏，有妊姒之德，班左之才。圣后临朝，召入宫闱，拜为御正。中宗践祚，归养私门，岁时致礼。……皇上临极，旁求阴政，再降纶言，将留内辅，夫人深戒荣满，远悟真筌，固辞赢惫，超谢尘俗。"②裴行俭与库狄氏的儿子叫裴光庭，《裴光庭墓志》云："属太后临朝，中官作乂，母氏晋国太夫人，礼为权夺，道符国桢。起自惟堂，入闻朝政。"③所以裴行俭的这个太太也是不得了的人物，纵横政坛数十年，尤其被武则天信任。

裴行俭死时，裴光庭（678—733）才四岁。因为母亲得到武则天的信任，这个小孩也跟着沾光，"累迁太常丞"④，而且娶了武三思的女儿。根据武三思女儿的墓志（《唐故侍中赠太师裴公夫人武氏墓志铭》⑤），她是二婚嫁的裴光庭。裴光庭在唐玄宗时期一直做到宰相（侍中）。更令人惊叹的是，这位武家小姐也是个纵横捭阖、八面玲珑的人物。《旧唐书·李林甫传》记载："侍中裴光庭妻武三思女，诡谲有材略，与林甫私。"⑥李林甫后来能坐上宰相的位置也多靠他这位情

---

① （宋）宋敏求撰，辛德勇、郎洁点校：《长安志》卷10，西安：三秦出版社，2013年，第330页。

② 《全唐文》卷28《赠太尉裴公神道碑》，第2307页。

③ 赵振华：《唐裴光庭墓志与武氏墓志研究》，《故宫博物院院刊》2016年第1期，第102页。

④ 赵振华：《唐裴光庭墓志与武氏墓志研究》，第102页。

⑤ 赵振华：《唐裴光庭墓志与武氏墓志研究》，第104—105页。

⑥ 《旧唐书》卷106《李林甫传》，第3235页。

人。算起来，这位夫人应该比李林甫年龄大不少。"中官高力士本出三思家，及光庭卒，武氏衔哀祈于力士，请林甫代其夫位，力士未敢言。玄宗使中书令萧嵩择相，嵩久之以右丞韩休对，玄宗然之，乃令草诏。力士遽漏于武氏，乃令林甫白休。休既入相，甚德林甫，与嵩不和，乃荐林甫堪为宰相。"[①]高力士是玄宗时期的宠臣，他本来在武三思家工作，武三思的女儿在某种意义上来讲是他家的大小姐，他们之间有主仆关系。等到裴光庭去世之后，武家小姐就找到高力士，希望让李林甫继任自己丈夫的宰相之职，而高力士不敢说。玄宗让中书令萧嵩来决定宰相人选，萧嵩选了韩休，获得玄宗同意。草拟诏书的时候，高力士偷偷通知武家小姐，武家小姐又让李林甫去告诉韩休。李林甫大概是第一个告诉韩休这个消息的人，因而韩休很感谢李林甫。后来韩休与萧嵩不和，一有时机，就推荐李林甫来当宰相。

有时候政治表面是光鲜夺目的，但是背后也不过是人情世故，是家长里短的裙带关系，甚至还有一些感情因素。有时保存下来的史料能让我们稍微看到政治不那么严肃的一面。其实，历史事件的很多逻辑，我们并不能看得很清楚，不过在戏台上的表演永远都是那么的伟大光明。

[①] 《旧唐书》卷106《李林甫传》，第3235—3236页。

多说一点

《三国史记》是一本什么样的书?

　　《三国史记》是一部纪传体官修史书，50卷，记载了朝鲜半岛新罗、百济、高句丽三国的历史。1145年由金富轼等以文言文编撰。其中《新罗本纪》12卷，《高句丽本纪》10卷，《百济本纪》6卷，《年表》3卷，《志》9卷，《列传》10卷。《三国史记》是朝鲜现存最古的史书，主要以已失传的《旧三国史记》和《花郎世记》为依据，同时也参考了中国的历史典籍。它对相关史事的记载，可以跟中国史籍相对照，比如薛仁贵的伐浦之战。

第八章　天皇天后的时代

跟唐高祖、太宗时代一样，高宗时代朝廷的政治斗争也围绕着皇位继承问题。武则天的四个儿子依次被立为储君，各皇子背后的政治力量互相倾轧，给武则天提供了掌控全局的契机。以往有一种流行的看法，认为武则天提倡科举，催生了一批科举官僚，他们取代了世家大族的部分地位，产生了阶级的升降。但实际上当时参加科举的人很少，官员中科举出身者所占比例微乎其微。对贵族政治的系统性改革要等到唐玄宗上台时才发生。

一、武则天儿子李弘名字的玄机

作为武则天的长子和高宗名正言顺的继承人，李弘的早逝给当时的宫廷政治蒙上了一层新的迷雾。这层迷雾自唐代就有了，在司马光、欧阳修的推波助澜下变得更加厚重。李弘到底是怎么死的，相关记载充满了阴谋论，很多资料都在暗示是他的母亲谋杀了他。

李弘是武则天的长子，但是对唐高宗李治来说，他只是第五个儿子。李弘出生于永徽三年（652），他的出生时间证明武则天至少在永徽元年或二年（650 或 651）就跟李治再次相逢了，李弘是他们的爱情结晶。显庆元年（656），李弘四岁，随着武则天被立为皇后，高宗立李弘为太子。李弘是武则天奠定自己政治地位的重要筹码——只有亲生儿子被立为太子，母亲的皇后宝座才得以彻底巩固。这可以说是武则天的一次政治胜利。

史籍中的李弘是个充满仁爱思想的人。比如他跟郭瑜读《春秋左氏传》，读到楚国世子商臣弑楚成王的故事，觉得不忍，就停学《春秋》而改读《礼记》。高宗征伐辽东，老百姓的负担很重，有士兵从前线逃走。按照唐律，这些逃走的士兵家属会受到牵连，李弘就向高宗请愿，希望"逃亡之家，免其配没"[1]。唐代前期关中地区粮食短缺时，皇帝往往会带着大臣百姓去东都洛阳度过荒年，叫"就食东都"。

---

[1] 《旧唐书》卷 86《孝敬皇帝弘传》，第 2829 页。

咸亨二年（671），大旱，关中饥乏，高宗和武则天就食东都，李弘留守长安。李弘查看士兵的口粮，发现有人吃榆皮、莲子，就让自己的属官拿出米来给他们吃。

李弘也像其他的太子一样，积极组织和资助文化学术活动。他和许敬宗、许圉师、上官仪、杨思俭等编纂了五百卷的大型类书《瑶山玉彩》，获得高宗的赞赏。他的婚姻实际上挺不幸的。他最初要娶杨思俭的女儿，可是出了意外——杨思俭的女儿被武则天飞扬跋扈的外甥贺兰敏之强奸了。李弘最后娶了将军裴居道的女儿，据说裴氏非常贤惠，甚有妇礼。高宗也很欣慰，跟大臣们讲："东宫内政，吾无忧矣。"[1]

李弘死于上元二年（675），死时才二十四岁，年纪很轻。宋人编纂的《新唐书》和《资治通鉴》开始把李弘的死和武则天联系在一起，认为是武则天毒死了李弘。其实《旧唐书》并没有相关的记载，只是说萧淑妃的两个女儿义阳公主和宣城公主因为母亲的缘故，被幽禁于掖庭（皇宫旁舍，其作用之一为关押罪臣之女），李弘见到她们后感到意外和不忍，就奏请允许她们出嫁。《旧唐书》记载此事，主要是想描述李弘的仁慈。但是在欧阳修他们修撰的《新唐书》中，李弘的这一举动激怒了武则天，所以失爱于母后。"上元二年，从幸合璧宫，遇酖薨"[2]，被武则天毒死了。《资治通鉴》的记载与新唐书一样，认为李弘仁孝谦谨、中外属心，因为义阳、宣城二公主出降一事与武则天产生矛盾，所以李弘之死，"时人以为天后鸩之也"[3]。其实司马光对此将信将疑："《实录》《旧传》皆不言弘遇鸩。"[4]

---

① 《旧唐书》卷 86《孝敬皇帝弘传》，第 2830 页。

② 《新唐书》卷 80《孝敬皇帝弘传》，第 3589 页。

③ 《资治通鉴》卷 202《唐纪十八》，第 6377 页。

④ 《资治通鉴》卷 202《唐纪十八》附《考异》，第 6377 页。

说武则天毒死自己的亲生儿子，是一种"倒放电影"式的解释，并不可信。这实际上把武则天妖魔化了，仅从她在李弘死后的悼念之举，我们也能真切地感受到一个失去爱子的母亲的伤痛。武则天权力欲望膨胀、想着要当皇帝是很久以后的事，尤其是她丈夫去世之后。人在政治的漩涡里面，走一步是一步，被局势所绑架。李弘被毒死的各种解释都是建立在以武则天登基称帝为基点再反推回来的逻辑下，而这种逻辑并不可靠。武则天活了八十岁，在唐代非常少见。假设武则天只活到六十岁，其实就没有当皇帝的事情了，她在史书中或许会是非常正面的皇太后形象。

相比之下，史料中对于李弘身体不好的记述更为明确。比如《旧唐书》就记载："是时戴至德、张文瓘兼左庶子，与右庶子萧德昭同为辅弼，太子多疾病，庶政皆决于至德等。"[1]李弘身体非常不好，平时连处理日常事务的能力都没有，所有的事情都由戴至德、张文瓘、萧德昭这些人帮忙处理。李弘去世后，高宗所下《赐谥皇太子弘孝敬皇帝制》也说李弘"自琰圭在手，沉瘵婴身"[2]，意思是李弘自从被立为太子就得了严重的瘵病。瘵病可能是肺结核，这种在现代也很棘手的病，在唐代几乎是绝症。李弘死后，其父母给予了他最高的政治待遇，也反映了对他的感情。比如按照天子之礼安葬他，谥为"孝敬皇帝"，葬于猴氏县景山之恭陵。高宗亲自为他创作了一篇《孝敬皇帝睿德记》，并亲自书写在石碑上，树于陵侧。在文中，高宗描述了抢救李弘的过程，但是"西山之药，不救东岱之魂；吹汤之医，莫返逝川之命"[3]，最终李弘还是去世了。武则天也非常悲痛，"天后心缠积

---

① 《旧唐书》卷 86《孝敬皇帝弘传》，第 2829 页。

② 《旧唐书》卷 86《孝敬皇帝弘传》，第 2830 页。

③ 《全唐文》卷 15《孝敬皇帝睿德记》，第 185 页。

悼，痛结深慈"①。

武则天对李弘的去世可以说是耿耿于怀。敦煌文献中的御制《一切道经序》里记载，武则天难掩悲痛，"拂虚帐而摧心，俯空筵而咽泪，兴言鞠育，感通堪胜"②——这是一个正常母亲的丧子之痛，看着儿子昔日居处空荡荡的样子，心如刀绞，悲伤难胜。一直到长寿元年（692），武则天还因为李弘没有子嗣，让李旦把儿子李隆基过继给李弘。一段时间里，李隆基是作为李弘的继承人存在于唐朝的官方政治秩序里面的。他虽然是李旦的孩子，但是被武则天视为李弘的继承人，不过非常巧，后来李隆基真的就当了皇帝。从文献里我们读到的是一位母亲的悲伤，她的种种举动都能说明这一点。我们也看不到李弘的去世能给武则天带来什么政治好处，她实在没有必要在这个时候除掉自己的亲生儿子来达到树立权威的目的；如果这样做，反而还会让她背上政治道德的压力。

其实，李弘的出生、被立为太子一直被视为应谶，彻底巩固了武则天的政治地位。李弘的名字就能说明武则天和李治对这个儿子寄托了多大的希望。

"李弘"这两个字对我们现代人来说不过是个普通名字，回到中古时期，这个名字却代表着一种传统深厚的政治理念。简单地说，李弘就是道教的救世主，而李唐皇室自认是道教教主李耳的后裔。李弘，按照当时的信仰，就是注定要来拯救百姓，开启理想时代的君主，他的名字代表着真命天子，他是注定要继承唐朝的皇位的，李弘才是武则天最重要的政治资本③。

---

① 《全唐文》卷15《孝敬皇帝睿德记》，第185—186页。

② 陈尚君编辑校：《全唐文补编》卷6《一切道经序》，北京：中华书局，2005年，第69页。

③ 孙英刚：《神文时代：谶纬、术数与中古政治研究》第三章《"太平天子"：中古时代的救世主主义与政治宣传》，第100—133页。

很多宗教都有救世主或者弥赛亚（Messiah）的理念，除了犹太教、基督教、伊斯兰教等亚伯拉罕系宗教以救世主观念为人所知以外，佛教的弥勒（Maitreya）、琐罗亚斯德教的沙西安（Saoshyant）、道教的李弘也都属于这样的信仰。刚兴起的道教并非无中生有地建构了一套末世劫难的救赎思想体系，是佛典的译入为道教建构理论提供了思想来源。《太上洞渊神咒经》便是如此取径佛典劫灾观念而造出的，也是最早预测李弘出世的文献。南北朝到隋唐，打着李弘旗号争夺天下的人很多。宾板桥（Woodbridge Bingham）注意到在隋末农民起义中有一个奇特的现象：在主要的二十九个叛乱或者起义领袖当中，有九个姓李。北魏时有个非常重要的学者叫寇谦之，就批评了这种现象："世间诈伪，攻错经道，惑乱愚民。但言老君当治，李弘应出，天下纵横返逆者众。称名李弘，岁岁有之。"[1]当然，李唐皇室也打出了这一旗号。

李唐皇室不但强调他们与道教教主的血缘关系，也直接利用"李弘"作为先知的号召力。敦煌文献中 P.3233、P.2444 两件《洞渊神咒经》抄本，末题："麟德元年（664）七月廿一日奉敕为太子于灵应观写。"[2]当时的太子正是李弘，抄写此经无非是为了表明李弘是道教经典里已经明文写出的继承人，是应谶当王。这是唐代官方操作的符合当时政治理论的宣传活动，居然能流传到敦煌这种边疆地区，可以想象当时全国是怎样的情况。

前面我们讨论了贞观十七年（643）李承乾被废黜，李治被立为新的太子。当年秋八月，凉州刺史李袭誉奏称在昌松县鸿池谷发现青质白文的瑞石五块，上面出现了李治的名字："高皇海出多子。李元

---

① 《老君音诵诫经》，《正统道藏》第 30 册，台北：艺文印书馆，1972 年，第 24224 页。

② 叶贵良：《敦煌本〈太上洞渊神咒经〉辑校》，北京：中国社会科学出版社，2013 年，第 31 页。

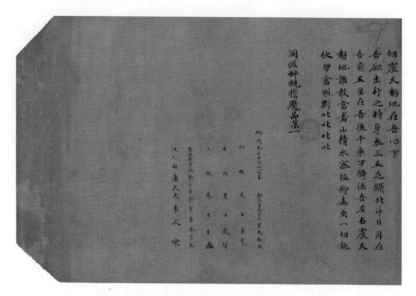

图 41　P.3233《洞渊神咒经》。敦煌藏经洞所出，现藏法国国家图书馆。题记云："麟德元年（664）七月廿一日奉敕为皇太子（李弘）于灵应观写。初校道士李览、再校道士严智、三校道士王感，专使右崇掖卫兵曹参军事蔡崇节、使人司藩大夫李文暕。"

王八十年。太平天子李世民。千年太子李治书。"① 太宗派人祭祀，认为这是李治是合法继承人的证据。所谓"李元王八十年"，即指李渊冥寿八十，其于贞观九年崩，享年七十一岁，至贞观十七年（643）正好八十岁。利用谶纬思想为政治服务，是中古时期的重要特色，这是当时最有效最系统的政治理论。

知道了"李弘"这个名字的意涵，就明白了武则天和高宗对这个儿子倾注了多少期待。可惜李弘身体羸弱，四岁时差点夭折，玄奘还为他祈福。高宗专门为他建立了西明寺和东明观。西明寺实际上是唐前期长安最重要的寺院，规模宏大，方圆数里，"凡有十院，屋四千余间。庄严之盛，虽梁之同泰，魏之永宁，所不能及也"②。由此也可

---

① 《旧唐书》卷 37《五行志》，第 1349—1350 页。

② （唐）慧立、（唐）彦悰撰，孙毓堂、谢方点校：《大慈恩寺三藏法师传》卷 10，第 214 页。

以一窥高宗和武则天对李弘的溺爱，而李弘为了感谢父母，在洛阳也修建了敬爱寺。

综合来看，李弘应该是自然死亡，并没有太多的阴谋在里面。武则天虽然是野心勃勃的政治家，但是她的野心是一点点膨胀起来的，过分黑化她并不合适，毕竟在李弘的时代她也并没有太多违反人性的做法。从众多文献的字里行间还是能读出来母亲和儿子之间的感情的。我们不能否认在龌龊黑暗的政治里面，还有一丝丝人性的光辉和温暖。

二、章怀太子与《黄台瓜辞》

提到章怀太子李贤（655—684），大家印象最深的，恐怕是他陵墓里的壁画和以他的名义创造的《黄台瓜辞》。

李贤的人生并不平凡，做过太子，在高宗朝的政治斗争中跌宕起伏，最终死于非命。他死时三十岁，二十二年后，他的灵柩才从巴州运回了长安，陪葬在乾陵。唐睿宗上台后，于景云二年（711）重开墓室将李贤与夫人房氏合葬。睿宗似乎跟李贤的关系比较好，所以追赠这位哥哥为章怀太子——在他活着的时候，从未被称作章怀太子，这一点很多电视剧都犯了错误。但此时墓室不能再重新改造了，所以睿宗在壁画上做了一些手脚，添了两个侏儒。这是唐代的一种政治待遇，是达到太子级别或其以上才能有的符号。所以这个墓的规格只有亲王级别，甚至比永泰公主墓的规模还小。

李贤的一生命途多舛，甚至死后也不得安宁，墓葬被盗，陪葬品被洗劫。值得庆幸的是，墓室壁画被保存了下来。这些壁画都是精品，代表了唐代较高水准的绘画技艺。其中《打马球图》《狩猎出行图》《客使图》《观鸟捕蝉图》极为精彩，最为大家称道，也为我们保存了大量的历史信息。《狩猎出行图》描绘的是侍卫们骑着马跟着李贤出去打猎的场景，非常壮观。有的侍卫的马鞍后还蹲坐着猎豹和猞猁。猞猁这种动物比猫大很多，耳朵尖尖的，长得很可爱，实际上很凶猛，在唐代是用来打猎的。《狩猎出行图》中一位身穿深蓝色圆领窄袖衫、马鞍为红色的骑行者，很可能就是墓主李贤，但很可惜的是他的脑袋被盗墓贼铲掉了。《客使图》描绘了三位外国使臣，他们很可能是来自东罗马帝国、新罗和靺鞨。唐文明具有世界主义的特征，跟其他的文明交往很多，但让人没有想到的是东罗马帝国也有使者到唐朝来。唐朝跟外来文明交流的密度和强度超出我们想象。《打马球图》反映了唐代马球运动的流行。马球或起源于波斯，兴盛于唐朝，除了娱乐之外，还具有军事训练色彩。唐代阎宽《温汤御球赋》云："伊蹴鞠之戏者，盖用兵之技也，武由是存，义不可舍。"① 意思是马球实际上是用来训练作战技巧，武功因为运动才得以保存。

《全唐诗》卷六收李贤诗一首，就是大家津津乐道的《黄台瓜辞》，云："种瓜黄台下，瓜熟子离离。一摘使瓜好，再摘使瓜稀。三摘犹自可，摘绝抱蔓归。"② 这首诗被认为是李贤劝谏母亲武则天所作，其实很可能是中唐时期的李泌创作的。当时肃宗赐死了自己儿子建宁王李倓，李泌为了保护广平王李俶（也就是后来的唐代宗），警示肃宗不要再次"摘瓜"，给肃宗念了这首诗。此前大家甚至不知道有这首诗存在，肃宗自己也不知道，听闻后大惊，道："公安得有是言！"③

章怀太子是高宗第六子。上元二年（675），在李弘去世后被立为太子。按照《旧唐书》的说法，李贤从小就显示出贤明的一面，容止端雅，熟读经书，深为高宗所嗟赏。他从二十岁开始做太子，做储君的时间大概有七八年，其间的表现也很不错。高宗令其监国，李贤处事明审，为时论所称，获得了高宗的褒奖。而且他做了一件了不起的

---

① 《全唐文》卷 357《温汤御球赋》，第 3811 页。

② （清）彭定求等编：《全唐诗》卷 6《黄台瓜辞》，北京，中华书局，1960 年，第 65 页。

③ 《旧唐书》卷 116《承天皇帝倓传》，第 3385 页。

事，组织了一批学者注释范晔《后汉书》，太子左庶子张大安、洗马刘讷言、洛州司户格希玄、学士许叔牙、成玄一、史藏诸、周宝宁等均参与其中，这些注释条文至今还是研究《后汉书》的重要史料。王先谦称赞"章怀之注范，不减于颜监之注班"[①]，评价非常高。研究汉朝是隋唐时代的显学，从隋朝太子杨勇、唐朝太子李承乾到章怀太子李贤都是如此。汉朝是唐朝之前唯一长期存在的统一王朝，是唐朝人看待历史和自己的重要维度，他们希望能从汉朝的历史里吸取教训，找到治国的方略。这也是唐代学问非常重要的特点。

李贤倒台的源头是和武则天失和。实际上仅根据史料我们也读不出具体的原因，都是一些捕风捉影的细节。人与人之间的关系复杂又幼稚，有的时候"政见不合"这类笼统的字眼很难解释清楚一个历史事件发生的原因。有多少政治斗争真的是因为双方政见歧异造成的呢？很多时候政治斗争只是因为个人利益，甚至是因意气之争而引起的。李贤与武则天产生矛盾最直接的原因是明崇俨的被杀。明崇俨这个人并非无名之辈，他的家族以学问著称，他自己容貌俊秀，风姿神异，尤其精通数术占相。明崇俨屡屡以神道参与朝政，颇有效果，甚至帮助高宗治疗风疾，高宗和武则天都很信任他。他给高宗诸子相面，认为李贤不堪继统，英王李显"状类太宗"[②]，而相王李旦面相最贵（明崇俨自己是李旦旧僚佐，担任过王府文学）。这样的说法让李贤很尴尬和惶恐，武则天可能也对此将信将疑，因而对李贤颇为苛刻。母子关系自此变得紧张，甚至传出了李贤不是武则天亲生儿子，而是韩国夫人（武则天姐姐）儿子的谣言。

调露元年（是年六月改元，679），高宗和武则天宠信的明崇俨在家里被刺杀，轰动一时。《朝野佥载》的作者张鷟记载了此事："俨独

---

① （清）王先谦撰：《后汉书集解》，北京：中华书局，1984年，第4页上。

② 《旧唐书》卷86《章怀太子贤传》，第2832页。

图 42 《侍女侏儒图》。章怀太
　　　 子墓壁画，现藏陕西历
　　　 史博物馆。

坐堂中，夜被刺死，刀子仍在心上。敕求贼甚急，竟无踪绪。或以为
俨役鬼劳苦，被鬼杀之。孔子曰：'攻乎异端，斯害也已。'信哉！"①
张鷟认为是明崇俨整天捣鼓鬼神之术，操纵鬼魂为自己所用，最终被
鬼所杀。但当时武则天怀疑是李贤干的。

　　史书还记载李贤有同性恋倾向。《资治通鉴》说李贤"颇好声色，
与户奴赵道生等狎昵"②。武则天派人抓了赵道生，结果他因为害怕告
发了太子，"发其阴谋事"③。高宗下诏令中书侍郎薛元超、黄门侍郎裴

①（唐）张鷟撰，赵守俨点校：《朝野佥载》卷 3，第 66 页。

②《资治通鉴》卷 202《唐纪十八》，第 6397 页。

③《旧唐书》卷 86《章怀太子贤传》，第 2832 页。

炎、御史大夫高智周与法官审讯此案，他们从东宫马坊中搜得数百副黑甲，将这些作为李贤造反的证据。最后审理的结果是把李贤集团的重要成员一锅端掉：张大安被贬为普州刺史，刘讷言被流放于振州，被牵连者有十余人，那些黑甲被焚毁于天津桥。李贤被废为庶人，后迁往巴州，退出政治舞台。684 年，唐朝中央政府发生动荡，高宗去世，中宗即位又很快被废黜，武则天临朝。远在巴州的李贤也被波及。武则天让左金吾将军丘神勣去巴州看管李贤，防止他被人利用，然而李贤却死了。《旧唐书》认为是丘神勣逼迫李贤自杀；李贤的墓志只暗示其死于非命，没有说明到底是如何死的；也有人认为李贤是因为担惊受怕自杀而死。李贤死后，武则天因不想背上杀子恶名，举哀于显福门，追封其为雍王。几个月后，英国公李敬业以太子李贤为号召，在骆宾王等支持下率先在扬州起事。这说明武则天的担心并非没有依据。

其实在每一次政治变局的波涛里，我们能看到的只是浮在水面的很少部分人，很多小人物虽隐匿在波涛之下，但命运都在随之浮沉。凑巧有些人的墓志被发现，可以让我们窥见一些相关信息。李贤做亲王时期有一个叫韦惛的下属，《韦惛墓志》记：

> 咸亨二年，（韦惛）授雍王（李贤）府兵曹参军。……（雍王立为皇太子后）爰以藩邸旧僚，入为储宫官属，授太子通事舍人，兼知典膳局事。……（雍王被废）乃出为光州乐安县令。……纡骥足而临下邑，曲牛刀而割小鲜。[1]

作为雍王的僚佐，韦惛的命运便自然地与雍王的兴衰联系在一起。还有雍王府参军韦承庆：

---

[1] 吴钢主编：《全唐文补遗》（第三辑），《韦惛墓志》，第 29 页。

图43 《狩猎出行图》（局部）。章怀太子墓壁画，现藏陕西历史博物馆。

　　二十四，随牒授雍王府参军。累迁王府功曹参军。……属朱邸升储，黄离应象。妙求端士，高步春闱。拜太子通事舍人，累迁太子文学司议郎。……寻以庶园衅起，新城祸作……凡在旧僚，咸从贬黜。乃随例授湖州乌程县令。①

他跟韦愔一样倒霉，太子倒台后就被发配到了今天的湖州。

　　中宗和睿宗对待李贤的态度完全不同。中宗仅仅以亲王级别安葬李贤，而睿宗追封其为章怀太子，算是彻底平反昭雪，恢复政治待遇。二人给章怀太子的儿子李守礼的待遇也不一样。中宗仅仅授予李守礼光禄卿同正员的官职；睿宗进封其为邠王，还命其担任左金吾卫

---

① 吴钢主编：《全唐文补遗》（第三辑），《韦承庆墓志》，第37—38页。

大将军、遥领单于大都护和诸州刺史等高位。看上去睿宗跟自己的二哥关系比较好。有一个原因是，李守礼跟睿宗的孩子是一起在宫里长大的，感情本来就好。

李贤的倒台，除了武则天之外，还有别的政治力量在其中发挥作用。自仪凤四年（是年六月改元，679）五月，明崇俨被刺杀时起，武后就已决定废黜李贤。但是她并没有急于动手，而是进行了细致的布置。次年，也就是永隆元年（680）四月戊辰，"黄门侍郎裴炎、崔知温，中书侍郎王德真并同中书门下三品"[1]。这三个人中崔知温是英王（李显）府司马，王德真是相王（李旦）府司马，裴炎则是王德真的外甥。这样宰相的结构就发生了不利于太子李贤的变化，这也正是武后能够废黜李贤的重要原因。在审理李贤的案子中，裴炎发挥了主要作用。

唐太宗曾形容夺储之争是"文武之官，各有讬附；亲戚之内，互为朋党"[2]。正是鉴于以前兄弟相残的教训，唐高宗对于皇子之间的勾心斗角十分敏感，想尽一切办法防范。《唐才子传》卷一《王勃》条记："未及冠，授朝散郎。沛王召署府修撰。时诸王斗鸡，会勃戏为文檄英王鸡，高宗闻之，怒，斥出府。"[3] 当时李贤很喜欢王勃，王勃写了篇文章叫《檄英王鸡》——替老二李贤写文章讨伐老三李显的鸡。高宗因为这篇文章很生气，把他赶出了李贤府。从种种迹象看，李贤与李显两个人之间还是存在着某种竞争关系。

---

① 《旧唐书》卷 5《高宗本纪》，第 106 页。

② 《旧唐书》卷 76《濮王泰传》，第 2656 页。

③ （元）辛文房撰，周绍良笺证：《唐才子传笺证》卷 1，北京：中华书局，2010 年，第 15—16 页。

三、李淳风和袁天纲的预言

　　人类从未停止过对自己未来的预言，我们至今仍生活在对预言所描述的美好世界的憧憬里。到现在我们也还是希望能够预测未来的走势，不论是经济、社会的走势，还是家国、个人的命运。因此我们不能从现代科学理性的角度来揣测古人。阴阳五行在唐代是很系统的一门学问。其根本性质是从人类社会外部寻找人类社会自身运行的规律，将宇宙运行的迹象和家国命运的起伏联系在一起。"人副天数"——人类世界是天命秩序的反映，在当时还是比较先进的政治思想。比如天文星占是中古时代政治文化的重要组成部分，其主要功能和目的并不是为农耕服务，而是预测王朝运数，影响政治起伏。几乎每一部官方史书中都有系统的天文志。这种系统的知识一般被统治阶级所垄断，秘而不传。太史公曰："自初生民以来，世主曷尝不历日月星辰？[1] 已经点出天象对君主的意义。孟子说"五百年必有王者兴"[2]，依据就在于木星、土星、火星每 516.33 年会相聚一次。这些推测都建立在当时人的知识逻辑上，实际上不在于我们信不信，而在于司马迁和孟子信不信，如果他们相信的话，那么就会对他们的思想和

---

[1] 《史记》卷 27《天官书》，北京：中华书局，1982 年，第 1342 页。

[2] （清）焦循撰，沈文倬点校：《孟子正义》卷 9，北京：中华书局，1987 年，第 309 页。

行动产生影响。五星、四星、三星汇聚被视为强烈的革命征兆，直到唐代依然对政治宣传和实践产生影响。

从汉代到隋唐，存在一个绵延近千年的儒家神学主义传统。在董仲舒、郑玄等人的推动下，整个儒家思想理论体系出现神学化的特点，为君主独裁提供了最好的精神武器和理论自信，将后者统治合法性的基础，归结于天——超乎人类世界之上的、代表最高和必然趋势的力量。唐代时阴阳五行、天人感应的宇宙观影响仍在。仔细阅读代表官方立场的《五经正义》就会发现，唐代官方学者对儒家经典的阐释依然不脱这种宇宙观的影响，比如孔颖达等人在该书中引用了大量谶纬之说。

如果孔颖达等儒家学者还不具备说服力，我们再看看当时其他类型的学者，比如吕才、李淳风等，他们以"技术"著称，被认为掌握着当时最高的关于天地自然的知识。不论从他们的著作还是活动来看，其知识主体依然是阴阳五行、天人感应的儒学思想或者术数知识。至于像魏徵、李延寿这些史家，或者张说、陈子昂这些文人，其议论、叙述也无不渗透祥瑞灾异之观念。《隋书·经籍志》将谶纬之书系于儒经之下，可见其认为谶纬之学是儒家学说的一部分，至少可以补充六经之缺，那些将《隋书》的作者魏徵拔高为儒家典范的观点，很可能是脱离了当时的知识和思想语境，被后世或者当代学者想象和构建起来的。

唐朝维持了一个庞大的天文星占的官员队伍，大家熟悉的李淳风就曾领导过唐帝国的星占历法工作。李淳风二十五岁就进入太史局，工作了四十年一直到去世，先后服务过唐太宗跟唐高宗。也许因为他领导工作时间过长，慢慢就被符号化成神秘主义的代表。在汉唐时代，这些术士对政治的影响超出我们的想象。唐前期有很多政治事件，尤其是激烈的政治变动，都受到了天文预测的影响，比如李淳风的前前任太史令傅奕在玄武门之变前几天，观察到太白星两次在白天出现，就去秘奏唐高祖——不是告密，而是正常的工作汇报。这个天象推动了玄武门之变的发生。政变后，李世民还专门找傅奕谈话，说你差点害死我，不过也认可了傅奕的专业水平，希望他继续给自己提供咨询服务。

李淳风的上一任太史令是薛颐，是个道士，水平也很高，《旧唐书》有传。在李世民还是秦王的时候，薛颐就私下告诉他说："德星守秦分，王当有天下，愿王自爱。"①贞观年间李世民曾计划去泰山封禅，薛颐查看天相后劝止了李世民。大约贞观十七年（643）前后，薛颐退居二线，又做了道士。李淳风接替薛颐担任太史令。李淳风每次观望天象后，太宗都让薛颐按自己的办法也观测一遍并将结果上奏朝廷，两人的观测结果大多一致。过了两三年，薛颐死了，李淳风成了唐朝天文、历法、星占方面的最高权威。

李淳风（602—670），岐州雍县人。他是世家子弟，从小博览群书，是当时杰出的天文学家、数学家、历史学家，精通天文、历算、阴阳学说，代表了那个时代的最高知识水平。李淳风最为大家所知的身份是《推背图》的作者。他写过很多专业书籍，比如《乙巳占》。此外他还是世界上第一个给风定级的人。

根据《旧唐书·李淳风传》的记载，贞观年间流传过一个预言性质的文本叫《秘记》，书中说："唐三世之后，则女主武王代有天下。"②唐三世恰好就是高宗李治。贞观二十二年（648），根据天文测算，出现了太白昼现的天象。李世民也许就是在这一年听取太史令李淳风的汇报。李淳风预测应谶之人"已生，在陛下宫内，从今不逾三十年，当有天下，诛杀唐氏子孙歼尽"③。李世民计划把疑似的人都

① 《旧唐书》卷 191《薛颐传》，第 5089 页。

② 《旧唐书》卷 79《李淳风传》，第 2718 页。

③ 《旧唐书》卷 79《李淳风传》，第 2719 页。

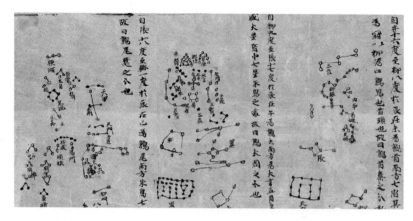

图 44 《敦煌星图》（甲本）。现藏英国大英博物馆。这是世界上最早的星图，大约绘制于唐中宗时期（705—710）。文字部分出现了"臣淳风言"，说明该星图受到李淳风的影响，或者李淳风参与了这个星图较早版本的制作。

杀掉，遭到李淳风劝阻，认为"王者不死，多恐枉及无辜。……今若杀之，即当复生，少壮严毒，杀之立仇"①。李淳风所言"王者不死"，是说"王者"是天命赋予的神圣统治者，是杀不死的。如果真的杀了他，就会生出新的更年轻、危害更大的人，所以劝唐太宗不要滥杀无辜。李淳风《乙巳占》："天数建时，政不以类，则太白经天昼见，国易政，四夷内侵，中国乱，失道者乱亡矣。"② 这倒是符合李淳风一贯的预测逻辑。

同年将军李君羡被杀，让这件事蒙上了新的迷雾。李君羡是洺州武安人，早年参加瓦岗起义，效忠李密；李密兵败后，归顺王世充，授骠骑将军；后跟随秦叔宝归附唐朝，从讨刘武周及王世充等，每战一定会单枪匹马冲锋陷阵，前后获得宫女、马牛、黄金、杂彩等赏赐不可胜数。可以说李君羡跟着李世民南征北讨立下了汗马功劳。太宗即位，封他为武连县公，驻防玄武门。玄武门在唐前期的政治里面非

① 《旧唐书》卷 79《李淳风传》，第 2719 页。

② （唐）李淳风撰：《乙巳占》卷 6，丛书集成初编本，第 712 册，北京：中华书局，1985 年，第 102 页。

常重要，可见李君羡很受太宗的信任。

有一次唐太宗在宫里跟大家喝酒，说起了各自的小名，李君羡说自己小名是"五娘子"。太宗一听心里一惊，但面上没有表现出来，大笑说："何物女子，如此勇猛！"[①]当时因太白频频昼见，太史占曰："女主昌。"[②]又有谣言："当有女武王者。"[③]让太宗很敏感。恰好李君羡小名"五娘子"，爵位为"武连县公"，职务是"左武卫将军"，又驻防玄武门，太宗因此对李君羡深感厌恶，将他调到外地去了，贞观二十二年又下诏杀了他。

武则天上台后，李君羡的家属到京城申冤，于是在李君羡去世大概四十年后，武则天恢复了他的官爵，以礼改葬。武则天的这些操作显然是在操弄舆论，将李君羡被杀描述为替自己挡刀，也就更加佐证了自己当皇帝的神圣性。这一故事颇类似"灭秦者胡""李氏将兴"。秦始皇把"灭秦者胡"理解成匈奴，就去修筑长城，攻打匈奴；后来有人解释"灭秦者胡"的"胡"指的不是匈奴，而是胡亥。在隋朝"李氏将兴"的预言流传得特广，隋炀帝很讨厌这种说法。《隋书》中记载隋炀帝曾梦见洪水冲击大兴城，醒来之后越想越不对劲，正好当时开国功臣李穆有个孙子叫李敏，小名叫"洪儿"，隋炀帝就找了个借口将其杀了。后来到了唐朝，有人认为洪水指的应是李渊。实际上任何政治谶言都至少由两部分组成：第一部分是它的历史渊源；第二部分便是随着政治形势的发展，它会不断被不同的政治集团出于不同的目的进行有利于自己的改造。这就形成了非常凑巧的故事，就像李君羡事件一样。本来都过去四十年了，没人再提了，到了武则天当皇帝，事情就又被扒拉出来，武则天一看，这么好

---

① 《旧唐书》卷 69《李君羡传》，第 2524—2525 页。

② 《旧唐书》卷 69《李君羡传》，第 2524 页。

③ 《旧唐书》卷 69《李君羡传》，第 2524 页。

的素材我怎么能放过①。

唐朝前期还有一位占相大师叫袁天纲。成都的天宫院把李淳风和袁天纲放在一起祭祀，实际上并不合适。李淳风是天文世家出身，平流进取，坐致公卿，不但著作等身，而且长期担任技术流高官；而袁天纲比李淳风大二十多岁，主要是帮人看相。袁天纲（573—645）是成都人，以相面、断吉凶著称。找他看过相的大臣很多，包括杜淹、王珪、韦挺、窦轨等。这些人跟李世民说袁天纲算命准，所以贞观六年到八年，太宗曾短暂将其召到长安，但很快就将他外放火井县任县令。袁天纲始终没有进入中央。

在官方史书中，袁天纲也给武则天算过命。武则天的父亲武士彠于贞观初年授任利州都督，全家于是随迁蜀中。大概是这个原因，让袁天纲有机会给武士彠的家人算命。《新唐书》记载："袁天纲见其母，曰：'夫人法生贵子。'乃见二子元庆、元爽，曰：'官三品，保家主也。'见韩国夫人，曰：'此女贵而不利夫。'后最幼，姆抱以见，绐以男，天纲视其步与目，惊曰：'龙瞳凤颈，极贵验也；若为女，当作天子。'"②《旧唐书·方伎列传》中记载，袁天纲还转到侧面看武则天，吃惊地说："必若是女，实不可窥测，后当为天下之主矣！"③

《推背图》据说是李淳风所作，内含 60 幅图画，每一幅图配以一卦象一谶一颂，基本上依照《周易》六十四卦的顺序，分述李世民之后的中国以及世界的命运，被认为是一本奇书。历史上对《推背图》最早的记载，出自南宋岳珂（岳飞之孙）所写的《桯史》：

　　唐李淳风作《推背图》。五季之乱，王侯崛起，人有倅

---

① 孟宪实：《武则天研究》第三章《李君羡案件》，第 63—98 页。

② 《新唐书》卷 204《袁天纲传》，第 5801 页。

③ 《旧唐书》卷 191《袁天纲传》，第 5094 页。

心，故其学益炽。闭口张弓之谶，吴越至以遍名其子，而不知兆昭武基命之烈也。宋兴受命之符，尤为著明。艺祖即位，始诏禁谶书，惧其惑民志以繁刑辟。然图传已数百年，民间多有藏本，不复可收拾，有司患之。一日，赵韩王以开封具狱奏，因言犯者至众，不可胜诛。上曰：'不必多禁，正当混之耳。'乃命取旧本，自己验之外，皆素其次第而杂书之，凡为百本，使与存者并行。于是传者懵其先后，莫知其孰讹；间有存者，不复验，亦弃弗藏矣。[①]

李淳风的专业水平很高，对未来国家命运的预测算到了几千年以后。他所留下的东西不断流传，到五代，在政治上掀起了很多波澜。宋代，老百姓拿着这些东西自己解释，想要干预政治，让官府很头疼。皇帝最后想出了个主意，伪造了很多不同的版本流传出去，于是假假真真，鱼目混珠，所有的人都搞不清楚了。

---

① （宋）岳珂撰，吴企明点校：《桯史》，北京：中华书局，1981年，第2页。

四、给高宗看病的东罗马医生

683 年冬天，在位三十四年的高宗皇帝走到了生命的尽头。在专制政体里，最高统治者的健康永远是国家的机密，这关系到政局的稳定，若非特殊情况不会向外公布。原本大家其实并不知道高宗得病了，但这一年十一月丙戌这一天，高宗已经病入膏肓，便下诏取消原定的第二年封禅嵩山的计划，并且命太子监国，以宰相裴炎、刘景先、郭正一兼东宫平章事。诏书一下，一些有政治敏感性的大臣肯定已经有所猜测了。此时，高宗头痛难忍，并且眼睛也看不见了，已经不能接见大臣，宰相们都无法觐见，只有武则天陪在身边。对自己的病，高宗做了最后一次努力。他召"侍医秦鸣鹤诊之"[1]，秦鸣鹤提出了新的治疗方案，请刺头出血，认为可以治愈高宗之疾。史料中对这一本来在密室之内发生的事情记载得活灵活现，说武则天在帘中大怒，呵斥道："此可斩也，乃欲于天子头刺血！"[2]秦鸣鹤叩头请命。有的史料还揣测，武则天不希望高宗能痊愈——当然这都是妄加揣测，不符合人情。但是高宗支持秦鸣鹤的治疗方案，说："但刺之，未必不佳。"[3]于是秦鸣鹤针刺高宗百会、脑户二穴，居然真的

---

① 《资治通鉴》卷 203《唐纪十九》，第 6415 页。

② 《资治通鉴》卷 203《唐纪十九》，第 6415 页。

③ 《资治通鉴》卷 203《唐纪十九》，第 6415 页。

有效果，高宗马上就看到东西了。武则天"举手加额曰：'天赐也！'自负彩百匹以赐鸣鹤"[1]。

根据文献记载，高宗的病属于"风疾"，临床症状包括头痛眩晕、抽搐痉挛、步履不稳，甚至突然晕厥、半身不遂等。这似乎是李唐皇室的家族遗传病，明确记载患有此症的包括高祖、太宗、高宗、顺宗、穆宗、文宗、宣宗。这似乎是很复杂的一种病，但具体是什么病存在争议。有的人认为是心脑血管疾病，高血压、冠心病、脑血管僵化等，可能跟饮食没有节制、喝酒纵欲有关。但是很难让人相信，唐代三十多岁的人会患有这些疾病，毕竟心脑血管疾病年轻化是二十世纪才广泛出现的现象。再说心脑血管疾病引发的头痛目眩是轻微的，不会像高宗那么痛苦。也有人认为高宗得的是一种美尼尔氏病，也称内耳眩晕症。这种病的临床症状包括眩晕、视力模糊等，倒很符合高宗的情况，毕竟高宗因为头痛、失明对武则天特别依赖。

从日本学者桑原陟藏开始，就有很多学者指出，给高宗治病的这位秦鸣鹤是一位来自东罗马的医生。玄宗时期有个叫杜环的人，在怛罗斯之战中被阿拉伯人俘虏，在巴格达等地辗转一圈又回到唐朝。他把自己那些离奇的经历和见闻写在了《经行记》里，这本书就记载："其大秦，善医眼及痢，或未病先见，或开脑出虫。"[2] 中世纪欧洲流行放血疗法，而且最初操作放血的都是基督教神职人员，一直到 1163 年，教皇亚历山大三世才准许非神职人员为病人放血治疗。医疗是景教传教的重要手段，《大秦景教流行中国碑》就记载"病者疗而起之"[3]。这个秦鸣鹤以秦为姓，也从侧面印证他来自大秦（东罗

---

① 《资治通鉴》卷 203《唐纪十九》，第 6415 页。

② （唐）杜环著，张一纯笺注：《经行记笺注》，北京：中华书局，2000 年，第 23 页。

③ 《全唐文》卷 916《景教流行中国碑》，第 9547 页。

马）。景教实际上是基督教的异端分支，叫聂斯托利派，在叙利亚有分支机构。后来景教的传教士一路东行来到长安，并且在长安建立教堂，很多大臣都参与其中。这实在是文化奇迹。

历史上接受放血治疗的人很多，比如法国的路易十四。这种疗法在西方流行了两千年，自古希腊的希波克拉底等就开始支持这种疗法。美国第一任总统华盛顿也在病重之际采用了放血疗法，不过似乎不很成功，华盛顿最后由于放了太多血而死于失血休克。

为了治病，李治生前可能还服用过一种东罗马传来的药丸"底也伽"（Therica）。《旧唐书·拂菻传》记载，拂菻"乾封二年，遣使献底也伽"[1]。据学者考证，这是一种含有罂粟成分的万能解毒药。拂菻国也称大秦，是隋唐时对东罗马帝国拜占庭的称呼。李治特别热衷炼丹术，孙思邈、叶法善都是他的咨询对象。但是底也伽不是丹药，而是将多种药品粉碎混合再用蜂蜜调合而成的药丸，又称威尼斯蜜。这种药因为含有鸦片成分，所以对治疗头痛、眩晕、耳聋有一定效果。高宗主政时曾颁布了世界上第一本国家级药典《新修本草》，其中就记载了这种药："底野迦，味辛、苦，平，无毒。主百病，中恶，客忤邪气，心腹积聚。出西戎。云用诸胆作之，状似久坏丸药，赤黑色。胡人时将至此，亦甚珍贵，试用有效。"[2]也有人说，《唐本草》著录的这味药味道苦辛，应该是经过了印度的改造，以印度眼科医术为中介传入中国。毕竟这种药最早被叫作威尼斯蜜，很可能是甜的。有学者说应该是后来受印度的影响，里面加了蛇胆，味道就变苦了。胡人把这种药贩卖到中国时都当作珍品售卖，所以价格很高。《唐本草》说它的药效不错，高宗用后疗效怎样就不知道了。不过从高宗治病这

---

① 《旧唐书》卷198《拂菻传》，第5315页。

② （唐）苏敬等撰，尚志钧辑校：《唐·新修本草（辑复本）》，合肥：安徽科学技术出版社，1981年，第372页。

图 45 高昌景教寺院壁画。现藏德国柏林亚洲艺术博物馆。这幅壁画宽约 70 厘米，高约 63 厘米，描绘了一群手持棕榈枝的信徒簇拥着一位牧师。羽田亨认为这描述的是圣枝节（Palm Sunday），即复活节的前一个星期天，人们欢迎基督骑驴进入耶路撒冷城的场景。左边较大的人物是耶稣，右边分别是彼得、约翰和抹大拉的玛利亚。

件事，我们也可以看到当时中国文明的国际化程度很高，对外来文明是开放包容的姿态。

秦鸣鹤的医术最终只是缓解了高宗的痛苦，并没有挽救高宗的生命。十一月丁未这一天，百官最后一次在洛阳天津桥南见到了皇帝。十二月己酉日，高宗下诏改永淳二年（683）为弘道元年，大赦天下。

> 上欲亲御则天门楼，气逆不能上马，遂召百姓于殿前宣之。礼毕，上问侍臣曰："民庶喜否？"曰："百姓蒙赦，无不感悦。"上曰："苍生虽喜，我命危笃。天地神祇若延吾一

两月之命，得还长安，死亦无恨。"①

高宗说如果能延长我一两个月的寿命，让我能回到长安，我就死而无憾了。唐人对长安有一种特殊的眷恋，"长安不见使人愁"，高宗在死前还是想念他从小生长的地方。

当晚，他召宰相裴炎入宫受遗诏辅政，崩于贞观殿，时年五十六岁。

宣遗诏："……皇太子即位于枢前。……军国大事有不决者，取天后处分。"群臣上谥曰天皇大帝，庙号高宗。②

武则天跟唐高宗实际上是有真感情的，官方的文字虽然已经湮灭很多，但有些读来还是感人。高宗去世时武则天已经六十岁了。她亲自撰写了哀册文，文辞感人："瞻白云而茹泣，望苍野而摧心。怆游冠之日远，哀坠剑之年深。泪有变于湘竹，恨方缠于谷林。念兹孤幼，哽咽荒襟，肠与肝而共断，忧与痛而相寻。"③并且根据高宗的遗愿，将其归葬长安。这件事遭到了很多人的反对，其中之一便是陈子昂，但武则天还是遵循了高宗的遗愿。高宗的陵墓选在长安城西北的梁山，八卦中乾位在西北，所以高宗陵寝被称为乾陵。乾陵前并立着两块巨大的石碑，一块是武则天的无字碑，一块是高宗的"述圣碑"。高宗统治的三十多年，知人善用，提拔一大批名臣良将，为大唐的繁荣打下了坚实的家底。在制度建设上，他进一步巩固了科举制，并且编修了我国现存最古老的法典《永徽律》。

唐高宗统治的三十多年在史书中显得有点平淡，实际上平淡的岁

---

① 《旧唐书》卷 5《高宗本纪》，第 111—112 页。

② 《旧唐书》卷 5《高宗本纪》，第 112 页。

③ 《全唐文》卷 96《高宗天皇大帝哀册文》，第 992 页。

月对老百姓才是最好的，说明当时确实是盛世。唐高宗为后来大唐的繁荣打下了坚实的家底，所以玄宗才能在经过武周革命反复的政治动荡后，再度恢复李唐荣光。很可惜的是，因为武则天后来的上台，唐高宗在后世的评价里被刻意描述为昏君。在唐高宗统治的漫长岁月里，武则天只是辅佐者，其实高宗留下的班底基本上都不支持武则天，百官中宰相与军队各司其职，谁也没想到会有集团的斗争，每个人仅仅是扮演自己的角色。武则天自己也没想到会走上皇帝的宝座，一切实际上都是权力的碰撞和巧合。

五、武则天真的能操纵高宗吗？

我们很容易根据后来武则天篡唐建周的情况，质疑高宗为什么不制约武则天——虽然高宗对其死后的政治权力格局已经进行了精心的安排。这其实都是我们的上帝视角在作怪。大家试想一下，高宗和武则天是夫妻，相濡以沫几十年，高宗为什么要制约武则天呢？在高宗去世的那天晚上，他深夜急诏裴炎进宫交代后事，他们会谈什么呢？是告诉裴炎要警惕武则天篡唐，还是把孤儿寡母托付给裴炎等执政大臣？当时武则天已经六十岁上下了，谁能料到她居然活到八十多岁？谁能料到这个老太太将来还要当皇帝？

武则天真的能操纵高宗吗？并不能。高宗活着的时候，几乎一切的大事都是高宗在决定。政府人事尤其是宰相人选的抉择权都在高宗手中。李义府、上官仪、薛元超似乎代表了不同的政治立场，但是实际上他们几个都有一个共同的出身，就是晋王府的旧僚，都是高宗没当皇帝时候的老部下。高宗是个周密的人，三十年太平天子绝非平庸之辈。武则天在登基为帝的过程中，反复强调自己是高宗事业的继承人。高宗的形象被刻意打压，可能是在武则天下台之后。

高宗做事的特点是阴柔狠毒，对权臣毫不留情。比如龙朔二年（662）打倒左相许圉师。许圉师是当时门下省的长官，位高权重。他倒台的起因是他的儿子许自然践踏百姓庄稼被弹劾。高宗训斥道：

"圉师为宰相，侵陵百姓，匿而不言，岂非作威作福！"①许圉师不服气，反驳道："至于作威福者，或手握强兵，或身居重镇；臣以文吏，奉事圣明，惟知闭门自守，何敢作威福！"②高宗大怒，说道："汝恨无兵邪！"③——你都做到宰相了，难道你还想要军队吗？这时许敬宗说："人臣如此，罪不容诛。"④高宗立即把许圉师免官。

龙朔三年（663），高宗又打倒了右相李义府。李义府飞扬跋扈，在政治上不忠诚，高宗就直接把他抓起来，令司刑太常伯刘祥道与御史详细审问，并让司空李勣去负责这件事。落实罪名以后，高宗下诏将李义府除名，流放到巂州；而且做得很绝，李义府所有的儿子，包括女婿被全部除名，直接流放到西域。

麟德元年（664），因为左、右相都被打倒了，太常伯刘祥道升任右相，大司宪窦德玄为司元太常伯、检校左相。这一年高宗和武则天闹矛盾，召自己的老部下西台侍郎、同东西台三品上官仪一同商议。政治场里面的私人关系非常重要，高宗不找右相刘祥道，找了资历稍微浅一点的上官仪，就是因为上官仪是他的老部下。没想到上官仪直接建议废掉皇后："皇后专恣，海内所不与，请废之。"⑤左右的太监宫女急忙跑去通知武则天，武则天立刻来找高宗"自诉"，高宗又不好意思了，"羞缩不忍"⑥，转眼把全部责任推给了上官仪，说："我初无此心，皆上官仪教我。"⑦

---

① 《资治通鉴》卷 201《唐纪十七》，第 6332 页。

② 《资治通鉴》卷 201《唐纪十七》，第 6332 页。

③ 《资治通鉴》卷 201《唐纪十七》，第 6332 页。

④ 《资治通鉴》卷 201《唐纪十七》，第 6332 页。

⑤ 《资治通鉴》卷 201《唐纪十七》，第 6342 页。

⑥ 《资治通鉴》卷 201《唐纪十七》，第 6342 页。

⑦ 《资治通鉴》卷 201《唐纪十七》，第 6342 页。

上官仪的倒台其实比前两年左相许圉师、右相李义府的倒台更合理，他的罪名很严重。一方面高宗要维护武则天和太子李弘的地位，一方面上官仪此时大权在握，飞扬跋扈，大有之前李义府的模样。上官仪更犯了官场大忌，他是前太子李忠的旧部，又企图动摇武则天的皇后位置，进而也就动摇了太子李弘的地位。这一切很容易让人猜疑。高宗疑心病发作，把上官仪一系彻底铲除。还是由许敬宗负责处理。每次打倒权臣宰相，都有许敬宗和李勣出现。这两个人在政界资历最老，是高宗唯一允许坐轿进宫的人；一文一武，可以说是高宗的两个高级打手。也许大家会说这是许敬宗秉承武则天的意志，其实在许敬宗死后很久武则天才展露出政治野心。最后，上官仪和他的儿子上官庭芝被处死，籍没其家，连带着前太子李忠也被杀死，跟上官仪关系好的大臣也被赶出权力核心。

高宗对军队干预很多，他不允许任何人染指军队。唐朝军队的主要将领都由高宗亲自提拔，比如苏定方、薛仁贵、裴行俭、王方翼、程务挺。这里面没有一个人跟武则天有什么关系。武则天上台后，她在大唐的军队中几乎没有什么亲信。

武则天和高宗的关系，史籍中有句话说的特别好："武后能屈身忍辱，奉顺上意。"[1]

高宗有一个乳母，叫姬揔持（610—665）。这个女人出身贵族，十四岁就嫁给了当时的义安王李孝常第六子上大将军李义余。贞观年间，李孝常和刘德裕等谋反被杀，女眷没入掖庭。姬揔持很得唐太宗和长孙皇后赏识，做了晋王李治的保姆，授荥阳郡夫人（三品）。高宗即位，封她为周国夫人。武则天做了皇后以后，武家的地位上升。按照唐朝的惯例，皇后去世的父亲要追封亲王。武则天的父亲武士彟则被追封周国公。照理说，武则天的母亲也就是杨氏，应该跟丈夫的

---

[1] 《资治通鉴》卷201《唐纪十七》，第6342页。

爵位匹配，改封周国夫人。姬揔持遂提出把周国夫人的头衔让给武则天的妈妈，自己改封为鲁国夫人。结果高宗反对。他让自己的保姆占据周国夫人的封号一直到去世，而武则天母亲只能顶着荣国夫人的头衔。更过分的是，杨氏死后，高宗居然追封她为"鲁国夫人"——这是高宗保姆退而求其次的头衔！按理说，武则天是皇后，武则天的母亲是高宗岳母，高宗应该更照顾自己的亲戚，但是他可以为了自己的奶妈让武家受辱。一直到光宅元年（684），高宗死后，没有人再压制了，武则天才追封他的父亲为"魏王"。武则天"屈身忍辱"可见一斑。

图 46　姬揔持墓志。姬揔持去世后，高宗"敕使内给事冯士良，送御所制诗及手敕一卷，焚于灵前"。（本图源自齐运通编：《洛阳新获七朝墓志》，北京：中华书局，2012，第 109 页）

多说一点

《洞渊神咒经》为什么能掀起政治风波？

　　《太上洞渊神咒经》二十卷。有唐代杜光庭序。其称西晋末，太上道君以《神咒经》授金坛马迹山道士王纂。该经实际上非一人一时作品。其中心思想是讲在末世劫运的大动乱之后，当有真君出世，使天下太平。关于真君，它预测："真君者，木子弓口，王治天下，天下大乐，一种九收，人更益寿三千岁。""木子弓口"的谜底就是"李弘"。

第九章

走向宝座的武则天

高宗去世之后，唐帝国经历了激烈的政治动荡。在废掉中宗之后，武则天与李唐宗室及其支持者的斗争开始白热化。敌意螺旋开启后，武则天再也没有回头路，一步步走上了皇位。不同的政治理念、宗教信仰等都在武则天上台这件事上表现了出来，就像一块石头突然丢进了平缓流淌的历史长河，激起了多彩的浪花。

一、论如何废掉一个皇帝：中宗的 55 天皇帝梦

唐前期每一次的统治权传承，都伴随着阴谋、屠杀、动荡。中宗从上台到倒台前后不到两个月，一共 55 天。时间虽然不长，但是其间各种事件纷繁复杂，史料的记载也多相矛盾。研究政治的运作往往需要对原始材料有所把握，还要有对人情世故的揣度，要对政治权谋和人性有深刻的认识。

中宗是武则天的第三子，据说长相气质英武，颇类似太宗，但是从后来的表现看，似乎做事操之过急。他的上台没有那么坚实的政治基础，运气也实在不好，导致两次上台两次倒台，这在中国历史上还真的很少见。一般来说，第二次即位总会吸取教训，更加沉稳，但中宗第二次上台后采取了跟第一次上台差不多的做法，几乎没有吸取以前的经验教训。兄弟们之间，老三李显似乎跟老二李贤和老四李旦关系都不融洽，反而老二和老四之间似乎关系很亲密，李旦对章怀太子李贤的儿子也很照顾。这里面当然有权力竞争的原因——在废黜章怀太子李贤的时候，李显集团在里面有所运作；在废黜老三皇位的时候，李旦集团在里面发挥了作用。

中宗（656—710）在弘道元年（是年十二月改元，683）即位时，已经二十七岁了，按照唐代的标准，他已经是个中年人了，根本不存在武则天垂帘听政的问题。中宗即位，尊武则天为皇太后，同时给在各地镇守的宗室诸王加授荣誉性的虚衔来安抚他们。如泽州刺史、韩

王李元嘉（高祖第十一子）为太尉，豫州刺史、滕王李元婴（高祖第二十二子）为开府仪同三司，绛州刺史、鲁王李灵夔（高祖第十九子）为太子太师，相州刺史、越王李贞（太宗第八子）为太子太傅，安州都督、纪王李慎（太宗第十子）为太子太保。《旧唐书》说："元嘉等地尊望重，恐其生变，故进加虚位，以安其心。"[①] 又遣左威卫将军王果、左监门将军令狐智通、右金吾将军杨玄俭、右千牛将军郭齐宗分往并、益、荆、扬四大都督府，与府司相知镇守。这些都是常规操作，中央要加强对地方的控制，于是分别派出四个将领到四个都督府去坐镇，来保证权力的传承不被打乱。宰相队伍以裴炎为首，裴炎为中书令，刘仁轨为尚书左仆射，刘景先为侍中，三人分别是中书、尚书、门下省的长官，同时黄门侍郎郭待举、兵部尚书岑长倩、中书侍郎郭正一、黄门侍郎魏玄同并依旧知政事，也属于宰相队伍成员。以前的惯例，宰相于门下省议事，谓之政事堂。裴炎作为辅政大臣，担任中书令，不愿意去门下省开会，政事堂从此迁到中书省。裴炎也是个政治强人。这些政治强人往往都不是制度的遵循者，而是制度的破坏者或新制度建立者。

高宗并非猝死，他为储君即位做了非常精心的准备。高宗留下的以裴炎为首的辅政大臣都不是武则天的人，军队更是在程务挺、王方翼等将领手中，这些将领跟武则天关系也并不亲密。比如尚书左丞冯元常是高宗晚年的亲信，就对武则天多有防备。"高宗晚年多疾，百司奏事，每曰：'朕体中不佳，可与元常平章以闻。'元常尝密言：'中宫威权太重，宜稍抑损。'高宗虽不能用，深以其言为然。"[②] 但是武则天作为皇太后有天然的权威，她利用了大臣之间的矛盾以及中宗集团和睿宗集团的矛盾，成功建立起自己的独尊地位。

---

① 《旧唐书》卷 6《则天皇后本纪》，第 116 页。

② 《资治通鉴》卷 203《唐纪十九》，第 6421 页。

高宗留下的政治权力结构对中宗也不亲近。中宗急不可耐地要建立自己的班底，触动了裴炎等人的神经。高宗去世次年春正月，改元嗣圣。中宗开始蠢蠢欲动，居然想启用他太太家族的成员。京兆韦氏是大族，可以理解，但是中宗两次上台都毫无原则地拔擢韦氏子弟，必然会招致官僚体系的不满。官僚体系的运作有一定的惯性，体制本身就有非常强大的力量，体制内的官员一般都是维护惯性的。中宗先把自己的岳父韦玄贞从蒲州参军拔擢为豫州刺史——相当于从县级干部直升到直隶总督，然后以左散骑常侍韦弘敏为太府卿、同中书门下三品，加入宰相队伍。中宗倒台后韦弘敏立马就被贬为汾州刺史。

　　中宗的急迫似乎也可以理解，毕竟高宗上台时得到了李勣和长孙无忌的支持，而高宗安排的辅政大臣只是保证政治运作顺利过渡。但是很可惜，我们不知道中宗是人缘不好，还是运气特别差，这些大臣们几乎没有跟中宗关系亲密的。在政治中，个人魅力和协调各方利益的能力极为重要，但是这些在研究之中无法阐发也无法度量。跟中宗

图 47　唐显庆二年（657）彩绘陶戴帷帽女骑俑。现藏中国国家博物馆。（动脉影　摄）

关系密切的宰相和重臣，都在不合适的时候死了。比如裴行俭名义上是中宗旧僚，但在中宗上台时已经去世。

李显最重要的支持者是崔知温。崔知温是中宗英王府的司马，是重要的僚佐。他是资历可与裴炎相媲美的宰相，相关墓志记载他的官衔为"皇朝英府司马兼尚书右丞、黄门侍郎同中书门下平章事、监修国史、中书令，赠使持节荆州大都督"①。他的儿子崔泰之则是中宗的儿子卫王李重俊的长史。《崔泰之墓志》记载："乃与羽林将军桓彦范等，共图匡复。中兴之际，公有力焉。中宗嘉之，拜太仆少卿……兼卫王长史。"②从崔泰之的墓志可以看出，崔氏家族在李显推翻武则天第二次上台的时候，还是扮演了重要的角色。

但很不巧的是，弘道元年（683）三月癸丑，原英王府最重要的僚佐崔知温在中书令位上去世。当月，"太子（即中宗李显）右庶子、同中书门下三品李义琰改葬父母，使其舅氏迁旧墓，上闻之，怒曰：'义琰倚势，乃陵其舅家，不可复知政事！'……庚子，以义琰为银青光禄大夫，致仕。"③紧接着，同年七月，中书令兼太子左庶子薛元超病重，请求退休，得到批准。在政治关系上，崔知温、李义琰、薛元超或是中宗在藩的重要僚佐，或是中宗东宫的爪牙。对于他们的去世、致仕、病重，中宗极为焦急。《薛元超墓志铭》记："岁余，忽风疾不言，中使相望于道，赐绢百匹，太子（中宗）令医药就邸，赐绢百匹。"④

崔知温等人的退出，使侍中裴炎的资历无人可以相比，自然成为首席的宰相。于是在高宗对后事的安排中，裴炎成为中心人物，但裴炎是睿宗李旦的人。

---

① 吴钢主编：《全唐文补遗》（第六辑），《崔孝昌墓志》，西安：三秦出版社，1999年，第 380 页。

② 吴钢主编：《全唐文补遗》（第一辑），《崔泰之墓志》，第 107 页。

③ 《资治通鉴》卷 203《唐纪十九》，第 6413 页。

④ 吴钢主编：《全唐文补遗》（第一辑），《薛元超墓志》，第 71 页。

中宗被废较有戏剧性。在当皇帝一个多月后，中宗就想以自己岳父韦玄贞为侍中，又想授予乳母之子五品官。裴炎当然就反对了，争吵后中宗生气地说："我以天下与韦玄贞，何不可！而惜侍中邪！"裴炎就去找武则天讲这件事，两人达成共识，要把中宗给废掉。

> 二月，戊午，太后集百官于乾元殿，裴炎与中书侍郎刘祎之、羽林将军程务挺、张虔勖勒兵入宫，宣太后令，废中宗为庐陵王，扶下殿。中宗曰："我何罪？"太后曰："汝欲以天下与韦玄贞，何得无罪！"乃幽于别所。己未，立雍州牧豫王旦为皇帝。①

这实际上是一次政变。中宗后来被流放到房州。中宗的被废跟他自己没有政治定性有关，他没有耐心，得罪了执政集团；裴炎等人要废掉中宗，并非为武则天扫清道路。然而毫无疑问的是，中宗的倒台正式打开了武则天通向最高权力的大门。

关于武则天废掉中宗，改立睿宗，以前史家大多注意武则天，或者注意裴炎的动机。最早称裴炎有不臣之心的，是晚于裴炎几十年的张鷟，他在《朝野佥载》卷五中记载了骆宾王用"绯衣小儿"②的谣谶鼓动裴炎篡位，裴炎遂与徐敬业合谋反武的故事。后人受《朝野佥载》的影响，便认为裴炎是奸臣了。例如王夫之就说："自霍光行非常之事，而司马懿、桓温、谢晦、傅亮、徐羡之托以仇其私，裴炎赞武氏废中宗立豫王，亦其故智也。"③

这次政变背后的一个影武者被隐藏了，那就是比中宗小六岁的弟

---

① 《资治通鉴》卷 203《唐纪十九》，第 6417—6418 页。

② （唐）张鷟撰，赵守俨点校：《朝野佥载》，第 117 页。

③ （清）王夫之撰，舒士彦点校：《读通鉴论》，北京：中华书局，1975 年，第 629 页。

弟李旦。裴炎的夫人是刘德敏的女儿，李旦的王妃是刘德威的孙女，刘德敏和刘德威是亲兄弟。可知，裴炎和李旦之间有亲密的亲戚关系。王德真是裴炎的舅舅，同时也是李旦王府的长史（僚佐长）。另外一位参与政变的刘祎之是李旦王府的司马，也是李旦的人。武则天实际上是利用了李旦王府的力量，完成了这次废黜中宗的政变。政变以后，"丁丑，以太常卿、检校豫王府长史王德真为侍中；中书侍郎、检校豫王府司马刘祎之同中书门下三品"①。不过也可以说，是裴炎等人利用了武则天。在废掉中宗之后，武则天与裴炎等执政大臣马上就产生了分歧。裴炎、王德真、刘祎之都是李旦僚佐或者是亲近李旦的大臣，都支持睿宗掌握大权。睿宗已经二十三岁，完全可以执政，但武则天迟迟不愿意交权。裴炎和刘祎之都对此不满：

> 豫王虽为帝，未尝省天下事，炎谋乘太后出游龙门，以兵执之，还政天子。会久雨，太后不出而止。②
>
> 后祎之尝窃谓凤阁舍人贾大隐曰："太后既能废昏立明，何用临朝称制？不如返政，以安天下之心。"③

武则天拒绝交权之后，裴炎就想发动政变，调动军队把武则天抓起来，但是非常不凑巧，计划没有成功。此后，裴炎、王德真先后被杀，刘祎之下狱。睿宗为刘祎之辩护，大家都向他表示祝贺，认为他死不了了。刘祎之却说，如果睿宗不为自己辩护，自己还有活路；睿宗的辩护只能加快自己的死亡。果然不久刘祎之被赐死于家中。睿宗因其为豫王府旧僚，追赠刘祎之中书令。

---

① 《资治通鉴》卷 203《唐纪十九》，第 6419 页。

② 《新唐书》卷 117《裴炎传》，第 4248 页。

③ 《旧唐书》卷 87《刘祎之传》，第 2848 页。

图48 唐彩绘陶骑马带猞猁狩猎胡女俑。现藏西安博物院。这件陶俑充分体现了唐代
女性的自信、张扬、雅致。唐朝贵族们喜欢用猞猁来协助狩猎。当主人出行
时，猞猁往往坐在马后背的厚垫上。（动脉影　摄）

在对待裴炎的态度上，中宗和睿宗截然不同。中宗再次上台后，没有给裴炎平反，制云："文明已来破家子孙皆复旧资荫，唯徐敬业、裴炎不在免限。"[1] 睿宗即位后，追赠裴炎太尉、益州大都督，赐谥号忠。裴炎对睿宗而言是功臣，对中宗而言却是敌人。

在动荡的政局中，各方势力不断博弈，每个人的命运都可能在刹那间被改变。中宗如果能有政治定性——还不到忍辱负重的程度——包容拉拢裴炎等执政大臣，或许不会这么快倒台，事情或有转机。裴炎作为辅政大臣，缺乏远见，没想到螳螂捕蝉，黄雀在后，废掉中宗后却让武则天收割了成果。整部权力机器在运作时，明明各个部分都在各司其职，但其实谁也无法预料最后的结果是什么。小小的变量就足以让整个机器产出令大家出乎意料的结果。

---

① 《资治通鉴》卷208《唐纪二十四》，第6587页。

二、骆宾王的反击：一群开国二代的盲动

武则天虽有政治野心，后来走上皇位却是被形势所迫，或者说是形势跟她的野心相互作用。武则天废黜中宗之后，临朝称制，引发了李唐群臣的不满。在中央，以裴炎、刘祎之为首的宰相集团希望她快点还政睿宗；在军队里，程务挺等主要唐军将领也倾向于太后归政——程务挺、王方翼等都是裴行俭提拔的将领，也跟宰相裴炎关系更亲近（李靖和李勣的系统，从苏定方到裴行俭，再到程务挺、王方翼，这些人要么是师徒，要么有长期的上下级关系。李唐的军队还是忠于李唐的，他们当然希望由李唐的皇子们当皇帝）；在地方上，一群李唐的贵族子弟失去了耐心，在扬州发动叛乱，想推翻武则天。这群人的领袖就是大唐开国名将李勣的孙子徐敬业（636—684）——此时应该叫他李敬业。

前面讲过，李勣高寿，所以把自己儿子（梓州刺史李震）熬死了。等到李勣过世，继承英国公爵位的是他的孙子李敬业。这个孩子虽然因为后来起兵失败被扭曲了形象，但是从留存下来的史料看，也是挺有其祖父之风，有些个人魅力，在大唐一批贵族二代里面颇有号召力，用武则天的话说，徐敬业是"将门贵种"①；而且很勇敢——不然也不会是第一个站出来武装推翻武则天的人。关于他早期的事迹，

---

① 《资治通鉴》卷 203《唐纪十九》，《通鉴考异》引《唐统纪》，第 6432 页。

有两件事值得一提。第一件是"马腹藏身"的故事。这件事记载在唐人段成式的《酉阳杂俎》中：

> 徐敬业十余岁，好弹射。英公每曰："此儿相不善，将赤吾族。"英公尝猎，命徐敬业入林逐兽，因乘风纵火，意欲杀之。敬业知无所避，遂屠马腹，伏其中。火过，浴血而立。英公大奇之。[①]

第二件事是徐敬业单骑降敌。此事记载于《隋唐嘉话》：

> 高宗时，蛮群聚为寇，讨之辄不利，乃以徐敬业为刺史。州发卒郊迎，敬业尽放令还，单骑至府。贼闻新刺史至，皆缮理以待。敬业一无所问，他事已毕，方曰："贼皆安在？"曰："在南岸。"乃从一二佐史而往，观者莫不骇愕。贼初持兵觇望，见船中无所有，乃闭营藏隐。敬业直入其营内，使告曰："国家知君等为贪吏所苦，非有他恶，可悉归田里。后去者为贼。"唯召其魁帅，责以早降之意，各杖数十而遣之，境内肃然。[②]

徐敬业是个极有胆略的人，并非碌碌无为之辈。我们很容易给历史上的失败者挑出诸多缺陷，其实也是一种代入感产生的错觉。徐敬业的失败并不能证明他是庸人。试想一下，当武则天临朝称制，文武百官何止上千，谁有胆识挺身而出？

---

① （唐）段成式撰，许逸民校笺：《酉阳杂俎校笺》，北京：中华书局，2015年，第888页。

② （唐）刘𫗰撰，程毅中点校：《隋唐嘉话》，北京：中华书局，2005年，第34页。

以徐敬业为首的叛乱群体中有一大批官僚子弟。比如给事中唐之奇是唐皎的儿子。唐皎是唐太宗李世民的亲信，曾任秦王记室参军，跟随李世民南征北讨。李世民即位后唐皎先后担任过吏部侍郎、益州大都督府长史等重要职务。又比如詹事司直杜求仁是杜正伦的侄子。杜正伦早年追随李世民，在高宗早期担任宰相，从黄门侍郎同中书门下三品，升任中书令，进爵襄阳县公。又比如监察御史薛仲璋是裴炎的外甥。

这帮人可能先在中央搞事情，所以被集体贬职赶出首都。徐敬业被贬为柳州司马（今广西柳州）；唐之奇被贬为括苍县令（今浙江丽水）；杜求仁被贬为黟县令（今安徽黄山）；长安主簿骆宾王被贬为临海县丞（今浙江台州）；徐敬业的弟弟徐敬猷本来担任盩厔县令（今陕西周至），这时被免职；盩厔县尉魏思温曾经担任御史，也被免职。他们被贬逐到外地后，本应该分别到各地去上任，徐敬业在前往柳州的路上正经过扬州，且扬州本是富庶之地，又远离朝廷的军队，于是他们相聚于扬州以谋作乱。可以说扬州是他们经过深思熟虑选择的起兵地点。

徐敬业让当时在中央担任监察御史的薛仲璋主动向武则天提出巡察扬州。得逞之后，薛仲璋赶赴扬州。接着，雍州人韦超按计划向薛仲璋举报扬州长史陈敬之谋反。接到举报后，薛仲璋将扬州长史抓了起来。过了几天，徐敬业赶赴扬州，把自己的职务从"柳州司马"改为"扬州司马"①，一字之差，就从今天的广西跑到了今天的江苏。扬州司马徐敬业宣布自己奉密旨讨伐高州酋长冯子猷，在扬州起兵。高州在今天的广东，冯子猷是当地的豪族。就这样，扬州落入了徐敬业之手。扬州官员们不是没有人质疑，比如扬州录事参军孙处行拒命，徐敬业就把他杀了，又杀了原来的扬州长史陈敬之，并打

----

① 《旧唐书》卷 6《则天皇后本纪》，第 117 页。

开府库，令扬州士曹参军李宗臣放出几百名囚徒、工匠，给他们分发盔甲。光宅元年（684）九月，徐敬业在扬州正式打出反武则天的大旗。

徐敬业在扬州开设三府，一曰匡复府，二曰英公府，三曰扬州大都督府。他自称匡复府上将，领扬州大都督，很快就拥兵十余万，声势浩大。他向天下发布《讨武曌檄》，此文由骆宾王执笔：

伪临朝武氏者，人非温顺，地实寒微。昔充太宗下陈，尝以更衣入侍。洎乎晚节，秽乱春宫。密隐先帝之私，阴图后庭之嬖。入门见嫉，蛾眉不肯让人；掩袖工谗，狐媚偏能惑主。践元后于翚翟，陷吾君于聚麀。加以虺蜴为心，豺狼成性，近狎邪僻，残害忠良，杀姊屠兄，弑君鸩母。人神之所同嫉，天地之所不容。犹复包藏祸心，窥窃神器。君之爱子，幽之于别宫；贼之宗盟，委之以重任。呜呼！霍子孟之不作，朱虚侯之已亡。燕啄皇孙，知汉祚之将尽；龙漦帝后，识夏廷之遽衰。

敬业，皇唐旧臣，公侯冢胤，奉先君之成业，荷本朝之旧恩。宋微子之兴悲，良有以也；袁君山之流涕，岂徒然哉！是用气愤风云，志安社稷，因天下之失望，顺宇内之推心。爰举义旗，誓清妖孽。南连百越，北尽三河，铁骑成群，玉轴相接。海陵红粟，仓储之积靡穷；江浦黄旗，匡复之功何远！班声动而北风起，剑气冲而南斗平。喑呜则山岳崩颓，叱咤则风云变色。以此制敌，何敌不摧？以此图功，何功不克？

公等或家传汉爵，或地协周亲，或膺重寄于爪牙，或受顾命于宣室。言犹在耳，忠岂忘心？一抔之土未干，六尺之孤何托？倘能转祸为福，送往事居，共立勤王之师，无废旧君之命，凡诸爵赏，同裂山河。请看今日之域中，竟是谁家之天下！①

骆宾王这篇檄文可以分为三部分：第一部分在骂武则天；第二部分歌颂徐敬业；第三部分煽动大家起来造反。从结构来看，这是很标准的檄文，可惜看似精彩，在内容上颇多瑕疵，甚至将太宗和高宗的丑事拉出来渲染，已非臣子所为。第一段里有一句话说得特别狠毒，"践元后于翚翟，陷吾君于聚麀"，父亲和儿子共用女人才叫"聚麀"。《礼记·曲礼上》云："夫唯禽兽无礼，故父子聚麀。"还说武则天杀姐屠兄，更杀害了高宗和自己的母亲。第二段歌颂徐敬业，写得天花乱坠，实际上也有问题，毕竟徐敬业是李唐的臣下，应该低调。这段描写不免让人想起了李密，给人一种徐敬业要自立的感觉。第三段才开始诉诸悲情。檄文能引起大家的同情与支持，才能在政治宣传上达到效果。这么长一篇文章前两大段都是废话，到最后才落到重点，绝非一篇好的檄文。

图 49　唐三彩鹅衔梅花杯。现藏巩义市博物馆。（动脉影　摄）

---

① 《旧唐书》卷 67《李敬业传》，第 2490—2491 页。

骆宾王（约 619—687），今浙江义乌人，少年成名，大家应该都听过他的那首《咏鹅》。他一生的职业生涯并不顺利，担任过道王李元庆的僚佐、武功县和长安县的主簿，都是一些低级官职。快六十岁的时候才担任侍御史，后又获罪被贬为临海丞。据说他写的檄文传到京城，武则天读之微哂，至"一抔之土未干"，立刻问侍臣："此语谁为之？"有人答道："骆宾王之辞也。"武则天说："宰相之过，安失此人？"① 骆宾王在徐敬业叛乱之后行踪成谜。有的说死于乱军之中，有的说遁入空门。跟他同时代的张鷟在《朝野佥载》里写道：

> 骆宾王《帝京篇》曰："倏忽搏风生羽翼，须臾失浪委泥沙。"宾王后与敬业兴兵扬州，大败，投江而死，此其谶也。②

徐敬业发布的这篇檄文其实在政治上犯了重要错误——他抬出了中宗，但当时皇帝已是睿宗，这将置睿宗于何地？何况中央执政的这群人大多数是睿宗的支持者。在军事战略上，他也选择了错误的方向。当时，魏思温建议："兵贵神速，但宜早渡淮而北，招合山东豪杰，乘其未集，直取东都，据关决战，此上策也。"③ 薛仲璋则说："金陵王气犹在，大江设险，可以自固。且取常、润等州，以为霸基，然后治兵北渡。"④ 徐敬业选择了南下。如果他能采用魏思温之策，直指河、洛，在军事上速战速决，在政治上坐实自己匡扶李唐的合法性，或能成功。但是他贪图金陵王气，落下叛乱的口实，何况当时金

---

① 《旧唐书》卷 67《李敬业传》，第 2492 页。

② （唐）张鷟撰，赵守俨点校：《朝野佥载》，第 11 页。

③ 《旧唐书》卷 67《李敬业传》，第 2492 页。

④ 《旧唐书》卷 67《李敬业传》，第 2491—2492 页。

陵王气已尽，割据江南必定不能成功。在安史之乱之前，没有任何一场地方叛乱能够撼动中央，所以徐敬业很快就被唐军击败了。徐敬业一群人本来想亡命高丽，最后没有成功。

值得一提的是，徐敬业攻下润州时抓获了固守不降的刺史李思文。其实李思文是徐敬业的叔叔，本名徐思文，是李勣的次子。徐敬业将李思文下狱，并说："叔党于武氏，宜改姓武。"[1] 因为这个原因，虽然徐敬业起兵反抗武则天，但是李勣家族并没有被武则天斩尽杀绝，徐思文后来真的被武则天改名武思文。一个家族内部政治立场不同，似乎是非常普遍的事情。这也有好处，就是避免在政治斗争失败后全部覆灭。徐思文的后代在官场一直做得不错，到了唐玄宗时期，李勣的曾孙辈、玄孙辈都还做到刺史一级的高官，甚至徐敬业一脉似乎都有后代。《旧唐书》记载了这样一个故事：

> 贞元十七年，吐蕃陷麟州，驱掠民畜而去。至盐州西横槽烽，蕃将号徐舍人者，环集汉俘于呼延州，谓僧延素曰："师勿甚惧，予本汉人，司空、英国公五代孙也。属武太后斫丧王室，吾祖建义不果，子孙流落绝域，今三代矣。虽代居职任，掌握兵要，然思本之心，无忘于国。但族属已多，无由自拔耳。此地蕃汉交境，放师还乡。"数千百人，解缚而遣之。[2]

贞元十七年（801），吐蕃攻陷麟州（今陕西神木县），掳走了大量民畜。有一名叫徐舍人的蕃将把其中的汉人都集中到呼延州（属单于都督府，约在今陕西靖边县北白城子），自称是徐敬业的第五代孙，

① 《资治通鉴》卷 203《唐纪十九》，第 6427 页。

② 《旧唐书》卷 67《李敬业传》，第 2492 页。

随后将这数千名俘虏悉数放还。

徐敬业在扬州起兵，是中央斗争在地方的延续。其本身并不重要，重要的是后来的清算。一群中低级贵族官员的盲动，让反对武则天的势力付出了极大的代价。首先倒霉的是宰相裴炎。

由于徐敬业阵营的薛仲璋是裴炎的外甥，为显示自己"闲暇"，在讨伐徐敬业的事情上，裴炎表现得并不积极。在武则天问其对策时，裴炎还将徐敬业起兵归咎于皇帝不能亲政，借机劝武则天返政睿宗，同时一箭双雕，也让徐敬业失去起兵的合法性。还有一种说法，裴炎想实施兵谏，逼武则天下台。武则天抓住裴炎谋反这一条不放，将其逮捕下狱。宰相刘景先、郭待举、凤阁侍郎胡元范都力证裴炎没有谋反，当然也有大臣附和武则天，想乘机谋取私利。野史记载，当时徐敬业让骆宾王编了一首童谣在洛阳传唱："一片火，两片火，绯衣小儿当殿坐。"[1] 又说，裴炎写了一封信给徐敬业，里面只有"青鹅"两个字，"青鹅"拆开是"十二月，我自与"[2]。其实裴炎跟徐敬业的政治主张根本不相同——裴炎要辅佐睿宗，而徐敬业要复辟中宗。

九月丙申，裴炎被杀。武则天杀死裴炎的终极目的是改组宰相队伍。裴炎被杀后，其他大臣纷纷被赶出中央，比如刘景先贬吉州员外长史、郭待举贬岳州刺史、胡元范流琼州而死。

随着中央的宰相班子被重组，权力结构发生了有利于武则天的变化。武则天又利用徐敬业叛乱的借口，清洗掉了军队中的反对者，例如威震突厥的名将程务挺。

初，裴炎下狱，单于道安抚大使、左武卫大将军程务挺

---

① （唐）张鷟撰，赵守俨点校：《朝野佥载》，第 117 页。

② （唐）张鷟撰，赵守俨点校：《朝野佥载》，第 117 页。

密表申理，由是忤旨。务挺素与唐之奇、杜求仁善，或谮之曰："务挺与裴炎、徐敬业通谋。"癸卯，遣左鹰扬将军裴绍业即军中斩之，籍没其家。突厥闻务挺死，所在宴饮相庆；又为务挺立祠，每出师，必祷之。①

武则天因夏州都督王方翼与程务挺共事，关系一直很亲近，又是已被废的王皇后的近亲，也将他关入监狱，后来王方翼被流放崖州，死在那里。

野史笔记《唐统纪》中记载了一个场景，武则天当众训斥群臣："且卿辈有受遗老臣，倔强难制过裴炎者乎？有将门贵种，能纠合亡命过徐敬业者乎？有握兵宿将，攻战必胜过程务挺者乎？此三人者，人望也，不利于朕，朕能戮之。卿等有能过此三者，当即为之；不然，须革心事朕，无为天下笑。"②这一破口大骂的场景，司马光虽然觉得不太符合历史事实，但还是将其记录在《通鉴考异》中，只是加了一句按语："恐武后亦不至轻浅如此。今不取。"③不过事或无，理必有。这段话其实颇符合武则天的形象。

随着徐敬业、裴炎、程务挺的死去，唐朝的权力结构中再也没有人能抑制武则天了。垂拱二年（686），武则天假惺惺地要把权力让给睿宗。睿宗知道武则天并非真心，上表推辞，武则天遂继续临朝执政。此时武则天的政治野心已经被激发出来了，而且这时候她也不安全了——以前她还没有跟这么多人结仇，现在从中央到地方，从行政系统到军队，她全得罪了——只能一步步往前走了。

① 《资治通鉴》卷 203《唐纪十九》，第 6432—6433 页。

② 《资治通鉴》卷 203《唐纪十九》，《通鉴考异》引《唐统纪》，第 6432 页。

③ 《资治通鉴》卷 203《唐纪十九》，《通鉴考异》，第 6432 页。

三、"初唐四杰"：文采与吏干

初唐的文风发生了非常大的变化，其中引领潮流、具有代表性的人物是所谓的"初唐四杰"。"初唐四杰"指唐前期王勃、杨炯、卢照邻、骆宾王四人，简称为"王杨卢骆"。《旧唐书·杨炯传》记载："炯与王勃、卢照邻、骆宾王以文诗齐名，海内称为'王杨卢骆'，亦号为'四杰'。"①这四人齐名最初主要是因为其骈文和赋，后来主要用来评价其诗。杜甫《戏为六绝句》云："王杨卢骆当时体，轻薄为文哂未休。尔曹身与名俱灭，不废江河万古流。"②这里主要说的就是四杰的诗。

"四杰"其实并不是一代人。其中排在前面的王勃、杨炯反而更年轻，都在永徽元年（650）前后出生，而卢照邻比他们两位大十几岁，大约出生在贞观十一年（637）。至于骆宾王就更大了，他出生于武德二年（619），比王勃和杨炯大了整整三十来岁。他们都活跃在高宗、武则天时期，又推动了文学变革，所以合称"四杰"。

"四杰"是有排名的，这个排名大概是中国最早的文学排行榜。一般来说，最牛的人是不参加排名的，比如李白。杜甫论李白云：

---

① 《旧唐书》卷 190 上《杨炯传》，第 5003 页。

② （唐）杜甫撰，（清）仇兆鳌注：《杜诗详注》，北京：中华书局，1979 年，第 899 页。

"白也诗无敌。"还排什么呢？跻身排行榜的文人，难免敏感倾轧，说点歪嘴话。一般认为，这四人的排名是王、杨、卢、骆，但是杨炯不服气，认为自己应该排在王勃前面，他对人说："吾愧在卢前，耻居王后。"[①] 自己不服气，还拉着卢照邻掺和。当时的文章大家，比如崔融就说："王勃文章宏逸，有绝尘之迹，固非常流所及。炯与照邻可以企之，盈川之言信矣。"[②] 张说也说："杨盈川文思如悬河注水，酌之不竭，既优于卢，亦不减王。耻居王后，信然；愧在卢前，谦也。"[③] 杨炯不服王勃，除了文人相轻，可能还有一层个人因素。杨炯曾是武则天三儿子李显的詹事司直，而王勃是武则天二儿子李贤的侍读。

《新唐书·文艺列传》对唐初的文风有个论断："唐有天下三百年，文章无虑三变。高祖、太宗，大难始夷，沿江左余风，缔句绘章，揣合低昂，故王杨为之伯。"[④] 南朝的绮丽文风已经过时，而大唐的雄浑气象还未展开，在这青黄不接的时候"四杰"独领风骚，引领潮流，成为风靡朝野的文学才子。一般认为，他们的诗歌扭转了以前萎靡浮华的宫廷诗歌风气，使诗歌题材从亭台楼阁、风花雪月的狭小领域扩展到江河山川、边塞江漠的辽阔空间，赋予诗以新的生命力。

"初唐四杰"文采如此飞扬，在个人仕途上会不会也春风得意？其实没有，初唐四杰四个人的仕途都充满坎坷，始终沉寂在官僚队伍下层。大家可能常常有个感觉，凡是伟大的文学家都是怀才不遇的。其实这是错觉，文采和经邦治国是两回事，很多文人并不存在怀才不遇的问题——当真正把他摆在复杂的政局面前，他未必有能力纵横捭

① 《旧唐书》卷 190 上《杨炯传》，第 5003 页。

② 《旧唐书》卷 190 上《杨炯传》，第 5003 页。

③ 《旧唐书》卷 190 上《杨炯传》，第 5003—5004 页。

④ 《新唐书》卷 201《文艺列传》，第 5725 页。

阖，甚至可能会惊慌失措。能兼有文学才能和政治才能的人固然很多，比如曹操、张说等，但一个人文采好就只是文采好，不必然说明他也同时具有杰出的政治才能和行政能力。

"初唐四杰"的起步都不算差。王勃是文中子王通的孙子，绛州龙门人，出身相当高，未成年即被司刑太常伯刘祥道赞为神童，向朝廷表荐，对策高第，授朝散郎。他幼年就能指摘颜师古的经学著作。王勃也笃信佛教，在其诗文中有很多表现。杨炯是弘农华阴人，十岁就举神童。卢照邻稍微差点，他是幽州范阳人，少年时代就跟随大学问家曹宪、王义方学习，十七岁做了邓王李元裕的王府典签，极受邓王爱重，邓王曾对人说："此即寡人之相如也。"①骆宾王是浙江义乌人，也是神童，七岁便能作诗。

可以说，他们都没输在起跑线上，但是在仕途上都没有达到自己的理想。当时裴行俭给他们做过预测。我们知道裴行俭擅长阴阳，又长期掌管吏部，善于识人。当时吏部侍郎李敬玄盛赞王勃等四人，给裴行俭推荐。裴行俭看了之后，评价很一般，他说："士之致远，先器识，后文艺。如勃等，虽有才，而浮躁衒露，岂享爵禄者哉？炯颇沈默，可至令长，余皆不得其死。"②后来果然如他预测，王勃渡海堕水，杨炯终于盈川令，卢照邻恶疾不愈，赴水死，骆宾王因谋反诛。当时被引荐的还有王勃的哥哥王勔，虽然王勔没啥名气，但是裴行俭对他评价极高，后来王勔做到吏部侍郎。

不过正如杜甫所言"尔曹身与名俱灭，不废江河万古流"，虽然王勃等人生前并不得意，但是他们的诗歌流传至今。又有几个人知道王勔是谁呢？电影《妖猫传》中杨贵妃对李白说："大唐有了你，才真的了不起。"也是这个意思吧？芥川龙之介说："人生还不如波德莱

---

① 《旧唐书》卷 190 上《卢照邻传》，第 5000 页。

② 《新唐书》卷 108《裴行俭传》，第 4088—4089 页。

尔的一行诗。"一行诗就是一段文化基因，有的时候，它并不比任何世俗的功业更渺小。

初唐四杰的诗，跟宋代的诗气质很不同。唐人建功立业的雄心和宋代好男不当兵的思维形成鲜明对比。且看：

骆宾王《于易水送人》

此地别燕丹，壮发上冲冠。

昔时人已没，今日水犹寒。[①]

杨炯《从军行》

烽火照西京，心中自不平。

牙璋辞凤阙，铁骑绕龙城。

雪暗凋旗画，风多杂鼓声。

宁为百夫长，胜作一书生。[②]

---

① （唐）骆宾王撰，（清）陈熙晋笺，王群栗标点：《骆宾王集》，杭州：浙江古籍出版社，2015年，第257—258页。

② （唐）杨炯撰，祝尚书笺注：《杨炯集笺注》，北京：中华书局，2016年，第175页。

四、武则天家族的恩怨情仇

研究历史的时候，我们往往容易把研究对象理性化了，比如研究政治人物就觉得他那样做好像完全出于政治利益。实际上我们忽略了一点：任何人，不论是历史上的人还是现实中的人，都不是完全理性的。他在做决策的时候，各种恩怨情仇都会起到作用。

骆宾王《讨武曌檄》中痛骂武则天"杀姊屠兄，弑君鸩母"，导致"人神之所同嫉，天地之所不容"[1]。那么武则天真地杀死了自己的妈妈、哥哥和姐姐吗？武则天家族在武则天登上权力顶峰过程中有什么恩怨情仇？政治人物其实跟普通人没什么不同，也有家长里短，只不过在政治权力的格局里，这些会表现得更加极端、更加丰富多彩。

李唐是幸运的。武则天家族势力并不足够大，而且内部分裂。武则天的父亲武士彟，先娶相里氏，生武元庆、武元爽；后娶武则天母亲杨氏，生武顺和武则天。所以武则天在崛起的过程中，对这两位兄长并不好，而把对武家的爱，都倾注到了自己亲姐姐武顺这一支上。

武士彟在贞观九年（635）死后，武元爽以及武则天堂兄武惟良、武怀运等对杨氏母女不好。《资治通鉴》记载，这些人"皆不礼于杨

---

① 《旧唐书》卷 67《李敬业传》，第 2490 页。

氏，杨氏深衔之"①。永徽六年（655），武则天当上皇后，武氏子弟也获得升迁。武元庆担任宗正少卿，武元爽担任少府少监，武惟良担任卫尉少卿。他们之前的官阶较低，比如武元爽之前只担任安州司户参军，此次获得升迁只是依据惯例，并不是武则天想要拔擢他们。《新唐书》记载了一个非常有画面感的事件。武则天母亲设宴款待武惟良这些武家子侄，席间说："若等记畴日事乎？今谓何？"②意思是你们以前那么瞧不起我们母女，现在你们怎么说呢？结果武惟良说："幸以功臣子位朝廷，晚缘戚属进，忧而不荣也。"③意思是，自己过去因是功臣之子有幸位列朝廷，现在因是外戚而获得升迁，只感到忧愁，并不觉得荣耀。杨氏很生气，私下劝说武则天"伪为退让，请惟良等外迁，无示天下私"④，请皇上将武惟良等人派到外地任职，还能向天下展示自己大公无私。于是高宗就将这些武氏子侄都赶到地方上去了。

这些人相当悲惨。武元庆被赶到龙州（在今四川）做刺史，死在了那里，他的儿子武三思也跟着在那里生活；武惟良为始州（在今四川）刺史；武元爽为濠州（在今安徽）刺史，在濠州还没待多久，又被配流振州（在今海南），最终死在那里，他的儿子武承嗣也跟着被流放海南。根据武怀运女儿的墓志，他们一家遭遇也不太好。武则天的堂兄武怀亮的太太善氏，此前"尤不礼于荣国（杨氏），坐惟良等没入掖庭，荣国令后以他事束棘鞭之，肉尽见骨而死"⑤。

从这些事实来判断，我们可以得出两个结论：第一，武则天对武家子弟不但没有提携照顾，反而严酷报复；第二，武则天在高宗时代

---

① 《资治通鉴》卷 201《唐纪十七》，第 6349 页。

② 《新唐书》卷 76《后妃传》，第 3476 页。

③ 《新唐书》卷 76《则天武皇后传》，第 3476 页。

④ 《新唐书》卷 76《则天武皇后传》，第 3476 页。

⑤ 《资治通鉴》卷 201《唐纪十七》，第 6350 页。

断然没有要当皇帝的想法，不然她也不会这么对待武家子弟。很多时候，我们分析人物事件时都忍不住设定我们的分析对象在下一盘大棋，但实际上他们也是有情绪的。比如武则天因为讨厌堂兄弟和同父异母的兄弟，在最初的时候严厉打压他们。如果不是亲姐姐武顺的儿子贺兰敏之败亡，武承嗣、武三思等人可能要在今天的海南岛和四川流放到死了。

武则天的姐姐武顺（623—665）最初嫁给贺兰安石，封韩国夫人，早寡。她的孩子中，最为大家所知的是女儿魏国夫人和儿子贺兰敏之。史料都暗示武顺是高宗的情妇。乾封三年（668）的《唐郑国夫人武氏碑》记载了她的一些信息。根据墓志，她是正常死亡，死后赠郑国夫人。并非如骆宾王在檄文中所说，为武则天所害。韩国夫人死后，女儿获封魏国夫人。乾封元年（666），魏国夫人中毒死。史料记载：武惟良、武怀运兄弟给高宗皇帝献食，结果魏国夫人吃了就死了[1]。高宗震怒，将武氏两兄弟诛杀。有人认为此是武则天下毒，一箭双雕。

章怀太子李贤倒台时，宫廷有传言说李贤不是武则天的儿子，而是武则天姐姐韩国夫人生的。神龙二年（706），中宗把李贤的灵柩从巴州接回长安陪葬乾陵。监护李贤改葬的两位护丧使之一是韩国公贺兰琬。贺兰琬是贺兰敏之的儿子，韩国夫人的孙子。中宗这波操作实在是心胸狭窄，小心眼到他的哥哥已经死了很多年还要泼脏水。中宗让韩国夫人的孙子给李贤改葬，说白了就是暗示大家李贤可能是韩国夫人的儿子。

武则天在流放了武家子弟之后，以韩国夫人之子贺兰敏之作为武家的继承人，继承武士彟的血脉和爵位，改姓武氏。不过我们还是习惯称他贺兰敏之。贺兰敏之"累拜左侍极、兰台太史，袭爵周国公。

---

[1] 《资治通鉴》卷 201《唐纪十七》，第 6350 页。

仍令鸠集学士李嗣真、吴兢之徒，于兰台刊正经史并著撰传记"①。但是后来贺兰敏之突然就倒台了。史籍中记载的贺兰敏之的罪行令人诧异。《旧唐书》记载：

> 敏之既年少色美，烝于荣国夫人，恃宠多愆犯，则天颇不悦之。咸亨二年，荣国夫人卒，则天出内大瑞锦，令敏之造佛像追福，敏之自隐用之。又司卫少卿杨思俭女有殊色，高宗及则天自选以为太子妃，成有定日矣，敏之又逼而淫焉。及在荣国服内，私释衰经，著吉服，奏妓乐。时太平公主尚幼，往来荣国之家，宫人侍行，又尝为敏之所逼。俄而奸污事发，配流雷州，行至韶州，以马缰自缢而死。②

其实外婆宠溺自己的外孙是有的，贺兰敏之仗着外婆的势力为非作歹也是有的，但史书用了"烝于荣国夫人"——与外婆乱伦，确实让人匪夷所思。贺兰敏之的墓志写得都很正常，《旧唐书》这种官府"新闻通稿"却将他定性为一个道德败坏、坏事做尽的人：外婆荣国夫人去世，他贪污了武则天让他去造佛像的大瑞锦；他还强奸了皇太子李弘的未婚妻、杨思俭之女。不过贺兰敏之的太太也姓杨，当然我们无法知道两个杨氏是不是同一人。《新唐书》认为，贺兰敏之倒台可能和武则天的猜疑有关。

> 初，魏国卒，敏之入吊，帝为恸，敏之哭不对。后曰："儿疑我！"恶之。俄贬死。③

---

① 《旧唐书》卷183《武承嗣传》，第4728页。

② 《旧唐书》卷183《武承嗣传》，第4728页。

③ 《新唐书》卷76《则天武皇后传》，第3476页。

图 50 《观鸟捕蝉图》。章怀太子墓壁画，现藏陕西历史博物馆。

贺兰敏之可能的确长得一表人才。《大唐故贺兰都督墓志并序》赞扬道："冲襟朗鉴，风度卓然。瑶林玉树，不杂风尘。鸾章凤姿，居然物外。"[1]

贺兰敏之倒台后过了几年，武则天眼看着武家没有继承人了，不得已把自己讨厌的兄弟子侄辈从天涯海角召了回来。武承嗣从振州回到了首都，武则天让他继承武士彟的爵位，袭爵周国公，拜为尚衣奉御。中国农业博物馆藏武周魏王武承嗣墓志，由梁王武三思撰序、崔融撰铭，形制较大，规格较高，是已发现的唐王侯级墓志中最大者。

① 吴钢主编：《全唐文补遗》（第二辑），《贺兰敏之墓志》，西安：三秦出版社，1995年，第 402 页。

多说一点

从《朝野佥载》看笔记小说的价值

张鷟（约660—740），字文成，大致生活在武则天到唐玄宗朝前期，以词章知名，连新罗、日本等国也颇闻其名。今存著述除《朝野佥载》外，张氏尚有《龙筋凤髓判》和《游仙窟》等传世。《朝野佥载》记述了唐代前期朝野遗事轶闻，尤以武后朝事迹为主。

唐人笔记之取材包含了大量被后人认为是荒诞不经的神鬼故事和人世罕见的异闻，所以很多时候被排除在历史研究的视野之外。近来笔记小说所提供的信息越来越多地被认同和使用，但是依然显得不足。对于唐人笔记应该区别对待，属于当时人写当时事的内容就比较可信。例如清代徐松撰《唐两京城坊考》时，舍弃张鷟《朝野佥载》"开元八年，京兴道坊一夜陷为池，没五百家"的记载，认为"事不见他书，未可信"。但是《旧唐书》卷三七《五行志》明确记载："（开元八年）六月二十一日夜暴雨，东都谷、洛溢，入西上阳宫，宫人死者十七八。……京师兴道坊一夜陷为池，一坊五百余家俱失。"张鷟于开元二十八年（740）去世，他记载的这场水灾，即是当时人记载当时事，应是相当可信的。

第十章

佛光下的朝廷

中古时代，佛教的传入带来了新的文化基因。知识和信仰体系的再造，也对当时中土的政治理论和政治实践产生了深刻的影响。佛光照耀之下，中古政治史呈现出纷繁复杂的面相，而这些正是我们理解中古时代知识、信仰与政治世界内在逻辑的基础。佛教对中古政治的参与，并非仅仅是特定政治人物、集团与特定僧人、寺院的互相利用，而有其自身信仰的逻辑——其对未来美好世界的期盼、对理想的世俗君主的理念，乃至对统治合法性的论述，都植根于自身的知识和思想之中。佛教将政治秩序置于一个神圣而又和谐的参照系之内，把神圣的宇宙秩序扩展到人的领域，从而赋予统治者一种类似必然性、确定性和永久性的东西。中古政治的起伏、逻辑和理念需要回到中古去理解，回到宗教光芒笼罩下的人心去理解。

　　直到 8 世纪，佛教高僧们的重要关怀不仅仅在现实世界之外，他们也期望把佛法作为一种意识形态工具，将自己的信仰推到社会的各个角落去。他们讨论佛法和王权之间的关系，强调佛教和转轮王之间的彼此护持，憧憬弥勒下生带来的美好世界。很多高僧投身相关政治理论和实践之中，持续对政治的起伏和走向产生影响。

一、女皇登基的理论依据

武则天如何当上皇帝，涉及统治合法性问题——如何论证自己具有统治人民的资格。任何一个统治者或者一个政权，都不可能只依靠暴力和阴谋就能长久，都要为自己的统治找到合法性的依据。这些依据一般都植根于当时大家能够理解的知识、思想、信仰体系之上。统治者都是一手持刀，一手持教义进行统治的。对武则天来说，是一手持刀，一手持佛经，还有儒家经典，甚至道教经典。

关于武则天之所以能够登上皇位，学者们进行过很多的探讨，给出了很多解释。比如陈寅恪先生认为武则天上台不仅仅是一次改朝换代，还是一场社会革命，因为武则天是依靠新兴的进士阶层等，打倒了一直垄断权力的关陇贵族。学者们也关注到武则天跟佛教的渊源——不但她的家族跟佛教关系密切，而且她本人也信仰佛教，甚至还短暂出家[1]。武则天的出家，从某种意义上说，是一种宗教的净化仪式或过门仪式。她本来是唐太宗的才人，当她出家后，就斩断了跟尘世的联系，完成了身份的转化，然后再从寺院回到皇宫跟高宗在一起时，就是一个新的开始。就像玄宗喜欢上自己的儿媳杨玉环后，让她短暂出家为道士一样。

① 陈寅恪：《武曌与佛教》，收入氏著《金明馆丛稿二编》，北京：三联书店，2001年，第153—174页。

如果不深入梳理佛教理论体系，不考虑武则天时代的知识和信仰的实态，我们很容易推论，因为儒家学说不支持女人当皇帝，所以武则天选择了佛教作为替代机制。其实佛教更反对女人当皇帝啊！佛教有一个理念，认为："一切女人身有五障。何等为五？一者、不得作转轮圣王；二者、帝释；三者、大梵天王；四者、阿鞞跋致菩萨；五者、如来。"①那武则天如何破解这个理论困局呢？②

武则天以女人当皇帝的理论依据，就佛教文献而言，主要有两份重要文件：第一是《大云经疏》，第二是《宝雨经》。这两份用于政治宣传的核心文献并非只停留在理论层面，而是要发到各个州，给老百姓宣讲的。这是非常大规模的自上而下的宣传教育运动，就是为了达到统一思想的目的。当时的大臣贾膺福所撰《大云寺碑》说得更加清楚："自隆周鼎革，品汇光亨，天瑞地符，风扬月至。在璿机而齐七政，御金轮以正万邦。（阙六字）千圣。菩萨成道，已居亿劫之前；如来应身，俯授一生之记；《大云》发其遐庆，《宝雨》兆其殊祯。"③说武则天能够当皇帝，在于她累世修行积累的功德，使她最终能够转世做佛教的转轮王来统治天下。《大云经疏》和《宝雨经》就像祥瑞一样，昭示了武则天是上天选中的统治者。

《大云经疏》全称《大云经神皇授记义疏》，这份文件保存在敦煌文献中，大部分内容我们还能看到。《旧唐书》明确提到了《大云经

---

① （唐）菩提流志译：《佛说宝雨经》卷 1，载高楠顺次郎、渡边海旭等监修：《大正新修大藏经》第 16 册，台北：新文丰出版公司，1983 年，第 284 页。

② 对于此问题，可参看 Antonino Forte, *Political Propaganda and Ideology in China at the End of the Seventh Century*, Italian School of East Asian Studies, 2005；汤用彤：《隋唐佛教史稿》，第 17—20 页；孟宪实：《武则天研究》第十四章《武则天的舆论营造》，第 361—384 页；吕博：《转轮王"化谓四天下"与武周时期的天枢、九鼎制造》，《魏晋南北朝隋唐史资料》第 31 辑，上海：上海古籍出版社，2015 年，第 183—195 页；孙英刚：《神文时代：谶纬、术数与中古政治研究》相关章节。

③ 《全唐文》卷 259《大云寺碑》，第 2624 页。

图 51　敦煌石窟 96 窟北大像。美国人兰
　　　登·华尔纳（Landon·Warner）
　　　摄于 1924 年。《莫高窟记》记
　　　载："延载二年（695），禅师灵
　　　隐共居士阴祖等造北大像，高
　　　一百四十尺。"此时正是武则天
　　　统治时期。此弥勒大像是武则天
　　　利用弥勒下生信仰进行政治宣传
　　　运动的一部分。

疏》："有沙门十人伪撰《大云经》，表上之，盛言神皇受命之事。制
颁于天下，令诸州各置大云寺，总度僧千人。"①这个事情发生在天授
元年（690），主持《大云经疏》编撰的就是僧人薛怀义。

　　《大云经》很早就由昙无谶翻译完成了，就是《大方等无想经》，
里面提到："有一天女，名曰净光……以是因缘，今得天身。值我出
世，复闻深义。舍是天形，即以女身当王国土，得转轮王。"②但它只
是说该天女将来会作转轮王，并未提到武则天的名字，也没有提到在
何处为王。《大云经疏》并不是佛经，而是对《大方等无想经》这部
佛经的注疏。薛怀义等撰《大云经疏》时，将经中的"净光天女"解
释为"今神皇王南阎浮提一天下"。根据这些解释，垂拱四年（688）
五月，武则天加尊号"圣母神皇"。

① 《旧唐书》卷 6《则天皇后本纪》，第 121 页。

② （北凉）昙无谶译：《大方等无想经》卷 1，载高楠顺次郎、渡边海旭等监修：《大
　正新修大藏经》第 12 册，台北：新文丰出版公司，1983 年，第 1097—1098 页。

《资治通鉴》记武则天长寿二年（693）秋加尊号"金轮圣神皇帝"云："（长寿二年秋，九月，丁亥）魏王承嗣等五千人表请加尊号曰'金轮圣神皇帝'。乙未，太后御万象神宫，受尊号，赦天下。作金轮等七宝，每朝会，陈之殿庭。"①《新唐书》卷七六《后妃上·则天武皇后传》对"七宝"给出了更加详细的描述："太后又自加号金轮圣神皇帝，置七宝于廷：曰金轮宝（cakra），曰白象宝（hasti），曰女宝（stri），曰马宝（asva），曰珠宝（ratnacinatamani），曰主兵臣宝（ksatri），曰主藏臣宝（girti 或 mahajana），率大朝会则陈之。"②

这些仪式带有强烈的佛教色彩。比如朝堂上设置七宝，头衔上加"金轮"，是武则天在表明自己佛教转轮王的身份。在人类历史上，几乎所有宗教都要回答一个问题，就是什么样的统治者才是好的统治者。转轮王就是佛教的理想君主，用中国本土的说法，就是真命天子。七宝是转轮王的身份标志，九鼎是天子的身份标志。"金轮圣神皇帝"这个尊号表明武则天既是儒家的皇帝，又是佛教的转轮王，集两大理论体系于一身。武则天甚至把自己的皇位继承人李旦的名字，改成了"武轮"③。

不过，《大云经疏》有两个致命缺陷：第一，它不是原典，它讲的东西于经无征；第二，它在女人当皇帝的问题上论述得似是而非。相比而言，《宝雨经》对此给出了清晰的答案。在《大云经疏》颁布三年之后，菩提流志等于长寿二年（693）重译《佛说宝雨经》十卷。新译《宝雨经》在开头部分有所篡改，加入了部分内容，其中着重谈论了武则天的女人身份问题：

---

① 《资治通鉴》卷 205《唐纪二十一》，第 6492 页。

② 《新唐书》卷 76《则天武皇后传》，第 3482 页。

③ 参看孙英刚：《武则天的七宝——佛教转轮王的图像、符号及其政治意涵》，《世界宗教研究》2015 年第 2 期，第 43—53 页。

图 52 前 2—前 3 世纪转轮王像。现藏法国吉美博物馆。此雕像中的转轮王被七宝环绕。武则天制作七宝正是为了宣传自己是佛教的理想统治者转轮王。

　　天子！以是缘故，我涅槃后，最后时分，第四五百年中，法欲灭时，汝于此赡部洲东北方摩诃支那国，位居阿鞞跋致，实是菩萨，故现女身，为自在主。……名曰月净光天子。然一切女人身有五障。何等为五？一者、不得作转轮圣王；二者、帝释；三者、大梵天王；四者、阿鞞跋致菩萨；五者、如来。天子！然汝于五位之中当得二位，所谓阿鞞跋致及轮王位。①

---

① （唐）菩提流志译：《佛说宝雨经》卷 1，载高楠顺次郎、渡边海旭等监修：《大正新修大藏经》第 16 册，第 284 页。

《宝雨经》以释迦牟尼的口吻对武则天说，虽然按照佛教理论女人有五种阶位不能达到，但武则天是特殊的，她可以做转轮王和菩萨，其意涵也符合武则天"金轮圣神皇帝"的尊号。这是为武则天量身打造的理论，完美地化解了武则天作为女人而不能做皇帝的理论难题。转轮王和菩萨加在一起，其实就是"皇帝菩萨"，南朝的梁武帝用过这个头衔。

佛教在某种意义上对儒家政治学说有超越和补充的作用。唐朝是个世界主义的帝国，各种族群都有，相对儒家的华夷之辨，佛教讲众生平等，同时化解了四民社会的结构，也为商业的发展提供了良好的思想氛围。

武则天能够当上皇帝，除了她个人的能力和魅力之外，其实还是要回到当时的时代背景。在佛光的照耀之下，各种文明交融，思想开放，为武则天上台创造了很好的思想和信仰环境。

二、"幸运"的地震：武则天的政治宣传手段

武则天像一块扔进历史长河的巨石，激起的浪花尤其绚烂，成为我们研究历史非常重要的样本。任何的政治运作和政治宣传都要植根于当时人们能够理解的信仰、知识、理论，必须跟一般常识和普遍观念相连接。在武则天的时代，儒家学说仍非常重视天的角色，强调天人感应；另外，各种宗教，尤其是佛教，在人们的思想世界影响深远。这些都构成了武则天能够上台的理论基础。武则天的上台跟佛教捆绑得非常密切，只不过之后新儒家兴起，排斥外来的文化元素，把佛教的痕迹从正史里面一点点删去。我们现在已经无法从《旧唐书》和《新唐书》中读出佛教的痕迹了，甚至读不出唐朝是佛教繁荣的时代，但历史的真相并不是那样。

武则天上台跟一场地震有关。地震是极凶险的灾异，这种观念是从先秦以来就被普遍认知的一般常识。纬书一般也将地震、山崩解释为君主权威遭到挑战的象征，比如《春秋汉含孳》云："女主盛，臣制命，则地动坼，畔震起，山崩沦。"[1]地震预示着下谋上。这一学说在政治上扮演了重要角色，其中一个例子就是张衡的地动仪。地动仪固然是中国古代科学技术发达的明证，但也是张衡秉持天人感应、阴

---

[1] ［日］安居香山、中村璋八辑：《纬书集成》，石家庄：河北人民出版社，1994 年，第 813 页。

阳灾异学说参与政治的利器。张衡在当时是著名的文学家，也是阴阳五行的高手。132 年到 133 年，张衡屡次借地震之机上言，将地震的原因归结为现实政治——吏治腐败、选举失实等，许多官员因此被罢免，皇帝也下罪己诏检讨，但是这也成为后来张衡遭到诬毁的原因。利用阴阳灾异思想干预政治，即便到了宋代依然屡见不鲜。

从垂拱二年（686）开始，长安至洛阳的地震带进入了活跃期。这一年，在长安和洛阳之间的某个地方发生了地震，以至于在临潼新丰县露台乡出现山涌，高二百尺。余震则在此后两年反复发生，所以垂拱三年、四年，长安和洛阳都有不同程度的轻微地震。对于这次新丰山涌，《旧唐书·五行志》记载：

> 则天时，新丰县东南露台乡，因大风雨雹震，有山踊出，高二百尺，有池周三顷，池中有龙凤之形、禾麦之异。则天以为休征，名为庆山。荆州人俞文俊诣阙上书曰："臣闻天气不和而寒暑隔，人气不和而疣赘生，地气不和而堆阜出。今陛下以女主居阳位，反易刚柔，故地气隔塞，山变为灾。陛下以为庆山，臣以为非庆也。诚宜侧身修德，以答天谴。不然，恐灾祸至。"则天怒，流于岭南。[1]

新丰地处临潼—长安断裂带上，地震风险较高。当地又以温泉著称——唐代著名的华清池就位于这里——地下水资源丰富。地壳变动往往伴随地下流体变化，所以在这次山涌发生之后，由于地下水涌出，小山周围形成了巨大的水池。而且由于温度和其他生长环境的变化，植物也可能出现反常的现象，所以有"禾麦之异"的出现。

俞文俊对新丰山涌的解释，依据的是传统的阴阳灾异学说，他把

---

[1] 《旧唐书》卷 37《五行志》，第 1350 页。

新丰出现的山涌解释为女主当政的反映。山涌是上天对"女主居阳位"的反应，是当时一种普遍的观念，纬书《春秋潜潭巴》说得简明直接："地震，下谋上。"① 这种观念确实为大众特别是精英所广泛认同。这对武则天很不利，如果接受了这种解释，就是承认了自己是叛贼。

武则天如何化解危机？她选择了将灾异祥瑞化，从阴阳谶纬的理论内部为自己辩护。她依据南朝梁孙柔之所撰，专门辑录各种祥瑞的《瑞应图》，用所谓"庆山"说代替被广泛接受的"山变为灾"说，将新丰涌出之山称为庆山。围绕着新丰庆山，她进行了大量的政治宣传，下令改新丰县为庆山县，"赦囚，给复一年，赐酺三日"②，而且把这个喜讯下发各州。庆山跟庆云一样，是"大瑞"的一种，如果发生，需要文武百僚诣阙奉贺，于是"四方毕贺"。在这样的背景下，当时著名的文士崔融为泾州刺史撰写了《贺庆山表》：

> 臣某等言：某日奉某月诏书，新丰县有庆山出，曲赦县囚徒，改新丰为庆山县，赐天下酺三日。凡在含生，孰不庆幸？……当雍州之福地，在汉都之新邑，圣渚潜开，神峰欻见。政平而涌，自荡于云日；德茂而生，非乘于风雨。③

作为大瑞，庆山是君主"德茂"的感应，不再是阴乘阳、下犯上的反映。武则天之所以强调这次新丰山涌是庆山，就是要避开通常所谓的地震山移灾异说，转而强调庆山涌出是她统治良好的反映，是上天对她的肯定。不过她的这一操弄，虽然可以糊弄一部分人，但是持怀疑态度的人也不少。这一年的十月，给事中魏叔璘就因为"窃语庆山"

① ［日］安居香山、中村璋八辑：《纬书集成》，第832页。

② 《新唐书》卷4《则天皇后本纪》，第85页。

③ 《全唐文》卷218《为泾州李使君贺庆山表》，第2206页。

被武则天赐死。

对于同一个自然现象，用不同的理论或站在不同的立场都会产生不同的解释有时即便秉持一样的理论，解释的结果也可能完全不同。比如杜光庭认为这次山涌是李唐中兴之兆，而非武则天的祥瑞，因为李唐是土德，土地和山石变化预示着李唐的命运：

> 文明元年（684），天后欲王诸武，太上乃现于虢州阌乡县龙台乡方兴里皇天原，遣郭元崇令传言于天后云："国家祚永而享太平，不宜有所僭也。"天后遂寝，乃舍阌乡行宫为奉仙观。后庆山涌出于新丰县界，高三百尺，上有五色云气，下有神池数顷，中有白鹤鸾凤，四面复有麒麟狮子。天后令置庆山县。其诸祥瑞，具载《天后实录》，以表国家土德中兴之兆也。①

图53　金棺银椁舍利容器。西安庆山寺地宫出土，现藏临潼博物馆。（拿破破　摄）

这次新丰的地震山涌，给武则天上台提供了重要依据。武则天在稍后的《大云经疏》[天授元年（690）七月完成]和《宝雨经》[长寿二年（693）九月译出，四年（695）颁行各州]中都对这次地震大书特书，认为是武则天上台的祥瑞和征兆。武则天甚至改变了庆山县的行政区划，将其从雍州

---

① 《全唐文》卷933《历代崇道记》，第9715页。

分置出来。在垂拱二年（686）改新丰县为庆山县之后，天授二年（691）在县界零口置鸿州，析庆山、渭南两县置鸿门县，作鸿州州治，将庆山、高陵、栎阳、渭南以及鸿门五县划入鸿州。等于将庆山所在地从县提高到州的层级，且从京兆地区划出五县归入新设立的鸿州。鸿州的设置本身就是武则天为突出庆山的神圣地位进行政治宣传的产物。久视元年（700）或者大足元年（701），鸿州和鸿门县被废除，重新划入雍州。唐中宗神龙元年（705）也就是武则天下台的当年，庆山县复改为新丰县。

图 54　人面胡瓶。西安庆山寺地宫出土，现藏临潼博物馆。（动脉影　摄）

《大云经疏》^①（敦煌文献 S.6502 和 S.2685《大云经疏》写本）中有三处关于庆山的文字描述：

（1）又云我遣罗刹力士王，头戴昆仑山，从地出涌泉者，此明新丰庆山神池涌出之应也。

（2）河出图，洛出书，醴泉涌，神池见，水之应也；三辅之地频出庆山，土之应也；嘉禾秀芝早生，异木同心，连理呈瑞，草木之应也。

（3）新丰庆山之瑞显，崇峻于昌基。

很多人认为《大云经疏》是个佛教文献，其实它的内容更多的是中国本土的阴阳谶纬理论，只是加了一些佛教的元素而已。和《大云经疏》一样，对武周政权同样具有重要意义的《宝雨经》也明显羼入了中国本土的阴阳灾异观念，并运用佛教新知识对其进行了改造。

虽然没有像《大云经疏》一样获得在全国建寺的待遇，但是作为

① 引用的文本主要为 S.6502，即 Giles 7339 号，《大云经神皇授记义疏》残卷，参看黄永武主编：《敦煌宝藏》第 47 册，台北：新文丰出版公司，1982 年，第 498—506 页。

武则天受命符谶之书，菩提流志等新译的《宝雨经》也同样颁行到地方。《宝雨经》是武则天为女主的直接理论来源。汤用彤认为菩提流志等人在新译《宝雨经》时增加了"菩萨杀害父母"的语句，从而为武则天杀害李唐宗室提供了理论依据[①]。事实并非如此。《宝雨经》新加内容不多，主要集中于卷一开头，目的是说明武则天具有菩萨、转轮王的身份，而山涌是重要的证据："汝于是时受王位已，彼国土中，有山涌出，五色云现。"

《佛祖历代通载》记载，证圣二年（696），在新丰庆山出现了佛迹，所以武则天"敕建寺宇"[②]，这就是庆山寺。1985年，临潼代王镇姜塬村新丰砖瓦厂附近发现庆山寺舍利塔基精室，地宫甬道发现《上方舍利塔记》石碑，碑额刊刻"大唐开元庆山之寺"[③]。至此，庆山寺重现于世，为相关问题的讨论提供了扎实的物质基础。

精室位于寺塔之下，分内外两室，是瘗埋和供养释迦如来舍利的神圣空间。瘗埋舍利和地宫封闭时间为开元二十九年（741）四月初八日，为释迦牟尼的诞辰日。瘗埋舍利是一项重要的佛教活动，也是一项政治活动。除了精美的壁画之外，精室内出土文物127件，其中包括供奉舍利的释迦如来舍利宝帐以及金棺银椁，规格极高。根据唐代高僧道宣《集神州三宝感通录》记载，武则天曾供奉舍利，"舍所寝衣帐直绢一千匹。为舍利造金棺银椁，数有九重，雕镂穷奇"[④]。金棺银椁之内，置一绿色玻璃瓶，内装舍利。释迦如来舍利宝帐，是迄今世界所见的最完整、豪华，而又唯一刊名是盛放佛祖骨灰的棺具。

① 参看汤用彤《隋唐佛教史稿》，第18页。

② （元）念常撰：《佛祖历代通载》卷12，载高楠顺次郎、渡边海旭等监修：《大正新修大藏经》第49册，台北：新文丰出版公司，1983年，第584页。

③ 赵康民：《临潼唐庆山寺舍利塔基精室清理记》，《文博》1985年第5期，第13页。

④ （唐）道宣撰：《集神州三宝感通录》卷上，载高楠顺次郎、渡边海旭等监修：《大正新修大藏经》第52册，台北：新文丰出版公司，1983年，第407页。

三、玄奘的幽灵：支持武则天的高僧们

正史给我们留下了这样一个印象：支持武则天的是一小撮邪恶的政治和尚，比如薛怀义；似乎佛教的名门正派、主流势力，比如义净，并不支持她。

在唐代的佛教里，义净法师跟玄奘法师在信仰和学术地位上可以说是并列的。玄奘法师西行求法（628—645），义净法师也西行求法（671—695），一个走陆路，一个走水路。义净在武周政权宣扬符命过程中扮演了极其重要的角色。载初元年（690），武则天正式改唐为周，改元天授，并极力宣扬自己佛教转轮王的神圣地位，那时义净还在室利佛逝，位置大概在今天的印度尼西亚。义净请在佛逝国结识的来自澧州的大津法师携带他的著作（包括《南海寄归内法传》）和所译经文十卷到洛阳呈给武则天。也就是在这一年，沙门怀义、法明进呈《大云经疏》为武则天上台进行宣传。在这次呈奏的《南海寄归内法传》中，义净提到了"洛州无影，与余不同"[1]，强调洛阳就是宇宙的中心。武则天对义净此举相当嘉许。证圣元年（695）五月，已经六十岁的义净抵达洛阳。

武则天对义净的到来给予了充分的重视，"亲迎于上东门外，诸

---

[1] （唐）义净撰，王邦维校注：《南海寄归内法传校注》，北京：中华书局，1995 年，第 168 页。

寺缁伍具幡盖歌乐前导，敕于佛授记寺安置"[1]。义净带回的是"梵本经律论近四百部，合五十万颂，金刚座真容一铺，舍利三百粒"[2]。前所未有之礼遇背后，武则天的政治意图也清晰可见。就在义净到了洛阳后不久，"秋九月，（武则天）亲祀南郊，加尊号天册金轮圣神皇帝，大赦天下，改元为天册万岁，大辟罪已下及犯十恶常赦所不原者，咸赦除之，大酺九日"[3]。然而关于这次南郊祭天、加尊号、改元、大赦天下的原因，多数文献都语焉不详。宋代赵明诚（李清照的丈夫）的《金石录》给我们留下了一丝线索。《大唐龙兴三藏圣教序》是中宗皇帝为褒奖义净译经所撰，赵明诚在长清县见过这块唐碑，并记录了这块碑碑侧的内容：

> 右《圣教序》碑侧云：则天尝得玉册，上有铭十二字，朝野不能识，义净能读。其文曰"天册神皇万岁忠辅圣母长安"。证圣元年五月上之，诏书褒答。[4]

赵明诚感慨道："余尝谓义净方外之人，而区区为武后称述符命，可笑也。"[5]这段铭文明确地记载了义净在武则天政治宣传中的重要角色——正是由他"释读"出别人无法辨认的铭文，为武则天上"天册金轮圣神皇帝"的称号奠定了舆论基础。这十二个文字绝非梵文等普通字母，因为当时在唐朝的西域及印度高僧极多，绝不会出现无人能辨识的情况。然而具体是何种文字，又如何精确对应"天册神皇万岁

---

① （宋）赞宁撰，范祥雍点校：《宋高僧传》卷1，北京：中华书局，1987年，第1页。

② （宋）赞宁撰，范祥雍点校：《宋高僧传》卷1，第1页。

③ 《旧唐书》卷6《则天皇后本纪》，第124页。

④ 赵明诚撰：《金石录》，北京：中华书局影印本，1991年，第592页。

⑤ 赵明诚撰：《金石录》，第592页。

忠辅圣母长安"这十二个汉字，已经无从得知了。依据赵明诚抄录的这段铭文，义净辨认这段文字是在证圣元年五月——也就是他刚刚抵达洛阳，武则天亲自到城外迎接的那个月。武则天给予义净如此异于常规的礼遇，很难仅仅用宠信佛教来解释。

所以通过这个例子我们就能看到，有的时候信息不完全会使我们得出有偏差的结论。如果赵明诚没有看到这块碑，我们可能永远都不会知道义净曾经在武则天的政治宣传里面扮演了如此重要的角色。

玄奘法师在麟德元年（664）就去世了，但是他建立起的唯识学流派中，很多高僧都在武则天上台的过程当中，或者是在武则天的统治期间发挥了重要作用。这也说明武则天的上台真的得到了当时佛教主流势力的支持。

德感是一位被历史记忆"遗忘"的高僧，他在武周政权酝酿和肇造阶段，扮演着重要的角色①。他的名字出现在《大云经疏》和菩提流志新译《宝雨经》列举的译场人员名单中；他长期担任洛阳佛授记寺的寺主，并且在武则天重返长安后被调回长安担任清禅寺主，主管京城僧尼事务；他在武周政权晚期，代表武则天赴五台山巡礼；他主持修建武周政权晚期最为重要的宗教纪念碑性建筑光宅寺七宝台，并且敬造十一面观音像为武周政权祈福。然而，尽管德感在武周政权的佛教事务中担任"领袖"，却几乎从相关的历史记忆中消失了。

德感跟薛怀义一样，早在垂拱元年（685）就是武则天洛阳内道场的重要成员，他的名字时常跟"声名狼藉"的薛怀义连在一起，似乎是紧密合作的同仁。但是德感与薛怀义的一个重要区别在于，他似乎是一位非常"正常"的佛教高僧——擅长《瑜伽师地论》等经典，长期担任佛教僧团领袖，没有什么特别值得瞩目的地方。更为重要的

---

① 孙英刚：《从五台山到七宝台：高僧德感与武周时期的政治宣传》，荣新江主编：《唐研究》第 21 卷，北京：北京大学出版社，2015 年，第 217—244 页。

是，通过对史料的爬梳，我们会发现，他的师承和法脉绝非等闲——相对而言，薛怀义就被描述为一个出身洛阳市井的小贩——实际上，德感是窥基（632—682）的弟子，也就是玄奘（602—664）法师的再传弟子。

长安二年（702），武周政权的宗教与政治宣传和五台山紧密联系在一起。每一位菩萨在本土化的过程当中，都要在中国本土找一个道场。文殊菩萨在今天山西的五台山，观音菩萨在今天浙江的普陀山，普贤菩萨在今天四川的峨眉山——当然普贤菩萨是有变化的，原来在于阗的牛头山，后来才迁到了峨眉山。五台山变成佛教圣山就跟德感法师有关，也跟《华严经》有关。圣历二年（699）十月，八十卷《华严经》翻译完毕。随着《华严经》的重译，五台山作为文殊道场的地位凸显出来。于是武则天派遣佛教领袖德感前往五台山巡礼，并制作御容送往五台山。德感等人所奏报的《五台山图》，也带有强烈的祥瑞图色彩。

在五台山巡礼之后，德感被调回长安，继续担任清禅寺主，主管京城佛教事务。他在长安的职位也对应其在神都洛阳时担任的佛授记寺寺主。次年，他主持了武周晚期重要的纪念碑性的建筑七宝台的修建。

虽然在正史和佛教文献里，德感已经成功地洗刷了自己跟武则天政权的关系，但大量石刻材料的存在让我们知道，德感法师实际上是武则天政权佛教宣传的操盘手，武则天统治时期所有与佛教相关的重要举措都是在他的主持或者组织之下完成的。

图 55　敦煌石窟 61 窟《五台山图》（局部）。

四、十一面观音能摧毁契丹军队吗？

大足元年（701）十月，武则天由洛阳返回长安，她把自己的亲信德感法师也带到了长安。这时武则天年纪已经很大，快八十岁了，是一个垂垂老人。政治领袖其实非常怕自己变老，如果健康有问题，即便曾经叱咤风云，身体的脆弱和老去都会给敌人提供机会，甚至对自己的竞争者来说是一种鼓励。在历史上，王莽年纪大了还要娶新媳妇，不是因为好色，而是要证明自己身体还可以，还为此把自己的白胡子染成了黑色。老年时代的武则天对自己的健康情况，不得不上心了。她因为长出了新牙而改年号，就是要让全国老百姓都知道，她身体还很好，甚至返老还童了。她改元久视，"久视"出自《道德经》，意思是她可以长命百岁，可以活得更久。

回到长安后，武则天很快就命德感承担起建造长安光宅寺七宝台的重任。德感一边主持清禅寺的工作，一边营建光宅寺七宝台。光宅寺位于大明宫之南，太极宫之东，横街之北，是最接近皇宫的佛寺。

转轮王作为佛教理想君主的观念，和弥勒下生紧密联系在一起。根据佛教典籍的记载，当转轮王再次统治阎浮提（Jambudvīpa）时，作为救世主的弥勒菩萨将降临人世间，宣扬正法，拯救世人。比如后秦鸠摩罗什所译的《佛说弥勒下生成佛经》描述道：

> 其国尔时有转轮王名曰蠰佉（Damkha），有四种兵，不

> 以威武治四天下。其王千子，勇健多力，能破怨敌。王有七
> 宝：金轮宝、象宝、马宝、珠宝、女宝、主藏宝、主兵宝。
> 又其国土有七宝台，举高千丈，千头千轮，广六十丈。

蠰佉拥有七宝作为自己转轮王的身份标志，为了迎接弥勒下生，他建造七宝台作为供养。

光宅寺因为具有重要的政治色彩，因此格外受到武则天的重视，她进一步在这里建造了七宝台，寺院名称也改为七宝台寺。七宝台寺的地位在武周晚期非常重要，甚至对长安之外的地区也有影响。比如开元十五年（727）时的安西大云寺寺主秀行原为长安七宝台寺的僧人，荣新江推测："他可能是和大云寺在西域的建立诏令一起，被武则天或武周政权派至安西地区的。"[①] 武周晚期同样面临着皇位传承问题，佛教僧团、以武三思为首的武家势力、以相王李旦为旗帜的亲李唐势力，共同构成了短暂又脆弱的平衡。武则天以七宝台的营造为契机，再次将支撑武周王朝的各大集团结合起来。大家一起盟誓，护佑武周政权，期待武则天永远健康，武周国祚长久。七宝台中一件弥勒三尊像正是由李旦的僚佐姚崇所造，其题记云："长安三年九月十五日，银青光禄大夫、行凤阁侍郎兼检校相王府长史姚元之造。"

七宝台至今已经无迹可寻，其三十二件石雕像流传下来，多数流落至日本，被细川家收藏，其余或在西安市南门明朝建砖塔内安置，或收藏在西安碑林博物馆，或流至美国。值得注意的是，在这些石刻中竟然有七件是十一面观音立像。其中有三件原为日本细川家收藏，一件由日本原家收藏，一件由美国波士顿美术馆收藏，两件由美

---

① 荣新江：《慧超所记唐代西域的汉化佛寺》，原载《冉云华先生八秩华诞寿庆论文集》，台北：法光出版社，2003 年，第 399—407 页。

国费利尔美术馆收藏①。七件中只有一件带有题记，留下题记的正是德感：

> 检校造七宝台、清禅寺主、昌平县开国公、翻经僧德感
> 奉为国敬造十一面观音像一区，伏愿皇基永固，圣寿暇长。
> 长安三年九月十□（日）。

这座十一面观音像代表了德感两大弘愿："皇基永固"和"圣寿暇长"。"皇基永固"是希望十一面观音像能保佑武周政权根基坚固；"圣寿暇长"则是希望老年多病的武则天能够长寿平安。

自七世纪中叶起，随着密教的兴起与流行，密教观音，或称变化观音，愈来愈流行。在各种变化观音中，最早流行的就是十一面观音。尤其是在武则天时期，单尊十一面观音像大量出现，在西域、敦煌、东西两京都能见到。从文献记载看，这显然和其护国的形象和理念有关。日本正仓院所藏垂拱二年（688）武则天写经题记云："垂拱二年十二月四日，大唐皇太后奉为高宗大帝，敬造绣十一面观音菩萨一千铺，愿文一首；奉为先王、先妃造十一面观音菩萨，愿文一首；奉为（下缺）。"此时距离高宗去世已经过了很多年，武则天仍为自己死去的丈夫捐了一千铺十一面观音菩萨像。

有关十一面的解释，玄奘再传弟子慧沼在《十一面神咒心经义疏》中云：

---

① 这些十一面观音为正面像、细腰的管柱形身躯、腹部微凸、带有锐利线条的贴体衣褶，都是站立在圆形仰覆莲台上，仅雕二臂，一臂垂直下伸，或提宝瓶，一臂弯曲向上，多执莲花。在主面之上似花冠装饰一样排列了三层共十个小头像，下层五头，中层四头，均菩萨相，上层一头为佛相。有关描述参看王静芬：《七、八世纪观音造像的繁衍》，载石守谦、颜娟英主编：《艺术史中的汉晋与唐宋之变》，台北：石头出版有限公司，2014年，第193—224页。

图 56　长安三年（703）十一面观音像龛。现藏日本东京国立博物馆。高 85.1 厘米、宽 33.9 厘米，右侧有德感题记："检校造七宝台清禅寺主昌平县开国公翻经僧德感奉为（以下缺）国敬造十一（以下缺）。"（动脉影　摄）

　　十一面者，前三面慈相见善众生而生慈心，大慈与乐；左三面瞋面，见恶众生而生悲心，大悲救苦；右三面白牙上出面，见净业者发希有赞，劝进佛道；最后一面暴大笑面，见善恶杂秽众生而生怪笑，改恶向道；顶上佛面，或对习行大乘机者，而说诸法究竟佛道，故现佛面。[1]

---

[1]　《全唐文补编》卷 28《十一面神咒心经义疏序》，第 336 页。

这十一面各有用处，尤其左三面瞋面是用来摧伏怨敌的利器。

十一面观音和护国思想紧密相连，在武周时期，这一带有强烈密教色彩的信仰和理念，不但停留在理论的层次，甚至被用以解决政治军事危机。神功元年（697），为讨伐契丹，武则天诏高僧法藏（643—712）依经教请法，建十一面观音道场，摧伏怨敌。崔致远所撰法藏的传中记载了此事：

> 神功元年，契丹拒命，出师讨之。特诏〔法〕藏依经教
> 遏寇虐，乃奏曰："若令摧伏怨敌，请约左道诸法。"诏从
> 之。法师盥浴更衣，建立十一面道场，置光音像行道。始数
> 日，羯虏睹王师无数神王之众，或瞩观音之像浮空而至。犬
> 羊之群相次逗挠，月捷以闻。天后优诏劳之曰："蓟城之外，
> 兵士闻天鼓之声；良乡县中，贼众睹观音之像。醴酒流甘于
> 陈塞，仙驾引纛于军前，此神兵之扫除，盖慈力之加被。"①

因为这次军事上的胜利，十一面观音强大的护持威力给武周君臣留下了深刻的印象，武则天为此改年号为"神功"。

法藏所依据的经教多半是玄奘所译《十一面神咒心经》。《十一面观音经》一共四译。最早的译本是北周保定四年（546）耶舍崛多所译的《佛说十一面观世音神咒经》。其后唐高宗永徽四年（653）阿地瞿多译《十一面观世音神咒经》（《陀罗尼集经》卷四）。这两部经都叙述十一面观音的像容及作坛法，但后者的坛法更为完备，还介绍了二十八种咒。显庆元年（656）玄奘在大慈恩寺译《十一面神咒心经》，这是对耶舍崛多本的再译。此后到了天宝年间，密宗大师不空（705—774）译《十一面观自在菩萨心密言念诵仪轨经》。《念诵仪轨

---

① ［新罗］崔致远：《唐大荐福寺故寺主翻经大德法藏和尚传》，金陵刻经处本。

经》达三卷，上卷与玄奘译本同，中卷是纯密修行仪轨，下卷说护摩法。在不空译本之前，文本流传以玄奘译本为主。玄奘译本经过其再传弟子慧沼《十一面神咒心经义疏》的推动，在武周时期已经居于主导地位。玄奘译《十一面神咒心经》有关摧伏怨敌的仪轨的描述，和崔致远记法藏以十一面观音道场摧伏契丹情节相合，而且提供了更细致的信息：

> 复次，若他方怨贼欲来侵境，应取燕脂一颗，诵此咒，咒之一百八遍，庄点此像。左边瞋面正向彼方，令怨贼军不得前进。

依据玄奘所译，应该将十一面观音像的左边瞋面对准敌人的方向，用胭脂涂之，念诵此咒一百八遍。

作为法藏同仁的德感，其身份却是慧沼的同学，两人都就学于窥基大师。其所造十一面观音像位于武周晚期具有高度政治、宗教敏感性的七宝台中，其理念也同法藏一样，欲利用十一面观音道场护国、驱敌。有学者认为十一面观音像护持转轮王，去除他方敌兵，消除国难，所以光宅寺七宝台现存的七尊十一面观音像应位于门口或者边界，此台中央应为象征群佛和转轮王的一组佛像①。七宝台建成一年多后，武周政权就被颠覆，而处在历史变局之前的德感不知是否有历史的先见，感到与自己个人命运紧密相连的这个政权已在风雨飘摇之中。

---

① 颜娟英：《唐代十一面观音图像与信仰》，第100—101页。

五、被扭曲丑化的薛怀义

谈到薛怀义，就绕不开他跟武则天的"爱情故事"。这种男女之事传得最快，武则天还未倒台时二人之间的故事就已经开始被反复渲染，唐以后不断经过文学加工，可以说已经成了中国传统成人小说的重要题材。

薛怀义活着的时候绝对不会被当面叫做"薛怀义"。怀义是他的法号。当时的人要么叫他"怀义"，要么尊称他为"薛师"，他在《大云经疏》与《宝雨经》上的署名也都是"怀义"。僧侣出家就已斩断了自己跟世俗家庭的联系，而正史将俗姓加于其法号之前，就已经反映了儒家史臣的一种态度——对他的信仰与为人怀着一种鄙夷。太平公主丈夫薛绍的墓志中提到"凶臣薛怀义"，也是这个态度。

《旧唐书·薛怀义传》记载：

> 薛怀义者，京兆鄠县人，本姓冯，名小宝。以鬻台货为业，伟形神，有膂力，为市于洛阳，得幸于千金公主侍儿。公主知之，入宫言曰："小宝有非常材用，可以近侍。"因得召见，恩遇日深。[①]

---

① 《旧唐书》卷 183《薛怀义传》，第 4741 页。

薛怀义是京兆（今陕西西安）鄠县人，本名冯小宝。书中说他本是小商贩，在洛阳街头卖点小东西，人长得很魁梧，而且力气很大。他是怎么发家的呢？薛怀义跟千金公主的丫鬟有点私情，因此认识了千金公主。千金公主是唐高祖李渊的女儿，她为了搞好跟武则天的关系，自降辈分做了武则天的干女儿。她觉得薛怀义有本事，就向武则天举荐了薛怀义。

之后"则天欲隐其迹，便于出入禁中，乃度为僧。又以怀义非士族，乃改姓薛，令与太平公主婿薛绍合族，令绍以季父事之"[①]。薛怀义毕竟是男子，出入宫廷不便，当时皇宫里有内道场，负责做法事等事务，武则天就让他出家。武则天还赐他姓薛，让太平公主的丈夫薛绍以叔叔的身份对待他。薛怀义从此之后一步登天，不但大臣们对他刮目相看，甚至武则天的侄子们武三思、武攸暨那些权贵都纷纷巴结，不敢称他的名字，要叫他"薛师"。

垂拱初年，武则天刚刚执掌大权，政局还不是很稳定。薛怀义出主意说把洛阳城西的白马寺修缮一下，修完后薛怀义就做了白马寺的寺主。后来他又在建春门内的敬爱寺造了庙宇，改名佛授记寺，佛授记寺存在的政治意图是为武则天当皇帝背书。薛怀义帮着武则天做一些政治宗教的宣传，很见成效，就开始恃宠而骄，手下犯法，也没有人敢责罚。右台御史冯思勖曾多次弹劾他，后来薛怀义在街上碰见冯思勖，把他打了一顿，差点把冯思勖打死。

垂拱四年（688），薛怀义负责主持修建明堂。明堂是儒家政治理念中重要的礼仪建筑，当然，武则天的明堂不是纯粹的儒教建筑，还拥有非常多的佛教元素，比如转轮王的信仰[②]。薛怀义融合了儒家学说

---

① 《旧唐书》卷183《薛怀义传》，第4741页。

② 吕博：《明堂建设与武周的皇帝像——从"圣母神王"到"转轮王"》，《世界宗教研究》2015年第1期，第42—58页；吕博：《唐初明堂设计理念的变化》，《魏晋南北朝隋唐史资料》第37辑，上海：上海古籍出版社，2018年，第115—130页。

和佛教理念，在明堂北边还建有天堂。天堂是一座巨大的佛塔，佛塔里有巨型的弥勒像——薛怀义信仰弥勒下生理论。无论是明堂还是天堂，都是为武则天的上台做准备。薛怀义因修建有功，被授予左威卫大将军的职位，封梁国公。梁国公已经是从一品的爵位。永昌元年（689），突厥默啜侵犯唐朝的边境。武则天命薛怀义为清平道大总管，率军讨伐，史书并未记载此次出兵有没有胜利，只说薛怀义"至单于台，刻石纪功而还"[①]。薛怀义回来之后被封为辅国大将军，进升右卫大将军，改封鄂国公、柱国，赐帛二千段，可以说威望达到了顶峰。

长寿二年（693），突厥默啜又来侵犯边疆。武则天又任命薛怀义为代北道行军大总管，李多祚、苏宏晖这些名将都要听他的指挥。还没出发，薛怀义又被改授朔方道行军大总管，当时的宰相李昭德任行军长史，凤阁侍郎、平章事苏味道为行军司马，契苾明、曹仁师、沙咤忠义等十八将军都要听薛怀义的统一指挥，这是很高的配置和礼遇。结果唐军尚未出发，突厥就已撤退了。

后来薛怀义跟武则天闹矛盾，拒绝进宫，总在白马寺待着，拿刀把自己扎出血来画弥勒像。他还"选有膂力白丁度为僧，数满千人"[②]，这件事遭到侍御史周矩弹劾。根据《旧唐书》记载，因为武则天喜欢上了御医沈南璆，疏远了薛怀义，薛怀义非常嫉妒，就把明堂和天堂给烧了。不过很多史料显示，明堂的大火应该是一场意外事故。这实际上让武则天在政治上非常被动，因为明堂是非常重要的礼制建筑，是武周政权的政治符号。即使如此，武则天也没有跟薛怀义彻底翻脸，后来还让薛怀义主持重建明堂的工作。

之后不知道又因为什么矛盾，武则天变得非常厌恶薛怀义，让自己的女儿太平公主找了几十个有力气的妇女防备他。有人告发薛怀义

---

① 《旧唐书》卷 183《薛怀义传》，第 4742 页。

② 《旧唐书》卷 183《薛怀义传》，第 4742 页。

图 57　今河南洛阳白马寺。

要阴谋篡权，太平公主就让她的奶妈张夫人找壮士把他勒死了，用车把尸体送回白马寺。现在洛阳有梁国公墓，很多人说是狄仁杰的墓，但其位置在白马寺，很可能是薛怀义的墓。

与怀义同时代的宗楚客（卒于 710 年）曾经写过两卷《怀义传》。这很可能是一部辩护性的传记，可惜已经亡佚了。宗楚客始终被认为是武则天的支持者，在后来的政治斗争里被杀死，作品也没有被保存下来。《旧唐书》的记载充满了对薛怀义的偏见与仇视，把他描写得一无是处。但是仔细读史料，我们会发现他是武则天时期国家重要公共工程的主持人，从 689 年至 693 年，薛怀义实际上是唐军的统帅，负责对突厥的防御。藤原佐寺成书于 891 年前后的《日本国见在书目录》中有《释怀义集》一卷。该文集肯定很早就传到了日本，并在九世纪末仍在流传。此书目证明薛怀义至少不会是不学无术的人。他的文集在中国的文学传统中完全被忽略了。

因为武则天是个女皇帝，要跟那么多男人打交道，相关的绯闻自然就出来了。其实这都是一些捕风捉影的说法，但在武则天的时代就有人相信。《旧唐书·张易之传》的记载让人匪夷所思：

> 天后令选美少年为左右奉宸供奉，右补阙朱敬则谏曰："臣闻志不可满，乐不可极。嗜欲之情，愚智皆同，贤者能节之不使过度，则前圣格言也。陛下内宠，已有薛怀义、张易之、昌宗，固应足矣。近闻尚舍奉御柳模自言子良宾洁白美须眉，左监门卫长史侯祥云阳道壮伟，过于薛怀义，专欲自进堪奉宸内供奉。无礼无仪，溢于朝听。臣愚职在谏诤，不敢不奏。"则天劳之曰："非卿直言，朕不知此。"赐彩百段。①

大臣朱敬泽劝武则天要节制欲望，不然对身体不好。这种对话真的超乎想象。更让人震惊的是，朱敬泽提到有大臣认为自己的儿子"洁白美须眉"，希望能伺候武则天，等等。当然，武则天都拒绝了他们。关于武则天的风流韵事起源很早，如唐人张垍所撰写的小说《控鹤监秘记》，里面都是武则天一些不堪入目的故事。张垍是张说的儿子，他跟玄宗李隆基关系很好，很难想象他会写这样的小说，毕竟武则天是李隆基的奶奶。后来，关于武则天的情色小说就越来越丰富，细节越来越多。

薛怀义的确在武则天自立为帝的过程当中扮演了重要角色。首先，薛怀义作为武则天在军队的代理人，击退了突厥，奠定了安全的外部环境。其次，他主持修建了当时主要的国家工程，包括明堂、天堂、白马寺、佛授记寺。另外薛怀义对武则天上台的理论建设也有所贡献。薛怀义是武则天的爪牙和喉舌，是武则天权力的延伸，只是大家只看到，在他的背后的是武则天。

---

① 《旧唐书》卷 78《张易之传》，第 2706—2707 页。

多说一点

武则天与《大云经神皇授记义疏》（《大云经疏》）

《大云经疏》是武则天上台的重要理论依据之一。在敦煌文献 S.6502 和 S.2658 被发现之前，官方史籍比如《旧唐书》《新唐书》《资治通鉴》等，都把这一文本称为《大云经》。目前学界一般称之为《大云经疏》，王国维、罗福苌、狩野直喜等学者都用这个名字，认为这个文本是薛怀义等僧人对昙无谶译《大云经》的注疏——其实并非如此简单，而矢吹庆辉则称之为《武后登极谶疏》。它最初的官方名称，应该是汤用彤根据 1094 年日本僧人永超所编集《东域传灯录》之记载而定名的《大云经神皇授记义疏》。它的核心理念是佛教的"授记"思想，旨在宣传"神皇（武则天）授记"（武则天受佛嘱托统治天下）。

从性质上说，《大云经疏》是一份由上而下颁行全国供臣民学习的宣传文本。两京、诸州都建立大云寺，由大云寺僧向当地官民讲解，说明武则天统治天下的缘由。与《旧唐书》等官方史书相比，《大云经疏》是武则天政治宣传的第一手史料，反映的是中古时期政治思想、理论和实践的实态。从语言风格上来看，《大云经疏》的语言更加"民众化"，其包含的知识、信仰和叙述的逻辑更加贴近当时的一般常识和普遍观念。武则天上台的社会动员，《大云经疏》是其中重要的一环。

中古时代，从亚洲内陆，到东海扶桑，佛教的兴起与传播是搅动人类历史的一件大事。佛法东传不唯是信仰与宗教的输出输入，也是意识形态的融合与激荡。不但置中古时代人的心灵世界于佛光的照耀之下，更重塑政治内涵，改造政治话语，为统治者论证自己统治的合法性提供了新的理论依据，使中国、日本等亚洲诸国的政治与思想面貌焕然一新，在中古时代的政治史上留下了深刻的痕迹。与中土植根于天人感应、阴阳五行思想、强调统治者须"顺乎天而应乎人"的君主观念相比，佛教对未来美好世界的描述，以及对理想的世俗君主的界定，都有其自身的信仰和思想背景。尽管佛教王权（Buddhist Monarchy）的传统并没有在中国历史上形成长期的、占据主导地位的影响，但大乘佛教有关救世主弥勒（Maitreya）和理想君主转轮王（Cakravartin）的观念，从魏晋南北朝到唐代数百年间，对中土政治的理论和实践都产生了重要的影响，涉及政治术语、帝国仪式、君主头衔、礼仪革新、建筑空间等各个方面。

隋唐皇帝年号表（至睿宗）

隋			
隋文帝 杨坚	581—604	开皇（581—600）	
		仁寿（601—604）	
隋炀帝 杨广	604—617	大业（605—617）	
隋恭帝 杨侑	617—618	义宁（617—618）	
唐			
唐高祖 李渊	618—626（8 年）	武德（618—626）	
唐太宗 李世民	627—649（23 年）	贞观（627—649）	《周易·系辞下》："天地之道，贞观者也。"
唐高宗 李治	650—683（24 年）	永徽（650—655）	
		显庆（656—661） ＊显庆六年二月改元	正月立代王李弘为太子，后大赦天下，改元"显庆"。
		龙朔（661—663）	显庆六年二月，有官员上报在益州、绵州等地都看到了龙，故改元"龙朔"。
		麟德（664—665）	龙朔三年十月，绛州有官员上报称在介山看到了麒麟，几天后含元殿前出现了麟趾。十二月高宗下诏，明年正月改元"麟德"。
		乾封（666—668） ＊乾封三年三月改元	高宗封禅泰山，后改元"乾封"。
		总章（668—670） ＊总章三年三月改元	据《通鉴》，总章元年开始准备建造明堂，故改元。总章为明堂的西向室，天子秋天的居所。《礼记·月令》："凉风至、白露降……天子居总章左个。"
		咸亨（670—674） ＊咸亨五年八月改元	总章三年春出现旱灾，故改元"咸亨"。《周易·坤·彖》："品物咸亨。"
		上元（674—676） ＊上元三年十一月改元	咸亨五年八月，高宗追尊祖宗谥号，又改皇帝为天皇，皇后为天后，故改元"上元"。胡三省注："实欲自尊"。

唐			
唐高宗 李治	650—683（24 年）	仪凤（676—679）	上元三年十一月，陈州有官员上报在宛丘看到了凤凰，故改元"仪凤"。仪凤三年十二月，高宗下诏宣布新的年号将不采用原定的"通乾"，因为这个词的反语（指将一个双音节词互换韵母）"天穷"寓意不好。
		调露（679—680） *调露二年八月改元	有纬书称"调露，调和致甘露也"。
		永隆（680—681） *永隆二年十月改元	据《旧唐书》，调露二年八月立英王李哲（即中宗李显）为太子，故改元"永隆"。
		开耀（681—682） *开耀二年二月改元	据《通鉴》，永隆二年十月出现了日食。
		永淳（682—683） *永淳二年十二月改元	开耀二年二月，太子的儿子满月，故改元"永淳"。
		弘道（683）	该年号仅使用一个月，改元当月，高宗去世。
唐中宗 李显 （被废）	684	嗣圣（684） *太子即位逾年正月改元；二月又改元	此年号仅使用一个月。
唐睿宗 李旦 （禅位）	684—690（6 年）	文明（684） *是年九月改元	改立豫王李轮（即睿宗李旦）为皇帝，故改元"文明"。 此年号仅使用八个月。
		光宅（684） *是年九月改元	文明元年九月，改元光宅，改洛阳为神都。《尚书·尧典序》："昔在帝尧，聪明文思，光宅天下。"
		垂拱（685—688）	垂拱元年正月，因平定徐敬业叛乱，故改元"垂拱"。《尚书·武成》："惇信明义，崇德报功，垂拱而天下治。"据《通鉴》，垂拱四年四月，武承嗣差人在白石上刻字"圣母临人，永昌帝业"，谎称于洛水中捞出，武后大喜，称之为"宝图"。
		永昌（689） *是年十一月改元	永昌元年正月元日，武则天亲享明堂，故改元。该年正月内，武则天多次于明堂内举行礼仪活动；二月，武后又在明堂内请人讲授《孝经》，并邀请僧人、道士共同讨论。
		载初（690） *是年九月改元	载初元年正月，武则天亲享明堂，依周制建子月为正月，故改元"载初"。

门下、中书二省机构及
长官名称变更表[①]

年份	门下省			中书省		
	机构名称	长官职位	副长官职位	机构名称	长官职位	副长官职位
武德元年（618）	门下省	纳言	黄门侍郎	内史省	内史令	内史侍郎
武德三年（620）	门下省	侍中	黄门侍郎	中书省	中书令	中书侍郎
龙朔二年（662）	东台	东台左相	东台侍郎	西台	西台右相	西台侍郎
咸亨元年（670）	门下省	侍中	黄门侍郎	中书省	中书令	中书侍郎
光宅元年（684）	鸾台	纳言		凤阁	内史	
垂拱元年（685）	鸾台	纳言	鸾台侍郎			凤阁侍郎
神龙元年（705）	门下省	侍中	黄门侍郎	中书省	中书令	中书侍郎

---

① 参看岑仲勉：《宰相制度之屡变》，《隋唐史》，上海：上海古籍出版社，2020 年，第 95 页。

参考文献

01. 拜根兴《七世纪中叶唐与新罗关系研究》，北京：中国社会科学出版社，2003 年。

02. [美] 柏夷（Stephen R. Bokenkamp）著，孙齐等译《中古时期对中国世界秩序的女性主义批判：以武曌（690—705）年在位》为例》，收入氏著《道教研究论集》，上海：中西书局，2015 年，第 250—262 页。

03. 岑仲勉《府兵制度研究》，上海：上海人民出版社，1957 年。

04. 陈国符《道藏源流考》，北京：中华书局，1963 年。

05. 陈寅恪《唐代政治史述论稿》，北京：三联书店，2001 年。

06. 陈寅恪《隋唐制度渊源略论稿》，北京：三联书店，2001 年。

07. 陈寅恪《论唐高祖称臣于突厥事》，收入氏著《寒柳堂集》，北京：三联书店，2001 年。

08. 陈寅恪《论隋末唐初所谓"山东豪杰"》，收入氏著《金明馆丛稿初编》，北京：三联书店，2001 年。

09. 陈寅恪《记唐代之李武韦杨婚姻集团》，收入氏著《金明馆丛稿初编》，北京：三联书店，2001 年。

10. 陈寅恪《武曌与佛教》，收入氏著《金明馆丛稿二编》，北京：三联书店，2001 年，第 153—174 页。

11. 范文澜《唐代佛教》，北京：人民出版社，1979 年。

12. [英] 费子智（C. P. Fitzgerald）著，童岭译《天之子李世民》，北京：社会科学文献出版社，2022 年。

13. Antonino Forte, Political Propaganda and Ideology in China at the End of the Seventh Century, Italian School of East Asian Studies, 2005.

14. 高明士《东亚教育圈形成史论》，上海：上海古籍出版社，2003 年。

15. 高世瑜《唐代妇女》，西安：三秦出版社，1988 年。

16. [日] 谷川道雄著，李济沧译《隋唐帝国形成史论》，上海：上海古籍出版社，2004 年。

17. 谷霁光《府兵制度考释》，上海：上海人民出版社，1962 年。

18. 郭朋《隋唐佛教》，济南：齐鲁书社，1980 年。

19. 韩昇《隋文帝传》，北京：人民出版社，1998 年。

20. 胡戟《武则天本传》，西安：三秦出版社，1986 年。

21. 胡如雷《隋唐政治史论集》，石家庄：河北教育出版社，1997 年。

22. 黄永年《关陇集团到唐初是否继续存在》，收入氏著《文史探微》，北京：中华书局，2000 年。

23. 黄永年《六至九世纪中国政治史》，上海：上海书店出版社，2004 年。

24. ［日］堀敏一著，韩昇编，韩昇、刘建英译《隋唐帝国与东亚》，昆明：云南人民出版社，2002 年。

25. 雷家骥《武则天传》，北京：人民出版社，2001 年。

26. 刘俊文《唐律疏议笺解》，北京：中华书局，1996 年。

27. 罗香林《唐代文化史研究》，重庆：商务印书馆，1944 年。

28. 罗元贞《武则天集》，太原：山西人民出版社，1987 年。

29. 吕博《唐蕃大非川之役与星象问题》，《魏晋南北朝隋唐史资料》第 26 辑，武汉：武汉大学出版社，2010 年，第 131—145 页。

30. 毛汉光《中古核心区核心集团之转移——陈寅恪先生"关陇"理论之拓展》，收入氏著《中国中古政治史论》，上海：上海书店出版社，2002 年。

31. 孟宪实《武则天研究》，成都：四川人民出版社，2019 年。

32. 蒙曼《唐代前期北衙禁军制度研究》，北京：中央民族大学出版社，2005 年。

33. 牟发松《论隋炀帝的南方文化情结——兼与唐太宗作比》，《文史哲》2018 年第 4 期。

34. ［英］麦大维（David McMullen）著，张达志、蔡明琼译《唐代中国的国家与学者》，北京：中国社会科学出版社，2019 年。

35. ［日］木宫泰彦著，胡锡年译《日中文化交流史》，北京：商务印书馆，1980 年。

36. 甘怀真《隋朝立国文化政策的形成》，收入氏著《皇权、礼仪与经典诠释》，台北：台湾大学出版中心，2004 年。

37. ［日］气贺泽保规主编《遣隋使がみた风景》，东京：八木书店，2012 年。

38. ［日］气贺泽保规著，石晓军译《绚烂的世界帝国：隋唐时代》，桂林：广西师范大学出版社，2014 年。

39. 齐东方《唐代金银器研究》，北京：中国社会科学出版社，1999 年。

40. 祁庆富、申敬燮《俗文学中薛仁贵、盖苏文故事的由来及流变》，《社会科学战线》1998 年第 2 期，第 114—124 页。

41. 任继愈《汉唐佛教思想论集》，北京：人民出版社，1998 年。

42. ［美］罗汉（N. Henry Rothschild）著，冯立君、葛玉梅译《武曌：中国唯一的女皇帝》，北京：社会科学文献出版社，2018 年。

43. 孙国栋《唐贞观永徽间党争试释》，香港《新亚书院学术年报》第 7 期（1965年），第 39—49 页。

44. 孙继民《唐代行军制度研究》，台北：文津出版社，1995 年。

45. 孙英刚《神文时代：谶纬、术数与中古政治研究》，上海：上海古籍出版社，2014 年。

46. 孙英刚《李承乾与普光寺僧团》，日本《唐代史研究》第 18 号（2015 年），第107—129 页。

47. 孙英刚《从五台山到七宝台：高僧德感与武周时期的政治宣传》，荣新江主编：《唐研究》第 21 卷，北京：北京大学出版社，2015 年，第 217—244 页。

48. 孙英刚：《唐代前期宫廷革命研究》，《唐研究》第 7 卷，北京：北京大学出版社，2001 年，第 265—268 页。

49. 汤用彤《隋唐佛教史稿》，北京：中华书局，1982 年。

50. 唐长孺《唐书兵志笺证》，北京：科学出版社，1957 年。

51. ［英］崔瑞德主编《剑桥中国隋唐史》，北京：中国社会科学出版社，1990 年。

52. 余又荪《隋唐五代中日关系史》，台北：商务印书馆，1964 年。

53. 王小甫主编《盛唐时代与东北亚政局》，上海：上海辞书出版社，2003 年。

54. 王永兴《唐代前期西北军事研究》，北京：中国社会科学出版社，1994 年。

55. 王永兴《唐代前期军事史略论稿》，北京：昆仑出版社，2003 年。

56. 王贞平《多极亚洲中的唐朝》，上海：上海文化出版社，2020 年。

57. 汪篯《汪篯隋唐史论稿》，北京：中国社会科学出版社，1981 年。

58. Howard J. Wechsler: *Offerings of Jade and Silk: Ritual and Symbol in the Legitimation of the T'ang Dynasty.* New Haven and London: Yale University Press, 1985.

59. ［美］芮沃寿（Arthur F. Wright）著、段昌国译《隋代思想意识的形成》，收入费正清主编《中国思想与制度论集》，台北：联经出版事业公司，1977 年。

60. 吴玉贵《突厥汗国与隋唐关系史研究》，北京：中国社会科学出版社，1998 年。

61. 吴宗国主编《中国古代官僚政治制度研究》，北京：北京大学出版社，2004 年。

62. 吴宗国主编《盛唐政治制度研究》，上海：上海辞书出版社，2003 年。

63. 向达《唐代长安与西域文明》，北京：三联书店，1957 年。

64. ［澳大利亚］熊存瑞（Victor Xiong）撰，葛洲子译《隋炀帝与隋唐洛阳城的兴建》，《唐史论丛》第 25 辑，西安：陕西师范大学出版，2017 年。

65. 严耕望《从南北朝地方政治之积弊论隋之致富》，收入《严耕望史学论文选集》，上海：上海古籍出版社，2009 年。

66. 章群《唐代蕃将研究》《唐代蕃将研究续编》，台北：联经出版公司，1986 年和 1990 年。

67. 张国刚《唐代兵制的演变与中古社会变迁》，《中国社会科学》2006 年第 4 期，第 178—189 页。

68. 赵克尧、许道勋《唐太宗传》，北京：人民出版社，1984 年。

69. 赵文润、王双怀《武则天评传》，西安：三秦出版社，1993 年。

70. 赵雨乐《唐前期宫官与宦官的权力消长》，收入氏著《从宫廷到战场：中古中国与近世诸考察》，香港：中华书局，2007 年。

71. 周一良《中日文化关系史论》，南昌：江西人民出版社，1990 年。

72. 朱振宏《唐太宗"渭水事件"论析》，收入氏著《隋唐政治、制度与对外关系》，台北：文津出版社，2010 年。